무지개를 삼킨 푸른 늑대
만월대에 지다

상권

一垈 盧勝基

차례

머리말

14세기에 들어와 역사상 유례없는 세계 대제국으로 영원할 줄 알았던 원나라는 황위를 둘러싼 지배층 간의 갈등과 민족 차별에 불만을 품은 피지배층인 한족(漢族)들의 반란으로 서서히 몰락의 길을 걷기 시작하였습니다. 또 한반도 내의 후삼국을 통일하고 고구려를 계승한다는 기치를 높이 내세웠던 고려도 원나라의 부마국이 되어 자주성을 상실한 가운데 기철, 권겸 등과 같이 황후가 된 누이와 황태자비가 된 딸의 권세를 믿고 국정을 농단하는 부원배들의 등장과 가문의 부귀영화만을 누리고자 하는 조정 대소신료들의 백성들에 대한 끊임없는 가렴주구에 의한 내부적인 혼란으로 멸망의 길로 접어듭니다.

이렇듯 동서고금을 막론하고 국운이 융성했던 나라가 역사 속으로 사라지게 되거나 쇠퇴하게 된 것은 외적(外敵)의 침입과 같은 외부적인 요인보다는 백성의 고통을 외면한 채 무능하고 무책임한 국정의 최고 책임자와 지배층 간의 치열한 권력 다툼으로 인한 사회구성원 간의 구심력 약화 등의 내부적인 요인이 더 컸음을 알 수 있습니다.

이러한 나라들의 몰락과 패망의 과정을 보면 언제나 나라를 부흥시키고 백성을 위하는 충신들과 백성에게 고통을 주고 나라를 망치는 간신들이 있기 마련이고 불행히도 이러한 간신들의 온갖 음모에 따라 충신들이 희생당하는 안타까운 사실을 많이 보게 됩니다.

원나라를 부국강병으로 이끌고자 했던 토크토야가 간신 하마의 모함으로 독살당하고 고려를 끝까지 지키려고 했던 명장 정세운 장군이 간신 김용의 음모로 억울하게 죽거나, 부원배들을 척결하고 신돈을 통하여 개혁을 하는 등 나라의 자주성을 되찾기 위하여 노력한 공민왕도 종국에는 기득권 세력들의 극렬한 저항에 부딪혀 국정개혁이 실패로 돌아간 사례를 놓고 보면, 역사의 흐름이 반드시 우리가 바라는 대로 정의롭게만 흘러가는 것이 아님을 알 수 있습니다.

"인류에 있어 가장 큰 비극은 지나간 역사에서 아무런 교훈을 얻지 못한다는 데 있다"라는 토인비의 말처럼 우리가 과거 실패한 역사로부터 아무런 교훈을 얻지 못하고 부정(不正)이 정(正)이 되는 세상이 계속된다면 사회구성원 간의 갈등으로 인하여 종국적으로는 원나라와 고려처럼 역사 속으로 사라지는 전철을 밟을 수도 있을 것입니다.

『무지개를 삼킨……』은 역사적인 사실의 기조하에서 우리가 몰랐던 주연(主演)과 조연(助演)들의 숨겨졌던 이야기와 애환들을 팩션(faction)으로 재현하고자 노력하였습니다. 이를 통하여 우리 모두가 부정(不正)과 타협하지 않는 용기와 앞으로 닥칠지도 모르는 온갖 어려움을 극복하고 위기에 대처하는 지혜를 가졌으면 하는 바람입니다.

끝으로 본서가 출판되기까지 그동안 경제적 도움을 준 탑손해사정법인 전태옥 대표님과 前 하나로 유통 김현근 대표님 그리고 자문을 아끼지 않은 디자인세창 김충수 대표님께 감사드리며 내조해 준 아내와 사랑하는 동생 故 노경숙 영전에 이 책을 바칩니다.

2016. 8.

一垈 盧勝基

무지개를 삼킨 푸른늑대
만월대에 지다

제후국의
신하들

제후국의 신하들

1325년 5월! 사촌인 심양왕 왕고의 무고를 받고 소환되어 원나라 수도인 대도(大都, 현 베이징)에 5년 동안 머물고 있었던 충숙왕이 민부전서 권겸 등과 함께 개경으로 돌아온다.

"윤 집사! 오늘 바깥주인께서 오랜만에 집에 오시는 날이니 음식 준비와 집 안팎을 깨끗이 청소하는 데 소홀함이 없도록 하시게."

"네, 마님! 소인이 챙길테니 너무 걱정 마십시오. 나리께선 언제 오신다고 연통이 왔는지요?"

"신(申)시 무렵에 개경에 도착하신다고 들었네."

"그때까지는 나리 맞을 준비를 다 끝내도록 하겠습니다."

개경(開京)에 있는 권겸의 집안은 잔치준비로 시끌벅적하다. 집안에서 음식 만드는 고소한 냄새가 불어오는 봄바람을 타고 솔솔 풍기자 어디선가 몰려든 비렁뱅이들이 대문 앞을 기웃거린다.

"야! 이놈들아! 저리 가지 못할까."

윤 집사의 불호령이 떨어지자 하인들이 눈을 치우다 말고 빗자루를 들고 대문 앞에서 어슬렁거리는 비렁뱅이들을 내리치려는 동작을 취하자 모두 우르르 흩어졌다가 다시 슬금슬금 몰려든다.

"잔치 끝나면 따로 음식을 줄 테니 있다가 다시 오거라, 지금 어슬렁거리면 국물도 없다."

윤 집사가 강압적으로 말을 하자 비렁뱅이 중 우두머리로 보이는, 나이 좀 들어 보이는 자가 앞으로 나서 윤 집사에게 확인하듯이 물어본다.

"저, 나리! 저희가 며칠 동안 음식구경을 못 했습니다. 잔치 끝나면 남은 음식은 꼭 저희들한테 주실 거죠?"

"알았대도……. 대문 앞에서 걸리적거리지 말고 잔치가 끝나면 그때 오너라."

윤 집사에게 약속을 받고 우두머리인 자가 손짓을 하자 모두 아쉬운 듯 손에 든 빈 밥그릇 안을 손으로 긁으며 투덜거리면서 어디론가 사라진다.

고려 도성인 개경은 온 산하가 5월의 봄기운이 완연한 가운데 귀족이나 평민들 가릴 것 없이 원나라에서 환국하는 충숙왕 일행을 맞을 준비로 부산하다.

"원나라 놈들이 웬일로 왕을 놓아주었대?"

"왕은 우리말을 하나도 못 한다 하네."

"그럼 완전 몽골사람이구먼."

"그래도 일국의 왕인데, 원나라에 끌려가서 개고생 했네 그려."

"왕은 무슨 왕인가? 요즘은 원나라 부마가 아니면 왕 노릇도 못 한다던데."

"그래도 원나라 부마 정도면 헐벗고 굶주린 우리보다는 호의호식 하셨겠지."

충숙왕 일행의 개경도착 모습을 구경하기 위해 왕궁 앞 남대가(南大街) 좌우 연도에 늘어선 많은 개경 백성들이 웅성거리고 있을 때 일군의 무리가 말발굽 소리와 함께 서서히 다가오고 있다.

"왕이 도착한 모양이네."

무리 앞뒤로 군마를 탄 호위대 장수와 병사들이 원나라 공주가 탄 덩(공주가 탄 가마)을 사이에 두고 선두와 후미를 이루며 지나가고 있고 대열 맨 앞에는 백마를 탄 충숙왕이 환영하러 나온 백성들과 눈도 마주치지 않고 정면만을 응시한 채 말을 타고 지나가고 있다.

왕과 원나라 공주가 탄 가마들과 호위 병사들이 지나가자 곧바로 원나라에서 왕의 시중을 들었던 고려관리들과 환관, 궁녀들이 잇따라 뒤를 따른다.

왕이 지날 때마다 왕궁 앞 도로는 좌우로 늘어선 많은 백성들이 환호인지 야유인지 모르는 소리를 내고 있다. 왕의 침울한 표정과는 다르게 후미에서 따라 오고 있는 대신들 속에 있는 권겸은 금의환향하는 듯 인파를 좌우로 번갈아 내려다보며 안면에 화색이 가득하다.

"대도에서 밤낮으로 전하를 지극정성으로 모셨으니 전하께서 무슨 말씀이 있으시겠지."

개경 왕궁의 정문인 광화문(廣化門)앞에는 도첨의사사(都僉議使司: 종전 중서문하성)의 판삼사사(判三司使:종1품) 등 고려 조정의 수장들은 물론 전리사(典理司), 판도사(版圖司), 전법사(典法司)의 판서(判書:정3품) 등 대소신료들도 충숙왕을 맞이하기 위하여 앞뒤로 나란히 늘어서 있다. 왕의 일행이 광화문 앞에 도달하자 대소신료들이 일제히 군신의 예를 올리며 큰소리로 외친다.

"전하! 환국을 경하드리옵니다."

"천세, 천세, 천천세."

권겸 등 왕을 뒤따르던 일행들은 광화문 앞에서 도열해 있는 조정대신들을 보자 모두 말에서 내렸으나 충숙왕은 말을 탄 채 예를 표하는 대소신료들을 보는 둥 마는 둥 아무런 대꾸 없이 호위대를 앞장세우고 원나라 공주와 함께 광화문으로 들어간다.

왕을 영접하려고 도성 문앞에 있던 대소신료들은 충숙왕으로부터 아무런 말없이 지나가는 노골적인 무시를 당하자 일순간에 표정이 굳어진다.

충숙왕이 입궁하자 권겸은 다른 사람들과 마찬가지로 말에서 내려 왕을 뒤따라 도보로 광화문(廣化門)을 들어가려고 할 때 마중 나온 대소신료들 중에 평소 안면이 있는 전 판삼사사 김원상(金元祥)의 얼굴과 마주치자 먼저 공손히 인사를 한다.

"판삼사사 대감! 그간 강녕하셨습니까?"

"권 전서 아니시오! 그간 이역만리에서 전하를 보살피시느라 얼마나 노고가 많으셨소, 정말 반갑소이다."

충숙왕이 대신들을 무시한 듯 지나가자 충격에 빠진 신하 중 한 명인 김원상이 권겸의 옷깃을 잡으며 낮은 소리로 속삭인다.

"그간 권 전서의 노고를 위로하고 싶은데… 시간 좀 내주시오."

"일간 안팎으로 정리되면 연락드리겠습니다."

권겸은 개경을 떠난 지 오래되어 조정의 사정을 알아야 할 필요가 있고, 몇 년 전 가산을 몰수당하고 장형을 맞은 후에 섬에 유배된 전력이 있는 판삼사사 김원상은 충숙왕의 측근 세력으로 부상하는 권겸에게 줄을 대야 할 절박한 심정이 있어 두 사람은 다음에 서로 만날 약속을 하고 헤어진다.

"마님! 마을 입구에 나가 있던 하인이 나리께서 이쪽으로 오시는 것을 보았다고 합니다. 곧 도착하실 것 같습니다."

방안에서 이제나 저제나 남편을 기다리고 있던 권겸 부인 이 씨는 밖에서 윤 집사의 외치는 소리를 듣자 문을 활짝 열고 나와 마당으로 내려선다.

"신시에 오신다는 분이 왜 이리 늦으시나."

"궁에 도착하셔서 이런저런 일로 바쁘신 모양입니다."

이때 하인의 문밖에서 외치는 소리에 권겸 부인 이 씨는 옷매무새를 다시 고쳐 잡고 대문 쪽으로 향한다.

"부인! 그간 잘 계셨소."

"전하 모시고 오느라 추운 날 고생이 많으셨지요?"

부인 이 씨가 남편을 마중하자 마당에 정렬해 있는 윤 집사와 하인들도 상전에게 일제히 목례를 한다.

"어서 안으로 오르시지요."

"그럽시다! 그런데 아이들은 어찌 안 보입니까?"

"항은 성균관(成均館)에서 아직 안 돌아왔고 화상은 고뿔에 걸려 자기 방에서 이불 덮고 누워 있습니다. 나리가 오셨으니 빨리 오라고 하겠습니다."

"아니요! 그냥 놔두시오. 나도 전하를 모시고 올 때 고뿔 때문에 고생 많이 했소."

권겸이 안방으로 들어가 관복을 벗고 자리에 앉자 네 명의 노비들이 상다리가 휘어질 정도로 여러 가지 음식이 올려진 저녁상을 들고 와 조심스럽게 내려놓는다.

"오랜만에 집에 오신다고 해서 좋아하는 음식을 마련했으니 많이 드세요."

"고맙소, 부인! 그렇지 않아도 원나라 음식이 입맛에 맞지 않아 날마다 고역이었소. 하~ 하."

부인 이 씨는 그동안 궁금한 것이 많았던지 권겸이 식사를 하는 도중에도 연신 원나라에 대하여 질문을 한다.

"누구한테 들으니까 원나라에서도 좋은 자리 차지하려고 서로 싸우고 난리라면서요?"

"원나라 사람만 그렇나 우리도 마찬가지 아니요. 나도 대도에 있을 때 선왕인 충선왕 전하와 충숙왕 전하 사이에서 곤란한 점이 많았소."

"두 분은 부자지간 아닌가요? 그런데……."

"권력은 부자지간도 갈라놓는다 하지 않소."

"아무튼 당신이라도 잘 되었으면 좋겠네요."

"글쎄, 전하께서도 환국하셨으니 무슨 말이 있지 않겠소."

권겸이 식사를 끝내고 저녁상을 물리자 부인 이 씨는 아랫목에 있는 술상을 당겨 권겸 앞에 놓는다.

"오늘 피곤하실 텐데, 소첩이 술 한 잔 올릴 테니 드시고 푹 주무세요."

부인 이 씨가 어깨를 들썩거리면서 술잔에 술을 따를 때마다 농염한 중년 여인네의 아늘거리는 분 냄새가 그동안 여체(女體)를 품지 못해 색정에 굶주린 권겸의 정욕을 자극한다.

"부인! 오늘따라 부인 얼굴이 무척 고와 보이는구려. 오늘 이대로는 잠이 올 것 같지가 않소."

"어서 불을 끕시다. 이리 오시오."

"아~이 참! 흉물스럽게……."

개성 송악산 왕궁에 도착한 충숙왕은 결혼한 지 몇 개월 안 된 원나라 위왕(魏王) 아목가(阿木哥)의 딸인 조국대장공주(曹國大長公主)는 왕비처소인 곤성전(坤成殿)에 처박아 놓고 왕의 침전의 한 곳인 중광전(重光殿)에서 대신들의 알현도 물리친 채 며칠 밤을 홀로 지낸다.

"전하께서 저리 국사는 처리하지 아니하시고 침소에만 계시니 큰일이구먼……."

"대도에서 개경까지 오시느라 피곤하신 게지."

"다시 한 번 알현해서 전하를 뵙도록 합시다."

대소신료들이 편전인 선정전(宣政殿)에 모여 설왕설래하고 있을 때 언제 그랬냐는 듯이 충숙왕이 시종 환관들과 몽골족 호위무사들과 함께 태연하게 들어온다.

"전하! 납시오."

내전 환관이 외치는 소리와 동시에 갑작스러운 충숙왕의 등장으로 일순간에 편전 안은 긴장된 분위기에 휩싸인다. 충숙왕은 어좌(御座)에 앉자 좌우로 늘어서 있는 대소신료들을 휘 돌아보더니 입을 연다.

"어젯밤, 연안군(延安君:본명 왕고)이 침소에 들어와 고려왕을 내놓으라 하면서 과인의 목을 칼로 내리치는 해괴한 꿈을 꾸었소."

충숙왕의 뜬금없는 꿈 이야기에 대전 안은 그야말로 살얼음판을 걷는 듯 살벌한 분위기에 휩싸인다.

몇 년 전 충숙왕이 오랜 정적(政敵)인 심양왕 왕고의 무고로 국인(國印)도 뺏긴 채 대도로 소환되어 오랫동안 머물고 있을 때 고려 국내에서는 권한공(權漢功), 채홍철(蔡洪哲), 채하중(蔡河中)·조적(曺頔) 등이 연안군(왕고)을 추대하여 고려왕으로 옹립하고자 했다.

오늘 조회에 불쑥 나타난 충숙왕은 꿈을 핑계로 대전 안에 있는 대신들 중 원나라로 돌아가지 않은 연안군 왕고 측근들을 스스로 사직하도록 압력을 가하고 있는 것이다.

충숙왕의 난데없는 꿈 이야기에 대신 중에 그간 연안군을 도와 충숙왕을 폐위하는 데 앞장섰던 찬성사(贊成事) 권한공 등과 고려의 국호를 폐하고 원나라에서 직접 고려국을 통치해 줄 것을 청원하였던 유청신, 오참 등 반충숙왕 파와 연안군 왕고 측근들의 얼굴은 흙빛이 된다.

"과인이 대도에 있을 때 그간 연안군이 왕 노릇을 하고 이에 부화뇌동한 자들이 국사를 어지럽힌 것으로 알고 있소."

조회에 나온 대신들이 안절부절못하며 숨을 죽이고 있을 때 충숙왕의 말 한마디가 대전의 침묵을 깬다.

"이것은 지난해 과인이 대도에 있을 때 수결(手決)하고 어압(御押: 왕의 도장)을 찍어서 개경으로 돌아가는 대호군(大護軍:종삼품) 장공윤(張公允)편으로 보낸 비목(批目:관직명단)이요."

"그런데 여기 있는 몇몇 대신들을 보니 과인이 수결한 것이 제대로 이루어졌는지 의심이 가는구려."

"밀직사사(密直司使:종2품)는 여기 있는 비목을 낭독하여 다시 한 번 여기 있는 대소신료들에게 과인의 뜻을 전하도록 하오."

충숙왕은 신하들의 불충에 대하여 매서운 질책을 하다가 대신 중에 서있는 이제현(李齊賢)을 바라보며 환관이 가져 온 빛바랜 비단 뭉치 같은 것을 내민다.

"전하께서 내린 비목을 읽겠소이다.

최유엄(崔有渰)·**김심**(金深)을 수첨의정승(守僉議 政丞)으로 권준(權準)·**김정미**(金廷美)를 첨의찬성사(僉議 贊成事)로 **최성지**(崔誠之), 윤신걸(尹莘傑)을 삼사사(三司使)로 임중연(林仲沇), 임자송(任子松), 원충(元忠)을 첨의평리(爲僉議評理)로, **이제현**(李齊賢)**을 밀직사사**(密直司使)로, 박문충(朴文忠)을 지밀직사사(知密直司事)로, 최천장(崔天藏), 김천보(金千寶), 원선지(元善之), 전언(全彦)을 밀직부사로 임명한다."

충숙왕은 환국한 지 며칠 되지 않아 왕고 일파와 선왕인 충선왕 측근들을 도려내고 있는 것이다. 충숙왕의 명을 받은 밀직사사 이제현이 왕이 옆의 환관에게 건네준 비목을 양손으로 공손히 받아 들고 대신들 앞에서 낭독을 한다.

"이상이오."

"전하께서 내리신 비목명단에 없는 사람은 지금 편전을 떠나도록 하시오."

밀직사사 이제현은 충숙왕이 정적들을 제거한다는 뜻을 간파하고 자기 말을 덧붙이자 윤선좌(尹宣佐)가 작심하듯이 거든다.

"전하께서 원나라에 계신 지난해 삼월에 교서를 내려 이르시기를 '군주의 녹봉을 받으면서 그 마음을 둘로 나눈다면 신하라고 볼 수 없다.'하시고 원나라에 상서하여 심양왕(瀋陽王) 왕고를 고려왕으로 세우자고 주청한 자들 가운데 정삼품으로 치사(致仕)한 자 이상은 모두 녹봉을 중단하라고 하신 바가 계시오."

사전에 모의라도 한 듯한 충숙왕 측근들의 잇따른 질책과 성토가 이어지자 충숙왕이 개경으로 돌아오기 전 연안군인 왕고를 따라 원나라에 가지 않았던 자들은 이제 죽은 목숨이나 다름없게 되었다.

편전 안에 있는 여러 대신들 중 비목명단에 없는 자들이 우왕좌왕하고 소란스러울 때 대호군 장공윤이 충숙왕의 눈짓하는 것을 보고 밖에 있는 시위군사들에게 명령을 내린다.

"밖에 있는 응양군(鷹揚軍: 궁궐수비대, 친위군)들은 뭐하는가? 비목명단에 없는 자들을 끌어내라."

밖에서 대기하고 있던 응양군 중랑장과 시위병사들은 장공윤의 목소리가 들리자 편전 안으로 일시에 들어가 호명되지 않은, 채홍철(蔡洪哲)·배정지(裵廷芝) 등 충선왕의 측근들과 채하중(蔡河中), 유청신(柳淸臣), 오잠(吳潛) 등 연안군 왕고 측근들을 끌어낸다.

"전하! 오해이옵니다. 소신은 전하께……."

"전하! 억울하옵니다! 저는 아니옵니다."

때 아닌 이른 아침에 선정전 앞은 끌려 나가는 대소신료들의 외침과 이들을 끌어내려는 응양군 병사들의 거친 소리로 시끌벅적하다. 편전 안팎으로 잠시 동안의 소요가 정리되자 충숙왕은 크게 한숨을 쉬며 측근 대소신료들로 새로 채워진 편전 안을 내려다보며 용상에서 천천히 일어선다.

"과인이 연경에 있을 때 여기 있는 경(卿)들께서도 이루 말할 수 없이 많은 고초를 겪었다 들었소. 모두 과인이 부덕한 탓이오. 이제부터 과인을 도와 조정의 안정을 기하고 백성들의 어려움을 해결할 수 있도록 전력을 다하여 주길 바라오."

이때 신진세력의 한 명인 삼사사(三司使) 윤신걸(尹莘傑)이 앞으로 나서며 충숙왕에게 건의한다.

"전하! 삼사사 윤신걸 아뢰옵니다. 전하께서 대도에 계실 때나 환국하실 때 옆에서 시중드느라 많은 고생을 한 대소신료들에게도 공의 등급을 논하심이 타당하다고 사료됩니다. 굽어 살펴 주시옵소서."

"과인은 퇴청할 테니 경들께서 공을 논하여 올리면 공신첩지(功臣疊至)를 내리리다."

"전하! 먼저 민부전서 권겸을 이등공신으로 하여 밀직부사(密直副使:정3품)로 승차시키는 것이 어떨는지요?"

"그렇게들 하시오."

"성은(聖恩)이 망극하옵니다."

충숙왕이 권겸의 승차를 윤허하고 퇴청하자 권겸 주위에 있는 대소신료들이 여기저기서 승차를 축하한다.

"권 전서! 아니 권 대감! 승차를 축하하오이다."

"권 대감! 한턱내야겠소이다. 하~하."

"이게 다 대감들께서 베풀어 주신 은혜인데 내 크게 한턱내다마다요. 조만간 연통 올리겠습니다."

기실 충숙왕은 개경 도착 후 정사에 관심이 없는 듯 편전에 등청하지는 않았으나 입궁하는 날 밤늦게 내전인 건시전(建始殿)으로 은밀하게 부른 찬성사 전영보, 사과수찬(史館修撰) 한종유(韓宗愈), 이조년(李兆年), 첨의평리 윤선좌(尹宣佐)와 지밀직사사 이능간, 우대언(右代言) 경사만과 대호군 정공윤 등 국내에 있었던 측근들과 환국할 때 수행했던 권겸(權謙)과 함께 상왕인 충선왕의 추종자들과 연안군 왕고(심양양) 부하들에 대한 척결과 앞으로의 국정 방향에 대한 비밀회의를 가졌던 것이었다.

"마님! 영감마님 오십니다."

윤 집사가 권겸의 가마가 문앞에 도착했음을 알리자 안방에 있는 부인이 후다닥 문을 열고 나와 권겸을 반갑게 맞는다.

"어서 오세요~. 오늘 좋은 소식이라도 있었습니까?"

권겸 부인은 남편이 왕과 함께 귀국한 후에 첫 등청이라 몹시도 궁금했던지 권겸이 집에 도착하여 관복을 벗기도 전에 이것저것 물어본다.

"어허~ 부인! 옷이나 벗고 숨이나 돌린 다음 이야기합시다."

"송구합니다. 소첩이 워낙 궁금해서……."

권겸 부인은 권겸의 붉게 상기된 얼굴을 보고 뭔가 일이 잘못 되었다는 생각이 드는지 조금 전과는 다르게 아무런 말없이 권겸이 벗은 관모와 관복을 받아 놓고 갈아입을 옷을 건넨다.

"부인! 술 한 잔 주구려."

권겸 부인은 대낮인데도 퇴청하자마자 남편이 술타령하는 것을 보니 틀림없이 일이 뜻대로 되지 않은 것으로 확신하는 눈치다.

"하~ 하."

권겸이 긴장한 부인을 장난기 있는 얼굴로 바라보며 갑자기 파안대소한다.

"부인! 어서 하인들에게 술이나 가져오라고 하시오. 하~하."

"거기 아무도 없느냐? 술상 가져오라 해라."

"네, 마님!"

권겸 부인은 남편과 부부의 연을 맺고 십 수 년 동안 살을 맞대고 지내 왔지만 그동안 남편의 속마음을 알 수가 없었으나 더욱이 오늘은 정오 무렵에 퇴청하여 집에 오자마자 술을 마시고 싶다는 남편에게 무슨 일이 생긴 것인지 도통 알 수가 없어 입술만 바싹바싹 탄다.

"오늘 조정에서 안 좋은 일이라도…."

"……."

"부인! 이게 무슨 술이요? 술에서 맛있는 냄새가 나는 것을 보니 상국에서 온 술인가 보오?"

"아닙니다. 평산댁이 집에서 담근 술입니다."

"오호~! 평산댁이 그런 재주가 있었구려."

"아이참! 술타령은 그만 좀 하시고 무슨 일이 있으셨는지 말씀 좀 하시구려. 궁금해 죽겠습니다."

"부인께서 몹시 궁금했던 모양이구려. 나 오늘 밀직부사로 승차했소."

"밀직부사요? 그럼 저도 이제 정경부인이 되는 건가요?"

"하하. 정경부인이 되는 것이 그리 좋소?"

한편 충숙왕은 첫 등청을 하자마자 순식간에 정적들을 제거한 이후, 중광전에서 홀로 휴식을 취하고 있을 때 부왕이 서거했다는 소식을 듣는다.

"전하! 오늘 선왕(충선왕)께서 연경 만권당(萬卷堂:원나라 수도에 세운 독서당)에서 승하(昇遐)하셨다는 전갈입니다."

"……."

내시부에서 급하게 달려온 듯한 내전 환관이 선왕의 부음(訃音)을 급히 아뢰었지만 충숙왕의 침소 안에서 아무런 인기척이 없자 다시 한번 고하려고 할 때 문이 열리더니 시종하고 있던 상선(尙膳:종이품)이 불쑥 나온다.

"전하께서 지금 슐라(수라의 몽골어)드시고 잠시 오침하고 계시니 내 전하께서 깨어나시면 아뢰겠네, 그만 물러가시게."

"네! 상선어른!"

원나라에 있을 때 늘 충숙왕 곁을 떠나지 않고 지켰던 최측근 중의 한 사람인 상선은 충숙왕이 그동안 선왕(충선왕)으로부터 많은 견제와 핍박을 받아 마음고생이 심했다는 것을 잘 알고 있어 충숙왕에게 조심스럽게 물어본다.

"전하! 선왕께서……."

"알고 있네."

"어찌해야 좋을는지요?"

"전리사(典理司:외교, 인사담당부서)에 처리토록 하시게."

충선왕이 승하했다는 소식이 개경 내에 퍼지자 그동안 왕을 능멸하고 권세를 휘둘러 수많은 양민들의 토지를 수탈한 죄로 순군부(巡軍府) 옥에 갇혀 있는 유청신(柳淸臣), 오잠(吳潛) 등의 귀까지 들어간다.

"선왕께서 승하하셨다고? 그럴 리가……."

"네놈들이 우리를 죽이려고 별짓을 다 하는구나."

"권 대감을 불러 다오, 권 대감을……."

충숙왕의 선왕인 고려 제26대 왕인 충선왕(몽골명:이지르부카 益知禮普花)은 1275년에 충렬왕(忠烈王)과 몽골 세조 쿠빌라이의 딸인 제국대장공주(齊國大長公主) 사이에서 장자로 태어났다.

재위시절 3개월 동안만 고려에 있었을 뿐 재위 기간의 대부분을 원나라 수도인 대도에 머물렀으며 친아들인 충숙왕을 견제하기 위해 이복형의 아들인 조카 왕고에게 심양왕을 물려주고 세자로 삼아 충숙왕 재위 내내 조정 내의 갈등과 반목의 원인을 제공한 왕이었다.

충선왕이 세상을 뜨자 이제 충숙왕을 위협하는 세력은 원나라에 있는 심양왕 왕고의 측근들밖에는 없게 되었다.

"여기 계신 여러분들께서 이 사람을 많이 도와주셔서 이제 정승 반열에 올랐소이다. 내 잊지 않고 가슴에 새기리다."

권겸이 승차 축하연에 참석한 고위관료들에게 감사의 인사를 전하자 지밀직사사 이능간이 손을 내저으며 입을 연다.

"아니요! 우리보다 권 대감께서 머나먼 타국에서 전하를 모시느라 얼마나 수고가 많았소이까. 승차는 당연하지요."

"여기 있는 분들이라도 전하를 성심성의껏 모셔야 하지 않겠소."

"아무렴요! 당연한 말씀이시지요."

"그래야지요, 하~하."

충숙왕의 환국 이후에 신진세력으로 부상한 자들이 마치 자기 세상이 온 것처럼 들떠서 술잔을 주고받으며 대화를 하고 있는 도중에 적지 않은 술을 마신 듯 얼굴이 불그스레 물든 찬성사 전영보가 술잔을 내려놓으며 한마디 거든다.

"내 말씀 좀 들어 보시오. 전번 이제현 대감이 비목 발표할 때 명단을 보니 이해가 안 되는 것이 있는데, 다들 알고 계시오?"

"무엇인데요? 그 때문에 권 대감이 승차한 건데 전 대감께서는 권 대감이 승차한 것이 불만스러운 모양이오? 하~하."

"농(弄)은 그만하시구려. 그 비목명단에 있는 최유엄(崔有渰), 김심(金深)과 최성지(崔誠之)는 선왕 측근들인데도 전하께서 수첨의정승(守僉議 政丞)으로, 삼사사(三司使)로 승차시킨 이유를 모르겠단 말이오."

"그야 전하께서 원나라 계실 때 선왕 전하의 눈치를 보느라 구색 맞추기 위해서 그렇게 한 일이 아니겠습니까."

"그런가요! 굳이 그렇게까지 할 필요는 없었던 것 같은데……."

"원나라에서 대신들 임명하는 데 일일이 간섭하니까 전하께서도 마음대로 못하시고 그리 하시지 않았겠습니까."

사과수찬(史館修撰) 한종유(韓宗愈)가 나름대로 해석을 하자 연회에 참석한 사람들 모두 고개를 끄덕인다.

"골치 아픈 정치 이야기는 그만 하고 오늘은 권 대감 승차 축하연이니 마음 편하게 술이나 드십시다."

"취기가 도니 마음이 왜 이리 허(虛)한 것인지 모르겠소. 하~하."

"대감! 기생이라도 부르오리까?"

"아니, 아니요! 권 대감! 부인에게 무슨 말을 들으라고…… 농이요~농!"

밤이 깊어 가는데도 권겸 집은 군데군데 달려 있는 초롱불로 대낮처럼 환하다. 이때 연회장 밖에서 하인들을 부리고 있던 윤 집사의 낮은 목소리가 들려온다.

"대감마님! 궁에서 전갈이 왔습니다."

"무슨 전갈인데 그러는가?"

"소인이 들어가서 고(告)해도 될는지요?"

"들어오게."

"그럼 소인 들어가겠나이다."

연회가 열리고 있는 방안으로 들어간 윤 집사는 지위가 높은 대신들의 왁자지껄한 분위기에 잠시 머뭇거리다가 권겸이 이야기해도 된다는 듯 고개를 끄덕이자 조심스럽게 낮은 목소리로 말한다.

"대감마님! 원나라에 계시는 충선왕 전하께서 승하하셨다고 합니다."

"뭐라! 자네 지금 충선왕 전하께서 승하하셨다고 했는가?"

충선왕이 승하했냐고 물어보는 권겸의 소리에 술을 거나하게 들어 취기가 오른 대신들은 정신이 번쩍 드는 듯 잡담을 멈추고 일제히 권겸을 바라본다.

"자네 지금 나가서 집에 있는 불을 다 끄고 대문 밖에 기다리고 있는 가마꾼들을 집안으로 들이게."

"아닙니다. 대감! 이제 우리도 갈 때가 되었으니 가마꾼들은 그대로 두세요."

"자, 너무 늦었으니 이제 그만 일어납시다."

연회에 참석한 대신들이 서둘러 권겸 집을 나가자 언제 그랬느냐는 듯이 방금 전의 시끌벅적한 분위기는 온데간데없고 상 치우느라 왔다 갔다 하는 하인들만 부산할 뿐 집안은 잔치집의 파장분위기로 접어든다.

예로부터 왕이 죽으면 전국에 국상을 선포하고 대신들은 물론 백성들 모두가 졸곡(卒哭:상을 마침)때까지 음주와 가무는 물론 혼례나 가축에 대한 도살이 금지되는 등 온 나라가 경건한 마음으로 고인이 된 왕을 애도 하였으나, 지금의 고려는 선왕인 충선왕의 주검이 원나라에서 도착하였는데도 온 나라가 슬픔에 잠기기는커녕 도성 안은 봄맞이 나온 백성들로 시끌시끌하다.

"자네 소식 들었는가? 원나라에 있던 왕인가 뭔가 하는 사람이 죽었다고 하네."

"야~ 이 사람아! 왕이 죽은 거랑 우리랑 무슨 상관이 있나?"

"고려왕보다 심양왕이 더 좋다고 개경보다 노상 원나라에 있었다고 하던데……."

"왕은 무슨 왕인가? 원나라에서 수시로 바꿔 버리는데……."

"쓸데없는 말 하지 말고 날씨도 좋은데 술이나 한잔 하자고."

"그러세."

개경의 대전 안에는 충숙왕을 비롯한 대소신료들이 앞만 바라볼 뿐 아무런 말없이 침묵만 흐른다.

"전하! 선왕의 국상은 고려왕의 국상 절차의 예에 따라 행하시는 것이 마땅합니다. 통촉하여 주시옵소서."

밀직사사(密直司使) 이제현(李齊賢)이 국상을 담당하고 있는 전리사 판사가 입을 닫고 눈치를 보자 용기를 내어 아뢴다.

"……."

어좌에 앉아 있는 충숙왕이 이제현의 건의에 아무런 대꾸 없이 조용히 있자 왕의 측근들이 너도나도 할 것 없이 나선다.

"신(臣)! 찬성사! 전영보 아뢰옵니다. 지난해 흉년으로 지금 온 나라 백성들이 고통받고 있사옵니다. 선왕의 국상도 정해진 예법에 따라 하는 것은 당연한 일이오나 그렇지 않아도 초근목피로 연명하는 백성들이 많은데 졸곡 때까지 오랫동안 장터까지 철시(撤市)되면 백성들의 원망이 커질까 두렵습니다."

"전하! 국상의 졸곡기간을 줄이고 국상을 위한 음식 마련도 알맞게 하여 백성들의 고통을 헤아려 주시옵소서."

충숙왕 측근들이 국상에 대하여 간소하게 치룰 것을 주청하자 충선왕 측근이었던 최유엄(崔有渰), 김심(金深)과 최성지(崔誠之)는 눈치만 보고 묵묵히 듣고만 있을 뿐 아무런 말도 없이 장승처럼 서 있다.

"……."

충숙왕이 국상에 대하여 또다시 아무런 대답이 없자 대신들 뒤에서 있던 권겸이 앞으로 나선다.

"밀직부사 권겸! 아뢰옵니다. 이번 선왕의 국상을 지금 백성들이 겪는 고통을 생각하시어 반으로 감(減)하여 국상을 경건히 치르는 것이 좋을 것이옵니다. 통촉하시옵소서."

"과인은 선왕을 위하여 국장(國葬)의 예법과 절차대로 하고 싶소만 권 대감말대로 나라와 백성의 형편을 생각하여 알맞게 치르도록 하는 것이 좋겠소."

"황송하옵니다, 전하!"

충숙왕이 권겸에게 힘을 실어 주는 것을 대전 안에서 직접 본 여러 노회한 대소신료들은 권겸이 충숙왕 측근의 실세들 중의 한 명으로 떠오르는 것을 보며 지금까지 자기들이 누려왔던 권세가 젊은 대소신료들에게 빼앗길 수도 있다고 생각되는지 아연 긴장하기 시작한다.

그러나 충숙왕이 귀국한 이후에 권겸과 같은 소수의 신진세력들이 조정 내에서 새로운 관료집단세력으로 부상하였다고는 하나 아직도 원나라에 있는 심양왕 왕고 추종자들이나 선왕인 충선왕 측근들이 조정에 건재해 충숙왕이 소신껏 원활한 국정을 수행할 수 있도록 뒷받침해 주는 데에는 한계가 있을 수밖에 없었다.

『현재 고려 국왕(충숙왕)은 눈이 멀고 귀가 먹어 듣지도 보지도 말하지도 못하는 불구자가 되었기 때문에 친히 정사를 돌 볼 수 없는 상태입니다. 상왕(충선왕)께서 인종황제에게 청하여 왕고(심양왕)를 세자에 책봉하기로 한 것이 이미 오래 전 일입니다. 하오나 고려국왕은 영종황제 때에 이르러 왕도와 백안독고사가 공모하여 김이로 하여금 상왕을 꾀어 왕고의 세자인을 훔쳐갔을 뿐만 아니라 상왕께서 지급했던 왕고의 토지와 사택, 그리고 그의 신하 유청신, 오잠 등 140여 명의 토지와 사택을 강탈한 바 있습니다.』

"유청신과 오잠이 상국조정에 전하를 모함하는 상소를 올렸다고 하오."

"그자들이 옥에서 풀린 지가 얼마나 되었다고 또 분란을 일으킨단 말이오."

"전하께선 그런 자들을 왜 방면하라고 하셨는지 이해가 가지 않습니다."

"전하께서 놈들을 쳐 죽여도 시원하지 않을 터인데, 방면하고 싶으셨겠소. 하도 상국 대신들이 전하께 계속하여 압력을 가하니까 어쩔 수 없이 그리 하신 게지요."

충숙왕이 고려로 환국한 직후에 국정을 농단한 죄로 순군옥에 갇혀 십수 일을 보내다가 연줄이 있는 원나라 대신들의 거듭된 압력으로 방면되어 집에서 요양하고 있었던 유청신과 오잠이 대도에 있는 심양왕 왕고의 지시에 따라 충숙왕이 왕으로서 자질이 부족하다는 것을 원나라 중서성(中書省)에 상소한 사실이 개경에 알려진다.

"여하간 오잠이 올린 상소문을 태정제(泰定帝:예순테무르)께서 보시고 고려왕에 대한 실상을 조사하라 명하셨다고 합니다."

"이게 다 심양왕 왕고전하께서 고려왕이 되시겠다고 측근들을 동원하여 저지르신 일 아니요."

"지금 그것을 따지고 원망할 때가 아닙니다. 누가 오든지 그 대책을 세워야 하지 않겠습니까."

"제기 듣기로는 상국에서 평장정사(平章政事) 매려(買驢)와 사인 역특미실불화를 조사관으로 보낼 때 박중인, 조유, 조운경, 고자영들도 같이 온다 하더이다."

"그놈들은 왕고 전하의 수하들 아니요. 이것 보통 일이 아니구먼."

"그래서 오늘 이렇게 대감들을 만나서 대책을 논의하고자 한 것입니다."

원나라가 조사관을 보내 상소의 진위여부를 확인하겠다는 국서를 보내자 지밀직사사 이능간, 우대언(右代言)경사만과 첨의평리 윤선좌(尹宣佐)와 권겸(權謙)이 모여 대책을 협의한다.

"우리 대도만 더운 줄 알았는데 고려도 무지하게 덥구려."

"저희 때문에 평장정사께서 너무 고생이 많으십니다."

"고생이라 할 것 있소? 폐하의 명을 받고 가는 길인데요."

"그래도……. 못난 왕 때문에 이리 고생하시는 것 아닙니까?"

"박공! 정말로 고려왕이 눈과 귀가 먹었소?"

"평장정사께서 직접 보시면 아실겁니다."

1328년 7월! 평장정사 매려는 몽골병사들이 호위하는 가운데 왕고의 측근들인 박중인, 조유, 조운경, 고자영 등과 함께 동녕부(의주)를 지나 고려 개경으로 향한다.

"평장정사! 오랜만입니다. 더운 날씨에 이곳까지 오시느라 고생이 많으셨습니다."

"아니! 권 대감이 아니시오?"

"평장정사께서 오신다고 하기에 여기 이능간 대감도 같이 왔습니다."

"오~! 이대감께서도 오셨구려. 반갑소이다."

매려 일행이 개경에 도착하자 오래전부터 매려와 인연이 있는 권겸이 이능간과 사신 숙소인 순천관(順天館) 앞에 마중 나와 있다가 예를 표하며 반갑게 인사한다.

"대도에 머물고 계신 대감들도 같이 오셨구려, 이역만리에서 얼마나 고생이 많으십니까?"

"……."

"송구하오나 순천관은 상국에서 오신 사신들을 모시는 곳이니 같이 온 박 대감 일행들은 객관(客館)에서 머물도록 준비해 놓았습니다. 저기 있는 젊은 관리를 따라 그리 가시지요."

원나라 평장정사 매려 일행과 같이 순천관 앞에 도착한 박중인, 조유 등 왕고측근 일행들은 이능간으로부터 객관에 별도 숙소를 마련했다는 말을 듣고 씁쓸한 표정을 짓는다.

"오늘도 고려왕을 뵐 수 없다고?"

"우리가 개경에 도착한 지가 언제인데 아직도 얼굴도 보지 못하고 있으니……."

개경에 도착한 매려는 오잠 등의 상소문에 대한 진위를 가리기 위해 충숙왕을 만나고자 하였으나 충숙왕은 병을 핑계로 하여 만나 주지 않는다.

"대인! 여기서 기다릴 것이 아니라 궁에 들어가 직접 고려왕을 뵙는 것이 좋을 성싶습니다."

"그게 좋을 것 같구먼~ 내가 내일 직접 궁으로 가서 뵙겠다고 전하게."

아침 일찍 순천관을 찾아 온 내전 환관이 오늘도 병환 중이라 왕을 알현하기가 어렵다고 말하자 조사단의 부사격(副使格)인 역특미실불화가 정사(正使)인 매려한테 직접 궁으로 가서 확인하길 권한다.

"전하! 내일 평장정사 일행들이 궁을 방문하겠다고 하옵니다."

"과인이 불구자인지 아닌지를 확인하겠다는 말도 안 되는 조사를 받으라는 이야기인가?"

"황공하옵니다. 전하! 이번에 조사단으로 온 자가 더는 못 기다리겠다고 워낙 강하게 나오는지라……."

"알겠네. 정히 그렇다면 내일 직접 만나 보도록 하지."

순천관을 다녀온 상선이 평장정사 매려가 궁으로 와 직접 조사하겠다는 것을 아뢰자 충숙왕은 무덤덤한 표정으로 상선을 바라보며 지나가는 듯한 말투로 이야기한다.

"평장정사 매려! 전하를 뵈옵니다."

"어서 오시오, 그간 주무시는 데 불편함은 없으셨소?"

"네. 전하. 하온데 전하께선 이제 병이 다 나으셨는지요?"

"많이 좋아졌소. 어의가 말하길 마음에 화(禍)가 생겨 기(氣)의 순환이 잘 안 돼 병이 생겼다고 하던데, 오늘 평장정사를 보니 더 좋아지려나보오."

"전하! 태정제 폐하께서 소신에게 확인하라고 하명하신 몇 가지를 여쭈어 보고자 하오니 숨김없이 말씀하여 주시기 바랍니다."

"어찌하여 전하께선 선왕이신 충선왕께서 인종 황제 폐하께 청하여 고려 세자로 책봉하신 왕고전하의 세자 인을 가져가셨나이까?"

"그 이야기인가? 평장정사도 한 번 생각해 보구려. 심양왕과 고려왕을 겸하신 선왕께서도 두 나라를 함께 통치하시다 보니 어느 한 곳도 제대로 된 곳이 없었소. 혹여 세자인 심양왕 왕고가 다음 보위를 물려받으면 또다시 선왕 때와 같은 국정의 혼란이 발생될 것이라 생각하여 과인이 선왕을 설득하여 왕고한테 내린 세자인을 돌려받은 것이지 왕고측근들의 말처럼 백안독고사와 공모하여 김이로 하여금 선왕을 꾀어 세자인을 훔쳐가지는 짓거리는 하지도 않았을 뿐만 아니라 그럴 필요도 없었소이다."

매려는 왕고측근인 오잠 말대로 충숙왕이 귀가 먹고 눈이 먼 불구자인 줄 알고 자기 눈으로 확인하기 위해 직접 왕의 처소로 가서 태정제의 조서를 낭독하고 난 이후에 충숙왕을 힐난하며 심문하기 시작하였는데 뜻밖에 충숙왕이 조리 있게 대답하자 당황한다.

또한 충숙왕은 유청신과 오잠의 상소문 중에 잘못 지적된 부분들을 조목조목 일일이 열거하며 왕고측근들인 유청신 등의 토지와 사택을 몰수한 것은 정치적인 보복이 아니라 그들이 백성들의 재산을 강탈하였기 때문에 이를 환수하여 원주인에게 돌려주었다고 역설한다.

"전하! 전하께옵서 그리 황제폐하와 백성들을 생각하시고 계신 줄 몰랐습니다. 대도에 돌아가면 전하의 뜻과 상소의 무고함을 폐하께 잘 말씀 올리겠습니다."

"평장정사께서 그리 말씀해 주시니 고맙소. 그리고 한 가지 청이 더 있소만……."

"말씀하시지요."

"고려는 상국의 사위국인데 정동행성에 있는 일부 상국의 관리들이 혼례를 올리는 날에 신부를 납치하여 겁탈하고 폐하께서 귀족들에게 하사하신 토지를 빼앗는 패악질을 계속 하고 있다고 하오. 이는 폐하를 욕보이는 행위오니 이들을 상국에서 엄정 문책했으면 하오."

"어찌 그런 일이……. 제가 귀국할 때 그놈들을 대도로 데리고 가 엄중 문책토록 하겠습니다."

"고맙소이다."

"전하! 그럼 저희들은 이만 돌아가겠나이다."

충숙왕을 조사한 매려는 유청신과 오잠의 상소가 충숙왕을 왕위에서 끌어내려는 의도로 저질러진 음모라는 판단을 하고 고려왕궁을 나와 거짓 상소를 올린 자들에게 죄를 묻겠다는 듯 서둘러 순천관 숙소로 발걸음을 옮긴다.

"너희들은 지금 객관에 머무는 놈들을 몽땅 이리로 잡아 오너라."

머리끝까지 화가 난 매려가 같이 온 몽골호위병들에게 불같은 명을 내린다.

"이놈들을 묶어라!"

"아니~ 평장정사! 어찌 우리를 죄인 다루듯 하시오?"

"유청신, 오잠! 아직도 너희들의 죄를 모르겠느냐? 너희들은 거짓 상소로 황제폐하를 능멸했느니라."

"우리가 어찌 감히 황제폐하를 능멸하겠소이까. 천부당만부당 합니다. 그저 우리는 충숙왕이 오랫동안 병환으로 말도 제대로 못하여 정사를 돌보지 못하고 있다는 소식을 고려에 있는 지인으로부터 듣고 폐하께 정확한 실정을 확인하여 주십사고 상소한 것뿐이옵니다."

"시끄럽다! 이 자들을 내일 귀국할 때까지 이문소 옥에 가둬라."

매려의 명에 따라 조유 등의 왕고파 일당은 아무말도 하지 못하고 몽골 호위병사들에게 포박되어 정동행성 내에 있는 이문소 옥에 갇힌다.

"평장정사님! 밖에 권겸대감께서 와 계십니다."

"왔다니 가라 할 수도 없고……. 안으로 모셔라."

권겸은 매려 일행이 조사를 마치고 내일 대도로 출발한다는 소식을 듣고 이번 기회에 원나라 대신인 평장정사 매려와 더욱더 돈독한 인연을 맺고 자 진귀한 술과 음식, 그리고 무엇이 들었는지 모르는 선물함을 가지고 사신 숙소를 방문한다.

"오늘 노고가 많으셨습니다. 평장정사께서 내일 대도로 출발하신다 하길래 늦게라도 술 한잔 같이 하러 왔습니다."

"그럽시다! 권 대감 하고는 충숙왕 전하가 대도에 계실 때 자주 만났는데, 안 본 지가 벌써 몇 년 된 것 같소이다. 하~하!"

"송구합니다. 오늘 평장정사님과 대취할 테니 흠이나 잡지 마십시오."

순천관 내실에서 오랜만에 매려와 권겸은 몇 년 전 충숙왕을 모시고 대도에 있을 때 서로 만나 인연을 쌓은 이야기로 밤늦도록 술을 주거니 받거니 하면서 마신다.

“권 대감! 내가 오랜만에 벗을 만나 기분 좋아 너무 술을 많이 먹은 것 같으니 이제 그만 술자리를 파(破)합시다.”

“그러시지요! 저도 많이 취했나 봅니다. 그건 그렇고 내 평장정사를 위하여 조그마한 선물을 가져 왔으니 거절하지 않았으면 합니다.”

“아니! 이것은 금 아니오!”

“평장정사님의 노고에 비한다면 약소합니다.”

“이것을 받아야 할 지 모르겠소만…….권 대감의 성의를 알고 내 어찌 거절하겠소, 아무튼 고맙소이다.”

“밤도 늦었고 평장정사께서 내일 떠날 준비도 하셔야 하니 이제 그만 돌아가겠습니다.”

“권 대감! 대도 오시면 저희 집에 꼭 한번 들르십시오.”

“감사합니다! 그렇게 하겠습니다.”

원나라가 조사단을 파견하여 충숙왕을 조사한 이후에 같이 고려에 왔던 유청신, 오잠 등 측근들을 대도로 호송하여 황제를 능멸한 죄로 투옥시키자 왕고는 더 이상 충숙왕을 몰아낼 엄두를 내지 못하게 되어 고려 왕위를 둘러 싼 갈등은 당분간 봉합된다.

권겸은 이번 원나라 조사단의 방문을 기화로 많은 고려대신들이 원나라의 권력층들과 끈을 맺고 있는 것처럼 평장정사 매려(買驢)와 더욱 더 돈독한 친분을 맺게 된다.

골육상쟁

골육상쟁

"전하! 양위는 재고하여 주십시오."

"양위는 아니 되옵니다."

다음 날 권겸을 포함한 모든 대신이 충숙왕 면전에서 또다시 양위의 불가함을 어제에 이어 오늘도 계속하여 간한다.

몇 년 전에도 충숙왕은 박중인, 조유, 조운경, 고자영 등 심양왕 왕고를 지지하는 세력들이 자기를 왕위에서 끌어내려고 계속하여 원나라 조정에 참소한 바가 있었고, 환국 이후에 권겸 등 신진 관료들을 측근 세력으로 키우고 있다 하더라도 왕위 유지를 강력하게 지원할 만한 강력한 세력을 제대로 구축하지 못한 것을 비관하여 끈질기게 고려왕에 오르려는 심양왕에게 왕위를 선양하려는 마음까지 먹었다가 한종유(韓宗愈)와 이조년(李兆年)의 만류로 뜻을 접은 적도 있었다.

"여러 대소신료는 더는 과인을 괴롭히지 마시오."

"신(臣) 우대언(右代言) 경사만 아뢰옵니다. 전하! 십수 년 동안 이쪽저쪽이다 하여 대소신료들 간에 갈등이 첨예하게 대립한 이유에 대하여 전하께서도 잘 아시지 않습니까?"

"……."

"선왕이신 충선왕께서 왕고에게 심양양 자리를 물려주시고 세자로 삼으시니 조정 대소신료들이 둘로 나뉘어 조정의 혼란이 오늘까지 이어지고 있는 것 아니옵니까?"

경사만이 조목조목 논리를 펴 가며 양위의 불가함을 아뢰자 옆에서 가만히 있던 첨의정승 윤석(尹碩)이 노한 얼굴로 경사만을 정면으로 바라보며 반박을 한다.

"경 대감은 불충한 말씀을 삼가시오. 조정을 싸움판이라 하시면 전하는 물론이고 여기 있는 모든 대소신료가 싸움질만 하는 난봉꾼이란 말이오!"

윤석의 말이 채 끝나기도 전에 이조년이 윤석 옆에 있는 김지경, 고용현의 얼굴을 빤히 쳐다보다 고개를 돌려 충숙왕에게 아뢴다.

"전하! 거짓 혀를 놀려 전하의 영면함을 가리고 고려를 도탄에 빠뜨리는 자들을 경계하시옵소서."

"아니! 이 대감! 누가 고려를 도탄에 빠뜨리는 간신이란 말이요? 말씀을 좀 가려서 하세요."

고용현은 이조년이 자기를 지칭하는 것으로 알고 붉으락푸르락한 얼굴로 이조년을 째려본다.

"그만들 하오! 과인은 퇴청할 테니 다음에 이야기합시다."

충숙왕이 대전 안이 소란스러워지자 짜증 난 표정으로 대전에서 휙 나가 버리고 대전 안은 시전처럼 더욱더 난장판이 된다.

"요즘 이야기 들으니까 윤 대감과 고 대감이 세자궁에 왔다 갔다 한다던데……. 세자 저하에게 붙어 다니면서 무슨 영광을 누리겠다고 그리들 안달이시오."

"붙다니~, 이 자가 말이면 단 줄 알아?"

충숙왕 측근과 세자 측근들이 서로 험한 말과 삿대질을 하며 싸우자 밀직사사 이제현이 왕을 알현하여 양위의 진위를 알아볼 테니 오늘은 그만 싸우자고 중재를 하여 양 측근들은 말다툼을 끝내고 각자 무리를 이뤄 대전을 나선다.

조정 대소신료들이 왁자지껄하면서 물밀듯이 대전을 빠져나가자 언제 소란이 있었느냐는 듯이 대전 안은 적막하기만 하다. 정문인 광화문 방향으로 홀로 걷고 있던 김지경은 대전 환관이 급히 달려와 중광전으로 오라는 충숙왕의 명을 전하자 황급히 발길을 돌린다.

"오늘 과인이 그대를 부른 것은 내 뜻을 전함이오. 그대도 알다시피 그동안 과인이 환국 이후에 잠시도 마음이 편하지 않았소. 선왕도 선왕이거니와 심양왕 왕고가 과인을 보고 심지어는 귀머거리, 벙어리라고 모함하여 상국에서 조사까지 나와 욕보이지를 않나. 그리고……."

"말씀하시옵소서, 전하!"

"이것은 과인의 생각이오만 경(卿)도 아시다시피 세자가 대도에 머물 때 현재 상국의 실권자인 엘테무르 승상께서 중매를 서 진서무정왕(鎭西武靖王) 초팔(焦八)의 여식인 덕녕공주(德寧公主:보르지긴 이렌첸반)와 선휘원(宣徽院:엘테무르 집의 별칭)에서 혼인하지 않았소?"

"알고 있사옵니다. 전하! 세자저하 혼인은 어찌 말씀하시는지요. 소신은……."

"아무래도 진서무정왕께서 자기 사위를 고려왕으로 올려 딸을 왕비로 만들어 달라고 엘테무르 승상께 청을 올린 것 같소."

"전번에 사신으로 온 전서원사(典瑞院使)인 아로위(阿魯委)와 두만태(頭曼台, 투먼다이), 객성대사(客省大史) 구주(九住)가 세자를 고려국왕으로 하는 것이 좋겠다는 상국의 뜻을 넌지시 이야기하더이다. 그래서 대소신료들에게 양위의 뜻을 전하려 했던 것이오."

"그러하시다면 소신이 세자저하께 장인에게 연통하여 왕위를 물려받는 것을 중지하라고 말씀 올리겠습니다."

"아니요! 어차피 세월이 흐르면 세자가 보위를 이어받아야 하는데 이번 기회에 세자에게 보위를 물려주고 선왕처럼 차라리 대도에 머물면서 황제 폐하와 여러 상국대신 들과 친목을 도모하는 것이 오히려 고려를 위해서도 좋을 것 같소."

"전하! 전하의 뜻이 그러하시다면 신이 상국에 다시 한 번 가서 전하의 뜻을 전달하겠습니다. 전하께서 상국에 계시면 세자 저하께서는 마음 놓고 내치에 전념할 수 있을 것이옵니다."

충숙왕은 상국인 원나라가 원하는 대로 오늘 여러 대소신료 앞에서 세자의 고려왕 등극을 확정하고 홀가분하게 개경을 떠날 작정이었는데 경사만, 이조년 등 측근들의 반발로 논의 자체가 안 되자 퇴청 이후에 중광전(重光殿)으로 밀직부사 김지경을 불러들였던 것이었다.

"지금 내전 안에 있는 사람이 누구라고 하셨소?"

"김지경 대감입니다."

밀직사사 이제현이 충숙왕의 양위 뜻을 헤아려 조정 대소신료들 간의 첨예한 대립을 해소하기 위하여 중광전에서 왕을 알현하려고 갔으나 이미 김지경이가 먼저 와 왕과 긴밀한 대화를 나누고 있었다.

"김대감이… 무슨 일로 왔다 하더이까?"

"저와 같은 환관이 무엇을 알겠습니까?"

"상선께서는 전하를 모시는 측근이 아니시오?"

"……."

"전하께 알리오리까?"

"아니오. 내 다른 날에 따로 전하를 뵈오리다."

충숙왕을 알현하지 못하고 밀직사 집무실로 발길을 돌리는 이제현의 마음은 착잡하기만 하다.

"평소 품행이 바르지 못한 세자가 왕이 되면 이 나라가 더 혼란스러울 텐데…… 이 일을 어찌하면 좋을꼬."

이제현이 밀직사로 돌아와 집무실 책상에서 붓을 들고 무엇인가를 적어 내려간다.

『소신 밀직사사 이제현은 이제 늙으신 어머니를 봉양하고 못다한 학문을 마치고자 관직에서 물러나고자 하오니 윤허하여 주시옵소서.』

개경 중광전 앞마당은 먼 길 장사 떠나는 상단(商團)처럼 아침부터 환관들과 궁녀들이 쌓여 있는 재물들을 여러 수레와 마차에 옮기느라 분주하다.

"이것들은 저 수레에, 은병은 저 함에 담고…… 비단 필은 저쪽으로."

환관 중 우두머리로 보이는 늙은 환관이 여러 물목을 이리저리 나누어 수레와 마차에 옮기기를 지시하는 도중에 어디에선가 큰 소리가 들려온다.

"전하 납시오!"

일순간에 물건을 싣느라 바삐 움직이고 있던 환관과 궁녀들은 행동을 멈추고 그 자리에 서서 예를 표하며 미동도 없이 서 있다.

"상선! 짐을 다 꾸렸으면 빨리 출발하지 왜 그리 더딘 것이냐?"

외출복 차림으로 떠날 채비를 하고 나온 충숙왕이 옆에 있던 상선에게 출발을 채근하자 상선은 누가 들으면 안 된다는 듯이 낮은 소리로 속삭인다.

"전하! 그래도 대소신료들을 보고 가는 것이……."

"과인이 상국으로 떠난다면 또 별떼처럼 반대할 텐데, 아무튼 김지경에게 대소신료들이 모인 가운데 세자의 고려왕 등극을 발표하라고 했으니 되었다."

"우리부터 먼저 출발토록 하지."

"네. 전하!"

충숙왕과 상선이 환국할 때 같이 들어 왔던 몽골 호위군사들과 막 궁을 떠나려고 할 때 누군가가 중광전 쪽으로 허겁지겁 달려온다.

지밀직사사 이능간이 아침 일찍 밀직사에 등청하자마자 밀직사사 이제현 대감이 사의를 표했다는 것을 알게 되어 이를 충숙왕에게 고하고자 중광전으로 가는 도중 충숙왕이 원나라로 떠나기 위해 짐을 꾸리고 있는 것을 알고 급히 달려오는 길이었다.

"전하! 아니 되옵니다. 어찌 백성과 사직을 뒤로하시고 고려를 떠나려고 하십니까?"

"……."

"전하! 세자 저하께서 이제 보령이 16살이온데 양위하시고 원나라로 가신다니요. 뜻을 거두어 주십시오."

충숙왕은 출발하기 위해 말위에 탄 채 땅바닥에 엎드려 간곡히 호소하는 이능간을 물끄러미 바라보며 입을 연다.

"과인이 그대의 충심을 모르는 바가 아니나 과인도 다 생각이 있어 상국으로 가는 것이니 경이 세자가 제대로 고려를 다스리도록 도와 주시오."

"전하! 아니 되옵니다. 통촉하여 주시옵소서."

이능간의 거의 울부짖는 소리를 뒤로하고 충숙왕과 일행은 서둘러 개경을 떠난다.

"뭐야! 전하께서 오늘 아침에 기어코 원나라로 떠나셨다고?"

"서둘러 진시 경에 떠났다 하오."

"어찌 이런 일이."

충숙왕 측근이었던 대소신료들이 도첨의부(都僉議府)에 모여 경악과 한탄을 늘어놓는다.

"지난해 말부터 김지경이나 고용현이 세자궁에 들락거린다고 하더니만 우리에게 아무런 대책 없이 세자께서 보위에 오르시면 정말 큰 일 아니요."

"놀기 좋아하시고 여자들을 좋아하시는 세자께서 왕에 등극하시면 정사는 뒷전으로 하시고 간신배들하고 놀아날 텐데 걱정이구려."

충숙왕이 아침 일찍 개경을 떠나 원나라로 가는 도중에 황해도 서북단에 있는 황주(黃州)에 도착 했을 때 원나라 대도에서 고려로 들어온 왕정이 원나라 예법으로 손을 가슴에 얹고 꿇어앉아 영접한다.

"소자! 아바마마를 뵈옵니다."

"네 이놈! 너는 고려왕이라는 놈이 그게 무슨 인사란 말이냐!"

"……."

충숙왕이 아들인 왕정의 행동거지가 몹시 마음에 안 드는 듯 꾸짖자 충혜왕과 함께 고려로 들어온 측근 신하들이 어쩔 줄을 모른다.

"그리고 네 놈이 입은 옷도 그렇고, 그 의관은 또 무엇이냐?"

"장인께서 결혼기념 선물로 주신 것이옵니다."

"시끄럽다! 고려 옷으로 갈아입고 조용히 개경에 들어가거라."

태어나서 이제까지 제멋대로 살아온 왕정에게는 처음 겪어 보는 신랄한 선왕의 질책에 당황하는 기색이 역력하다.

"내 상국에 가서 네 놈이 하는 짓을 지켜볼 테니 옛날처럼 난봉꾼 짓거리를 하면 참고 있지만은 않을 것이다. 알겠느냐?"

"명심하겠습니다."

아무튼 고려는 충숙왕의 장남인 왕정이 왕위를 둘러싼 피비린내 나는 권력투쟁 없이 상국인 원나라로부터 고려왕으로 임명받아 그럭저럭 권력 승계가 이루어졌으나 정작 상국인 원나라의 사정은 고려와는 다르게 그리 녹록하지 않았다.

충혜왕이 황주에서 선왕으로부터 호된 질책을 받고 우울해 하고 있을 때 원나라 대도에서 나머지 일을 처리하고 늦게 출발한 상호군(上護軍: 정삼품) 주주(朱柱)가 충혜왕 일행이 잠시 머물고 있는 행궁으로 찾아온다.

"지금 무엇이라 했소? 상국에서 황태자 전하를 고려로 유배한다고 했소?"

"네, 전하! 소신이 대도에서 출발할 때 분명히 그리 들었습니다."

"그 넓은 중원에 그리 유배할 곳이 없어 하필 고려로 보낸단 말인가?"

당시 원나라는 황제들의 재임기간이 4~5년이 채 안 될 정도로 극심한 내홍을 겪고 있었다.

충혜왕에게 고려왕 직위를 내려 준 원나라 문종 황제인 투그테무르는 몇 년 전 권력투쟁에서 패하여 해남도(海南島)로 유배되었다가 갑자크 친위군단의 총사령관인 엘테무르(燕帖木兒)의 지원을 받아 나중에 대도에서 황제로 등극하였으나 이복형인 쿠살라가 차가타이한국의 지원을 받아 알타이 산맥을 넘어 중원을 향해 진격하여 막북(漠北)세력의 추대로 카라코룸(和林)에서 즉위하자 쿠살라 진영과 전면전을 벌일 경우 승리를 장담할 수 없어 결국 옥새를 쿠살라에게 바쳐 권력에서 밀려났으나 쿠살라가 황제즉위 축하연회가 있은 지 불과 나흘 뒤 대도로 가는 도중에 엘테무르에게 독살되자 복위(復位)하여 당시 원나라 권력을 장악한 엘테무르의 뜻에 따라 6개월 동안 황제 노릇을 했던 쿠살라의 아들인 토곤테무르를 고려 대청도로 유배를 결정하였다.

"전하! 상국에선 대청도에 토곤테무르 전하께서 머물 궁을 새로 지으라고 합니다."

"……."

충혜왕이 미간을 찌푸린 채 못마땅한 표정으로 아무런 말이 없자 평소에 왕 면전에서 좋은 말만 하던 첨의사인(僉議舍人) 주주가 왕의 눈치를 살피며 조심스레 입을 연다.

"전하! 이 일은 섬에서 조그마한 행궁 비슷한 것을 짓는 것이오니 전하께서 노심초사할 필요 없이 첨의부에서 알아서 처결토록 맡기 시옵소서."

"아무래도 그렇게 하는 것이 좋을 것 같소."

충혜왕은 덕녕공주 집안을 통하여 원나라 실 권력자인 엘테무르와 끈이 닿아 있어 엘테무르의 반대편에 서 있던 명종 황제 쿠살라의 열세 살짜리 어린 아들인 토곤테무르가 대청도로 유배 온다고 해도 별 관심 둘 이유가 없고 오히려 엘테무르가 명종 황제 아들을 고려 쪽으로 유배 보낸다는 것은 어떤 의미로는 알아서 처리하라는 뜻인지도 모르겠다는 생각을 한다.

개경에 도착한 충혜왕은 피곤하다는 핑계로 대전에 나타나지도 않은 채 왕의 침전인 강안전에서 며칠 동안 꼼짝도 안하고 있다.

"전하! 조정의 대소신료들이 하례를 드리러 대전에 모여 있으니 어서 대전으로 납시어 고려왕으로서 군신의 예를 받으시옵소서."

침소 밖이 여러 대소신료가 경쟁하듯이 외치는 소리로 시끄럽자 이윽고 문이 열리고 충혜왕인 왕정이 담황색의 용포인 곤룡포를 몸에 걸친 채 게슴츠레한 얼굴로 강안전 앞마당에 모여 있는 대소신료들을 바라본다.

"과인이 좀 피곤하다고 하지 않았소, 어찌 이른 아침부터 이리 찾아 와 소란을 피우는 거요."

어제 술을 많이 먹었는지 아직도 술 냄새가 풍기고 얼굴은 불그스레한 채 신하들을 바라보는 것이 왕으로서의 위엄은 온데간데 없고 영락없는 술주정뱅이 모습이다

"황제 폐하께서 과인을 고려왕으로 임명하셨는데 굳이 서둘러 대전에 나갈 필요는 없을 것 같은데……."

강안전에 몰려갔던 대소신료들 속에 있던 중찬(中贊) 윤석(尹碩)이 앞으로 나서며 주청을 한다.

"전하! 상국의 황제 폐하께서 임명하셨다 하더라도 고려왕으로서 즉위의 예는 갖추어야 하오니 즉위식 일정과 절차를 논의하여야 하옵니다."

"과인이 대전에 나가 경들을 보는 것이 즉위식 아니오?"

"전하! 온 백성들에게 왕의 위엄을 보여 주기 위해서라도 즉위식을 하여야 하오니 통촉하여 주시옵소서."

"알았으니 그만 돌아가시오."

충혜왕이 귀찮다는 듯이 자리를 피해 방안으로 들어가자 강안전 앞마당에 모여 있던 대소신료들이 더는 간(諫)하지 못하고 삼삼오오 흩어진다.

"윤석 대감도 충숙왕 전하께 갖은 아양을 떨더니만 이젠 왕정 전하 쪽으로 착 달라붙었구먼."

"권겸이도 지난해부터 충혜왕 전하 측근인 김지경, 고용현과 자주 어울려 다닌다고 들었네."

"김지경은 헛물켜는 것이고 이젠 전하께서 총애하는 배전(裵佺)과 주주(朱柱) 세상이 된 것 아닌지 모르겠소."

"상국에서 왕을 수시로 교체하라고 하면 바꿀 수밖에 없으니 이게 무슨 나라라 할 수 있나!"

젊은 관료들 자신들도 새로운 권력에 붙기 위하여 추운 날씨에도 불구하고 대신들과 함께 강안전으로 몰려갔지만 노회한 대신들의 지나친 아부를 보며 혀끝을 찬다.

왕정은 이제 왕이 되어 이 세상 모든 것을 얻은 듯 기고만장한 표정으로 침전으로 들어가자마자 대소신료들 앞에서 입었던 곤룡포를 훌훌 벗어 던진다.

"이제 나와도 된다."

"저하! 다 갔나이까?"

"나와도 된대두!"

왕정은 대소신료들이 귀국했다는 소식을 듣고 강안전으로 몰려들기 전에 속옷 하나만 걸친 채 고쟁이 차림의 거의 반라 모습인 궁녀 하나와 대낮부터 술타령을 하고 있었다.

"내 늙은이들이 우르르 몰려와 저 거추장스러운 왕 옷을 입고 있느라 혼났느니라."

"어서 술을 따르지 않고 뭐하느냐?"

"네, 저하!"

"이 년! 이제부턴 왕이니 전하라 부르거라."

궁녀가 두 손으로 술을 따르자 풍만한 가슴이 얇은 천 자락 사이로 출렁거리는 것을 본 왕정은 손을 뒤로 하여 궁녀의 엉덩이를 어루만진다.

"아이~ 전하!"

교태를 부리던 궁녀는 왕정이 광분하면서 고쟁이마저 벗겨 버리니까 완전히 알몸이 된다. 강안전 안에서 이상한 신음소리가 연이어 나자 문밖에 있던 내시와 궁녀들은 눈치를 채고 모두 백 보 밖으로 물러난다.

충혜왕은 개경으로 돌아온 이후 조정의 대소사를 배전(裵佺)과 주주(朱柱) 등에게 맡기고 시정잡배처럼 매일 환관, 궁녀들과 별궁인 팔각전 마당에서 남녀 혼합 씨름판을 벌이고 장안에 이름 있는 기생들을 불러 유흥을 즐기는 것이 주요 일과였다.

"요즘 방안에만 처 박혀 있다 보니까 바람 좀 쐬고 싶은데…. 어디 좋은 곳이 있느냐?"

"전하! 이제 날씨도 풀렸는데 오랜만에 강음(江陰:황해도 서북지역)쪽으로 가셔서 사냥이나 하시는 것이 어떨는지요?"

왕정이 세자일 때부터 수발을 들었던 환관 석천보가 왕의 의중을 간파한 듯 왕의 사냥으로 인한 백성들의 고통은 아랑곳하지 않고 거리낌 없이 이야기한다.

"그럴까! 그럼 사냥 갈 때 김지경이 하고 송명리(宋明理)한테 이야기해서 같이 가자고 해라. 그리고 같이 갈 때……."

"전하! 설화를 부르오리까?"

"그게 좋을 것 같구나."

충혜왕은 왕위에 오른 지 이년 반 동안 한 일이라고는 여러 곳에서 사냥 판을 벌이고 수시로 연복정(延福亭)에 행차하여 물놀이와 격구(擊毬)를 구경하거나 왕궁에 있다가 심심하다 싶으면 평복차림으로 환관 양선(梁宣), 송명리(宋明理) 등을 데리고 여자들 후리려 개경 거리를 쏘다닌 것이 전부였다.

충혜왕이 정사는 팽개치고 유흥만을 즐기는 사이에 백성들은 초근목피로 근근이 삶을 이어 나가고 있었고 그나마 농사를 지을 수 있는 조그마한 땅덩어리가 있다 싶으면 권문세가들이 온갖 술수로 토지를 빼앗는 패악질이 계속되고 있었다.

"전하! 대청도에 계시는 토곤테무르 전하를 모시러 상국의 추밀원사 윤수곤(尹受困)과 중승(中丞) 궐간(厥干)이 사신 숙소에 와서 머물고 있다하옵니다."

"그래! 내일 한번 보자고 그래라."

"네, 전하! 명 받들겠나이다."

그날 저녁, 환관 석천보가 직접 사신숙소에 가 충혜왕의 말을 전하자 원의 추밀원사 윤수곤이 그렇지 않아도 내일은 왕을 보러 궁으로 들어가려 했다고 이야기한다.

"전하! 추밀원사 윤수곤이라 합니다. 오늘 전하께 부탁드리고자 하는 것은 며칠 후에 대청도에 있는 토곤테무르 전하를 모시고 중원으로 들어가야 하니 배를 준비해 주십사 하는 것이고……."

"상국의 하명이니 당연히 마련해 드려야지요. 더 필요한 것 있으면 말씀하시지요."

"더 필요한 것은 없는데……, 전하께 물어볼 말이 있습니다."

원국 사신인 윤수곤은 말을 잠깐 멈추고 있다가 방금 전의 얼굴과는 다르게 험한 인상을 지으며 큰 소리로 충혜왕에게 따지듯이 물어본다.

"전하에 대한 상국 조정에서의 평판이 좋지 않습니다. 황제 폐하께서 전하를 믿고 고려를 맡기셨는데 어찌 정사는 뒤로하고 매일 노는데 정신이 팔려 황제폐하의 믿음을 저버리는 것이옵니까?"

대전 좌우로 도열하고 있는 대신들은 원나라 사신 윤수곤이 왕을 질책하는 모습을 보고도 꿀 먹은 벙어리처럼 한마디 말도 못하고 장승처럼 서 있자 찬성사(贊成事) 원충(元忠)이 조심스럽게 입을 연다.

"추밀원사께서 전하께 좀 심한 말을 하시는구려."

윤수곤은 원충의 이야기가 끝나기가 무섭게 더욱더 인상을 쓰며 충혜왕을 비롯한 대신들을 쏘아 보며 큰 소리로 이야기한다.

"내 정말 심한 말 하오리까. 어찌하여 전하와 여기 있는 대신들은 요양 행성과 짝짜꿍하여 토곤테무르 전하를 황제로 옹립하려 일을 꾸미는 것이오?"

"아니 누가 그런 말도 안 되는 말을……."

원 사신 윤수곤이 갑작스럽게 뱉은 말로 충혜왕을 비롯하여 대전에 있는 여러 대소신료는 어이가 없다는 듯 혼잣말로 중얼거린다.

"내 알고 왔소이다. 속이려 생각 마시오."

원의 추밀원사 윤수곤이 안하무인격으로 행동하자 충혜왕이 할 말은 해야 하겠다는 듯이 윤수곤에게 한마디 한다.

"추밀원사께서도 알다시피 내가 대도에 있을 때 엘테무르 승상께서 중매뿐만 아니라 집까지 빌려 주시면서까지 덕녕공주와 결혼하도록 해 주셨는데, 내가 왜 승상께 해가 되는 짓을 하겠소?"

"전하! 저의 임무는 토곤테무르 전하를 모셔 가는 일이 오니 그런 오해가 있다면 엘테무르 승상께 직접 말씀드리시지요. 아무튼 저희는 내일 대청도로 출발하려고 하니 차질이 없도록 하여 주십시오."

한겨울 대청도는 유달리 바람이 많이 불어 파도가 높고 추운 날씨 때문에 섬에 있는 고깃배들은 물론 육지에서 섬으로 들어오는 배들도 거의 볼 수 없는 고도(孤島)가 된다.

어린 나이에 고려로 유배와 1년 5개월 동안 가슴 졸이며 살아오고 있는 토곤테무르는 사람의 왕래가 끊어지는 겨울이라 원나라에서 자기를 죽이려 오지는 못하리라 생각하고 대낮부터 대청도의 삼각산 아래 고려 조정이 지어 준 조그마한 기와집 온돌방에서 마음을 놓고 잠을 청하고 있었다.

"전하! 전하! 일어나세요. 이상한 배 한 척이 들어오고 있어요."

토곤테무르보다 한두 살 많은 비슷한 나이여서 대청도에 유배 온 이후부터 늘 같이 동무로 지내는 돌콩이라 부르던 녀석이 다급하게 외치자 오랜만에 따듯한 온돌에서 낮잠을 푹 자던 토곤테무르는 문밖에서 누가 떠드는 소리를 듣고 잠에서 깨어나 부스스한 얼굴로 방문을 연다.

"돌콩! 무슨 일이야?"

"이렇게 있을 때가 아니에요. 일단 피하셔야 합니다."

"무슨 일인데…."

"산 위에서 보니까 여러 깃발을 단 군선(軍船)인 듯한 배가 옥죽포(玉竹浦)로 들어오고 있는 것을 보았습니다."

"……."

거의 일 년 반 동안 섬에 갇혀 원나라 정국이 어떻게 돌아가는지 전혀 알 수 없었던 토곤테무르는 드디어 올 것이 왔다는 듯 얼굴이 창백해진다.

"돌콩! 배가 옥죽포에 도달하여 여기까지 오려면 얼마 정도 걸릴까?"

"지금 그것을 따질 때가 아니라 일단 피하고 보셔야지요."

"피하자고? 이 조그만 섬에 어디 갈 곳이 있다고……. 돌콩! 너는 나하고 있으면 위험하니까 빨리 네 집으로 가거라."

"제가 섬에 있는 사람들조차 모르는 동굴을 알고 있어요. 그리 가셔서 잠시 몸을 숨기시지요."

"이런 바보 같은 동무가 있나. 내가 도망갔다는 것을 알면 돌콩 집안은 물론 대청도에 있는 고려사람들이 모두 경을 치게 돼."

돌콩이 동무로서 의리를 지킨답시고 안 가고 머뭇거리자 토곤테무르는 화난 얼굴로 돌콩에게 명령하듯이 이야기한다.

"내 할 일이 있으니 방해 말고 어서 가라고~. 어서!"

토곤테무르는 돌콩이 사라지자 고향 생각이 나면 가끔 간 옥죽포 해안인근에 있는 모래언덕을 바라보며 마지막 심경을 정리하듯 한참동안을 뚫어지게 바라본다.

그리고 부친인 명종 황제가 엘테무르 승상한테 독살되었던 장면과 유배생활하는 동안에 섬에 사는 고려백성들로부터 여러 가지 도움을 받던 일들, 돌콩하고 산에 올라가 약초 캐고 바다에 나가 같이 낚시했던 일들이 주마등처럼 지나간다.

"아바마마! 그동안 소자, 아바마마를 많이 보고 싶었는데 오늘이 아바마마곁으로 가는 날인가 봅니다."

"돌콩! 그동안 고마웠다. 그리고 대청도 사람들도…… 내 비록 빚은 갚지 못하고 저 세상 가더라도 그동안의 정(情)은 내 잊지 않을게."

토곤테무르는 끝까지 황태자의 위엄을 지키기 위해 누구 도움도 없이 혼자 장롱 속에서 대청도로 들어올 때 입었던 황태자 의복을 꺼내 입는다.

"황태자 전하! 그간 강령하셨습니까?"

"……."

"소신은 추밀원에서 원사직을 맡고 있는 윤수곤(尹受困)이라 하옵고 이 사람은 중승(中丞) 궐간(厥干)입니다."

"황제폐하와 황후마마께선 잘 계신가요?"

"네, 전하! 다들 강령하십니다."

"이 추운 날씨에도 불구하고 조그마한 섬에는 웬일이시오?"

"전하! 황제 폐하로부터 전하를 정강(靜江:광서성 계림)으로 모시라는 명을 받고 왔나이다."

토곤테무르는 엘테무르 일파들의 의중이 무엇인지 몰라 답답한 마음이나 이들의 말이 사실이라면 오늘 자기를 죽이려고 온 것은 아니라는 것을 짐작하고 윤수곤에게 궁금한 것을 물어본다.

"정강엔 언제 어떻게 간다는 말이오?"

"소신들이 타고 온 배로 정강에 도착할 때까지 전하를 모실 겁니다. 지금 바로 떠나고자 하오니 채비를 하시지요."

윤수곤이 토곤테무르에게 명령하듯이 이야기하자 옆에 있던 궐간이 수행 병사들에게 짐을 배에 실으라는 지시를 내린다.

"너희들은 지금 전하 숙소에 가서 짐을 꾸려 배에 실어라."

"네, 중승 대인!"

이윽고 토곤테무르가 탄 배가 돌콩을 비롯한 대청도 사람들의 환송을 받으며 옥죽포구를 떠나 망망대해로 나간다.

"이놈들이 오늘 나를 바다에 수장하려고 하려나?"

"대청도의 많은 고려백성들이 포구에 나와 환송하는 것을 보니 들었던 것처럼 충혜왕이 토곤테무르 전하를 옹립하려고 하는 것이 틀림이 없구나."

토곤테무르는 토곤테무르 대로 윤수곤은 윤수곤 대로 각기 다른 생각을 하면서 또 다른 유배지로 가는 머나먼 길에 거북한 동행을 하게 된다.

일 년 육 개월 전에 왕위를 장남인 충혜왕에게 물려주고 대도에 온 충숙왕은 아들인 충혜왕이 자기 측근들을 멀리하고 전 왕비인 조국대장공주 사이에서 출생한 용산원자(龍山元子)를 해하려고 하고 갖은 악행을 저지른다는 소식을 접하고 정적(政敵)인 심양왕 왕고집에 머물면서 원의 권문세력들과 손을 잡기 위하여 황실의 종실녀인 경화공주(慶華公主: 바얀후투)와 결혼하고 자신의 반대파였던 심양왕 왕고의 세력들까지 포섭하는 등 고려왕 자리를 되찾기 위한 노력을 꾸준히 기울이고 있었다.

"폐하! 고려왕인 왕정이 대청도에 유배된 명종 황제 아들인 토곤테무르를 황제로 옹립하기 위하여 요양행성 주와 공모하여 반역을 꾀하고 있다 하옵니다."

원 조정은 주테무르부카(朱帖木兒不花)와 조고이(趙高伊)의 상소로 발칵 뒤집힌다. 결국 문종 황제는 충혜왕이 역모를 꾀하고 있다는 것의 진위 여부를 떠나서 그동안 충혜왕이 하는 짓거리를 종종 고려에 다녀 온 사신들로부터 들은 터라 왕의 자질이 없는 충혜왕을 소환하고 다시 충숙왕을 고려왕으로 복위시킨다.

충혜왕 2년인 1332년! 원(元)에서 유수(留守) 보수(寶守)와 전 이문낭중(理問郎中) 장백상(蔣伯祥) 등을 보내어 문종 황제의 명을 전한다.

"전하! 문종 황제 폐하께서 충숙왕 전하를 정월 삼 일에 다시 고려왕으로 복위시키고 전하를 대도로 소환하라는 명을 내리셨습니다."

"저희와 같이 대도로 가셔야겠습니다."

대전에 있는 충혜왕은 물론 옥좌 앞 좌우로 늘어선 대소신료들 중 왕의 측근들은 얼굴색이 흙빛으로 변하는 등 당황하여 어쩔 줄을 모른다.

"그리고 오늘부터 고려 국인은 제가 압류하고 궁 안에 있는 창고는 모두 봉하도록 하겠습니다."

충혜왕 측근인 김지경을 비롯한 윤석, 고용현, 배전(裴佺)과 주주(朱柱) 등 대신은 물론 환관인 양선(梁宣)은 이제 올 것이 왔다는 듯 입술을 꽉 깨물고 초점 잃은 눈으로 주군인 충혜왕을 바라본다.

"그래야지요! 황제 폐하의 명인데…. 유수께서 알아서 잘 처리하시오."

원 사신들이 숙소로 돌아가고 충혜왕이 힘없이 퇴청하자 대전을 나서는 여러 대소신료는 아무런 말없이 각자 흩어진다.

"이번에 사신으로 온 장백상이란 놈은 몇 년 전에 원 조정에 고려에 성(省)을 설치하자고 수차례 건의를 한 작자라고 하더이다."

"나도 들었소. 그자 때문에 전하께서 급히 엘테무르승상께 서한을 보내 입성(入省) 책동을 막았던 것 아니오."

"전하께서 엘테무르 승상과 연이 닿아 있으니 원나라에 가더라도 조만간 돌아오시지 않겠소?"

"제가 듣기로는 문종 황제 폐하나 엘테무르 승상이나 모두 건강이 안 좋다는 말을 들었소만……."

충혜왕이 원나라에 소환당하자 얼마 안 가서 복위되리라는 충혜왕 측근들의 바램과는 다르게 이미 충숙왕은 귀국하기도 전에 측근인 민상정(閔祥正)과 조염휘(趙炎輝)를 고려로 원 사신 자격으로 보내 고려에 잔류하고 있는 장백상과 함께 충혜왕 측근들을 정리하라는 밀명을 내린다.

"장 낭중! 이 얼마 만이오. 대도에서 보고 못 본지도 근 일 년이 다 돼가는구려. 정말 반갑소이다."

"어서들 오시오. 유수께선 충혜왕과 동행하여 대도로 갔고 나만 사신 숙소에 남아 이제나저제나 두 분 오기만을 기다렸소이다."

"그럼 혼자 독수공방하셨겠소이다. 하~하"

"아니요! 여기 있는 동안 권겸 대감 때문에 심심치는 않았소."

"권겸 대감이요? 전하께서 원나라에 있을 때 몇 번 찾아오긴 했사오만 들리는 소리로는 충혜왕 측근들과도 잘 어울려 다녔다고 하던데……."

"권 대감 이야기 들어 보면 그것도 아니요. 늘 마음은 충숙왕 전하한테 있어도 김지경이나 윤석이 하도 권세를 부리고 감시를 하니까 잠시 숨죽이고 살았다 하더이다."

"그건 그렇고, 조대감과 나는 내일 대전에서 대소신료들에게 충숙왕 전하의 명을 전하려 하오. 전하께서 장 낭중으로 하여금 윤석을 국문하라 하시더이다."

"알겠소! 내일 대전에서 봅시다."

다음 날 대전에 많은 대소신료가 모여 다가올 처지가 걱정되는 듯이 웅성거리고 있다가 민상정과 조염휘 그리고 장백상이 응양군 장졸들과 함께 들어오자 대전 분위기가 한순간 얼어붙는다.

"충숙왕 전하의 명을 전하겠소. 존칭을 생략하오니 양해 바라오. 전하께서는 채홍철(蔡洪哲)과 임중연(林仲沇)을 찬성사(贊成事)로 윤신걸(尹莘傑)을 평리(評理)로, 김자(金資)와 김인연(金仁沇)을 밀직사(密直使)로, 저와 조적(曹頔)을 지밀직사(知密直事)로 삼도록 명하셨소이다. 그리고 여기 있는 장백상이 임중연과 함께 정동성(征東省)의 업무를 대행하도록 하셨소이다."

"또한 충혜왕이 국사를 어지럽히는 데 일조를 한 정승(政丞) 윤석(尹碩)과 재상 손기(孫琦)·김지경(金之鏡), 상호군(上護軍) 배전(裴佺)·오자순(吳子淳)·강서(康庶)·박연(朴連), 대언(代言) 이군해(李君侅)·윤환(尹桓), 대호군(大護軍) 구천우(丘天佑), 호군(護軍) 최안수(崔安壽)·김천우(金天佑), 낭장(郎將) 노영서(盧英瑞)를 순군옥(巡軍獄)에 가두도록 명하셨소."

민상정의 이야기가 끝나기가 무섭게 호명된 대소신료들은 응양군 병사들에게 밧줄로 꽁꽁 묶여 대전에서 질질 끌려 나간다.

"이놈들아! 걸어서 갈 테니 이 손 놓지 못할까!"

"두고 봐라! 너희 놈들도 언젠가 이렇게 될 날이 머지 않았다."

충혜왕 측근들은 포박되어 끌려 나가는 도중에도 악이 받치는지 고래고래 소리를 지른다.

"윤대감! 저자들이 다짜고짜 우리를 죄인 취급하는데 무슨 죄로 옥에 가둔다는 말이오?"

"죄는 무슨 죄! 권력에서 밀려난 죄밖에 뭐가 있겠소이까?"

아침에 등청하자마자 얼마 되지 않아 졸지에 순군옥에 갇힌 충혜왕 측근들은 머리를 산발한 채 부스스한 얼굴로 장탄식을 늘어놓는다.

"윤 대감은 나오시오."

순군만호부의 중간간부로 보이는 자가 여러 명의 나장(羅將)을 대동하고 윤석을 호명하자 옥 안에 한바탕 소동이 일어난다.

"윤석 대감은 왜 끌고 가느냐?"

"국문 장으로 데리고 오라는 명이 있었소."

"충숙왕 전하께서 원에서 벌써 오셨다는 말이냐?"

"국문장으로 가면 알 것 아니오."

원나라에서 귀국하기 전에 충숙왕 명을 받은 장백상은 네 가지 죄를 열거하며 윤석을 국문한다. 윤석이 충숙왕이 대도에 머무는 행저(行邸)에 보내는 돈과 양식을 억지로 막은 것이 첫 번째 죄였고, 충혜왕이 측근들과 더불어 정치를 어지럽힐 때 재상이 되어 할 말을 하지 않은 것이 두 번째 죄였으며, 또한 상국에 반역을 도모한 것이 세 번째 죄였다. 마지막으로 내수(內竪) 박연(朴連) 등과 왕 부자 사이를 이간질한 것이 네 번째 죄였다.

"요즘 조정이 충숙왕 전하 복위로 시끄럽다고 하던데, 대감은 괜찮습니까. 소첩 걱정되어 죽겠습니다."

"부인! 너무 노심초사하지 마시오. 아무 일 없을 것이오."

권겸이 퇴청하여 집으로 돌아오자 부인이 남편 얼굴을 이리 저리 살펴보며 눈치를 본다.

"아무튼 전하께서 곧 개경으로 돌아오시면 피바람이 불 것 같소."

"그러니 소첩이 걱정되어 밤잠도 설치고 있는 것 아닙니까?"

"걱정 마시오. 내 다 이럴 줄 알고 원나라 갈 때마다 전하를 뵙고 큰 돈은 아니지만 성의를 표했으니 나한테 불똥이야 튀겠소?"

"하도 안팎으로 뒤숭숭한 때라 그러니 영감도 조심하셔요."

"바깥일은 내가 알아서 할 테니 부인은 집안 단속이나 잘 하시오."

고려는 몇 년 동안 충숙왕과 충혜왕의 부자지간에 권력다툼으로 조정 내에서 왕 측근들의 부침(浮沈)이 반복되는 등 많은 혼란이 있었고 상국인 원나라도 권신(權臣)인 엘테무르가 죽자 이에 못지않게 권력의 이동이 심했다.

원나라 대도로 소환된 충혜왕은 후원하던 엘테무르가 죽고 엘테무르와 적대적인 아스트족 친위군 사령관이었던 메르키트 바얀(伯顔)이 정권을 잡았는데도 위그르 여자 등 숱한 여자들을 후리고 망나니짓을 하고 다니다 바얀으로부터 발피(건달을 뜻하는 몽골어)라는 모욕까지 들으며 비루하게 살고 있었고, 고려왕에 다시 오른 부왕인 충숙왕으로부터도 천하에 둘도 없는 난봉꾼이라고 말을 듣는 천덕꾸러기 신세로 전락하였으며 자기를 따르던 측근들도 한직(閑職)으로 물러나거나 일부는 관직을 삭탈 당하는 등 아무도 찾아오지 않는 고립무원 상태가 된다.

1333년 4월! 충숙왕이 원나라에서 고려왕으로 복위하고자 귀국하는 도중에 임강(臨江,중국의 옛 강 이름)의 난산채(卵山寨)에 있는 행궁(行宮)에 도착하자 심왕(瀋王) 왕고(王暠)가 예고도 없이 찾아온다.

"왕고! 문안 인사드립니다."

"아니 심양왕께서 여기는 웬일이시오?"

"전하께서 승낙하시면 함께 귀국하고 싶어서 이렇게 밤낮을 달려 왔나이다."

"……."

"전하께서 고려로 돌아 갈 수 있도록 허락만 해 주신다면 소신 죽는 날까지 말년을 고향 품에서 조용히 살겠나이다. 통촉하여 주시옵소서."

"형님! 지금 무엇 하는 것입니까? 빨리 일어나십시오."

"전하께서 허락해 주실 때까지 소신 무릎 꿇고 있겠나이다."

“내 알았으니 그만 일어나세요.”

“전하, 하오면?”

“고려로 들어가는 것을 내 허락하리다.”

“전하! 성은이 하해(河海)와 같사옵니다.”

고려는 엘테무르가 죽고 난 이후 치열한 권력암투로 정국이 혼란한 원나라와는 달리 충숙왕이 복위하고 그동안 계속하여 고려왕을 노리던 왕고도 왕위 등극을 포기하면서 겉으로는 정치적 안정을 취하는 듯이 보였으나, 그동안 심양왕 왕고와 아들인 충혜왕과도 권력을 두고 연이어 다투어야만 했던 충숙왕은 복위 이후에 노골적으로 주변에 사람이 오는 것을 꺼리는 등 대인기피증으로 무기력한 은둔생활을 하면서, 원에서 파견한 사신을 마중하지 않거나 원에 가는 것을 꺼려하는 등 부마의 지위를 유지하기 위하여 노력하였던 종전과는 상당히 다른 모습을 보인다.

하늘이 맺어 준 인연

하늘이 맺어 준 인연

개경 도성 대문 밖 인근에 오밀조밀하게 붙어 있는 동네에서 조금 떨어진 산중턱 초가집에 어느 여인네의 산고 신음소리가 요란하더니 곧이어 아기의 탄생을 알리는 울음소리를 끝으로 이내 조용해진다.

"아휴~, 공주네! 수고 했네, 평산댁! 자네 닮아서 그런지 이쁘게 생겼어."

"내 나가서 미음이라도 쒀 옴세."

동네에서 이따금 산파 역할을 하는 늙은 할멈이 이웃집인 평산댁이 출산을 마치자 미음을 쑤기 위하여 문을 열고 밖으로 나오자 앞마당에 옷은 걸인처럼 더덕더덕 기워 입고 제법 나이가 든 듯 턱에 하얀 수염이 있는 중이 석장(錫杖: 스님 지팡이)을 들고 우두커니 서 있었다.

"아이구~! 깜짝 놀라라! 난 또 누구라고, 스님 아니시오?"

"스님! 이 집은 보다시피 가난한 집이라서 아무것도 시주할 것이 없으니 다른 데나 가 보슈."

늙은 산파 할멈이 다른 데 가라고 이야기했음에도 불구하고 정체불명의 중은 평산댁 집 마당에서 계속 우두커니 서서 문이 닫힌 방안쪽을 뚫어지게 바라보다 입을 연다.

"빈 승은 시주받으러 온 것이 아닙니다. 보살님께서 방에서 나오시던데 이 집 사람이신지요?"

"난 이 집 사람이 아니고 애 낳는 데 도와 달라고 해서 온 이웃집 사람이오."

"그건 그렇고, 시주받으러 오신 게 아니면 뭐 하나 드릴 것 없는 이런 가난한 집으로 왜 오셨소?"

"이야기하면 좀 깁니다만 어제 소승이 꿈을 꾸었는데 연꽃에서 어떤 여자아기가 태어나고 그 아기가 태어나자마자 무지갯빛이 송악산 산등성을 따라 내려오다 어떤 초가집에 머물다가 그 빛이 감나무가 높이 솟아 있는 기와집으로 옮겨 두 개의 빛이 동시에 하늘로 올라가는 이상한 꿈을 꾸었습니다. 하도 이상해서 오늘 새벽에 절을 나와 이쪽으로 오게 되었는데 마침 꿈에서 본 듯한 곳에서 애를 낳는 소리가 들려 이 집에 들른 것입니다."

"거 희한한 꿈이네요."

"보살님! 바깥분이라도 계시면 가기 전에 뵙고자 하는데, 계신지요?"

"남편이요? 말도 마세요. 어디 나가서 첩질을 하는지 어쩌다 집에 들어오고 통 꼴 보기가 힘든 작자요. 저렇게 혼자 애를 낳은 평산댁만 불쌍하지."

"보살님! 태어난 아기가 여자애지요?"

"그렇다오."

"소승이 떠나기 전에 아기 얼굴 한 번 보고 이름 한 자 지어 주면 안 될지 산모한테 물어 봐 주시겠습니까?"

방안으로 들어간 늙은 산파 할멈은 산모에게 중이 한 이야기를 하고 나서 강보에 싸인 갓난아기를 안고 밖으로 나온다.

"평산댁이 아무 것도 줄 게 없는데 이름까지 지어준다니 고맙다고 말을 전해달라고 하더이다."

한참 동안을 강보에 싸인 채 눈도 제대로 못 뜨고 있는 갓난아기를 보며 서 있던 중은 혼자 중얼거린다.

"어~허! 이 얼마나 사바세계에 공적을 쌓아야 귀하디 귀한 분이 이런 기구한 운명으로 다시 태어나지 않는다는 말인가! 나무관세음 보살."

"스님! 무엇을 그리 중얼거리슈?"

"보살님! 소승이 이 아이 이름을 써 줄 테니 부엌에 검정 숯이라도 있으면 가져 오시겠습니까?"

"그럽시다."

아이를 산모에게 주고 다시 방에서 나온 산파할멈이 부엌에서 검게 탄 숯댕이 하나를 가져오자 중은 걸망에서 조그마한 종이를 꺼내 무엇인가를 그 위에 쓴다.

"소하(小河)."

산파 할멈은 중이 건네준 종이자락을 받아들면서 한심하다는 표정을 짓는다.

“스님! 이게 무슨 이름이요? 나나 평산댁은 글도 모르는데 이렇게 쓰면 어찌 알겠소?”

“보살님! 이름 부를 때는 소하라고 부르도록 산모에게 전해 주십시오.”

“그런데…… 이름이 소야라고 하니 이상하구려.”

“소야가 아니라 소하라 부르면 됩니다.”

“아무튼 스님! 목이 마르면 이 물이나 들고 가시구려.”

“감사합니다.”

중은 산파 할멈이 건네 준 물을 마신 후에 석장을 짚으며 걷다가 다시 한 번 힐끗 뒤를 돌아다보더니 또다시 중얼거리며 어디론가 사라진다.

“작은 실개천이 되어서라도 앞으로 이승에서 맺힐 한(恨)들을 다 흘려보내시고 다음 생엔 귀인 중에 귀인으로 태어나시게, 나무관세음보살!”

고려가 원나라의 부마국이 되어 온갖 내정 간섭을 받아 온 지도 어언 오십여 년! 그동안 고려는 원나라의 과도한 공물(貢物)과 처녀요구로 사회적으로나 경제적으로 황폐해져, 서민들은 가족이 뿔뿔이 흩어지고 고려장이 성행하는 등 하루하루를 지내기가 힘든 고통을 겪고 있었고 원나라 권력층과 밀착한 귀족들은 백성들의 고통은 외면한 채,

오로지 자기 가문의 부귀영화만을 위하여 온갖 술수와 횡포를 자행하고 있었다. 그러나 귀족이나 서민이나 가릴 것 없이 무심한 세월은 흐르는 강물처럼 해를 넘기며 쉬임 없이 흘러갔다.

충숙왕 재위 17년에 동지밀직사사(同知密直司事:종2품)가 된 권겸은 사신으로 원나라를 수시로 드나들면서 원나라 5대 황제인 게게엔 칸시디발라(元英宗)가 살해당한 이후에, 황제가 수시로 바뀌는 권력향배를 쫓아다니며 한때 태정제의 명에 따라 고려를 방문하여 충숙왕을 조사했던 평장정사(平章政事) 매려(買驢) 등 원나라의 대소신료들과 친분을 맺고 이들 세력을 배경으로 고려 조정 내에서 승승장구하게 된다.

"권 대감님! 계시오? 소인 기철이라 합니다."

"누구시오?"

마당에서 잔설을 쓸고 있던 권겸댁 하인이 대문을 열자 머리에 낡은 두건을 쓰고 빛이 바랜 가죽 신발(烏革履)을 신은 허름한 귀족 복장을 한 남자가 주인을 부르고 있었다.

"어디에서 온 뉘신지요?"

"고종 전하 부마였던 기(奇)자 온(蘊)자 대감 집안의 기철이라고 여쭤주시게."

"잠시 기다리시지요."

"대감마님! 기철이란 분이 대문 앞에서 대감마님을 뵙고자 하는 데 어쩌면 좋을는지요?"

"……."

밖에서 하인이 여러 번 이야기해도 방안에서 아무런 대답이 없자 주인이 만날 의사가 없다고 판단한 하인이 대문 앞에서 기다리고 있는 기철에게 돌아가서 말하려고 대문 쪽을 향할 때 방 안에서 소리가 난다.

"누가 왔다고 했느냐?"

"고종 전하 부마를 했던 기씨 집안 사람이라고 합니다."

"그런가, 안으로 모시게."

"대감마님께서 안으로 들라 하십니다."

대문 밖에서 추위에 떨고 기다리고 있던 기철은 하인의 말이 떨어짐과 동시에 종종 발걸음으로 권겸이 있는 방으로 들어간다.

"대감을 뵈옵니다."

"헌데… 누구시온지?"

"소인은 고종 전하 부마를 지내신 기온 대감의 증손자이며 이름은 기철이라고 합니다."

권겸은 비록 옷은 남루하지만 귀족복장을 갖춘 기철을 보며 관직부탁을 하러 온 것으로 짐작하고 방안으로 들어 온 기철을 바라본다.

"벼슬을 부탁하려면 관직을 쥐락펴락하는 김지경(金之鏡) 대감에게 가서 알아보는 것이 더 좋을 텐데……."

"아닙니다. 소인은 권 대감님을 뵙고자 해서 왔습니다."

"여하간 앉으시오. 내 오늘 기분 좋아서 자작하고 있었는데 잘 되었구려. 나하고 술이나 한잔 하십시다."

기철은 앉자마자 추위에 떤 몸을 녹이고자 권겸이 따른 술을 두 손으로 공손히 받아 단숨에 비운다.

"소인! 대감께 한잔 올리겠습니다."

"그래~. 기공께서는 무슨 일을 하고 계시는지……?"

"하는 일 없이 무위도식하고 있습니다."

"그럼! 부친께서는?"

"제 아비의 함자는 기자오라 하온데 선주(宣州) 마을에 수령으로 있다가 이년 전에 세상을 떠났습니다."

"기자오라 하면…… 옛날 충렬왕께서 원나라에서 반란을 일으키다 고려로 들어와 약탈을 일삼던 무리들을 피해 강화도로 피난갈 때 공을 세우신 분 아닌가?"

"공만 세우면 뭐합니까, 무인(武人)이라 그런지 문인한테 배울 것이 많다고 노상 사대부들이라는 사람들과 어울려 통 살림살이는 관심을 두지 않으시니 그동안 제 어미께서 아비를 대신하여 집안 살림 이끌어 나가신다고 고생이 많으셨습니다."

"그런데 오늘 나를 찾은 이유는 무엇이오?"

"대감! 제가 이런 말 한다고 웃으시면 안 됩니다."

"……."

"요 며칠 동안 계속 똑같은 꿈을 꾸었는데 내 평생 꾸어 보지 못한 이상한 꿈이었습니다."

기철과 초저녁부터 계속 대작하여 얼굴에 취기가 오른 권겸은 비스듬히 앉아 꿈 이야기가 재미있을 것 같다는 듯이 기철을 바라본다.

"어떤 꿈이길래……. 자네의 그 이상하다는 꿈 이야기 좀 들어 보세."

"네, 대감! 꿈에서 소인이 어떤 호수 갈대밭에 앉아 떨어지는 해를 보고 있었는데 호수 가운데서 물이 부글부글 끓더니 갑자기 용처럼 큰 파란 뱀 한 마리가 하늘로 치솟아 오르다가 다시 호수로 자맥질 하더이다."

"그래서 자네가 죽었겠구먼."

농이 섞인 권겸과는 다르게 꿈 이야기하는 기철의 모습은 사실 그대로를 이야기하는 듯 진지하다.

"아닙니다! 뱀이 호수로 들어가자마자 호숫물이 제가 서 있던 갈대밭까지 밀려들어와 소생이 허우적거리자 어디선가 나무가 떠내려와 제가 그 나무를 붙잡고 간신히 땅에 올랐습니다. 그때 마침 그곳을 지나던 도사인 듯한 분이 저를 보며 이상한 한 문자를 써서 주더이다."

"허~! 해괴한 꿈이구려."

"저도 이런 꿈은 평생 처음 꾸었습니다, 아직도 꿈속에서 도사가 써준 글이 생생합니다."

"무엇을 써 준 것이오?"

"나무 목자 바로 옆에 제 성씨인 기자를 써서 주더이다."

"木奇? 그런 글자도 있는가?"

"저도 그런 글자는 처음 보았습니다."

"기공(奇公)! 이제 꿈 이야기 그만하고 술이나 더 합시다."

겨울 초저녁부터 엉겁결에 권 대감과 우연히 시작한 술자리는 밤이 깊어가는데도 그칠 줄을 모른다.

"기공은 인물도 훤칠하고 언변도 좋으니 내일 등청하면 조정에서 일할 자리가 있는지 한 번 알아보리다."

"아이고~ 대감! 감사합니다. 그렇게만 해 주시면 대감의 은혜를 뼈에 새겨 죽을 때까지 잊지 않겠습니다."

"대감! 밤도 깊었으니 이제 술자리도 파하시는 것이 어떨는지요?"

"그럴까?"

"그럼! 소인 이만 물러가겠나이다. 오늘 밤 대감께 너무 폐가 많았습니다."

"나가지 않을 테니 조심해서 잘 가게. 허허, 참! 재미있는 사람이구먼."

권겸은 그날 하룻밤 술친구로 대작하기 위하여 불러들였던 기철과의 우연한 만남이 앞으로 고려의 운명을 결정짓는 비범한 인연의 시작임을 알지도 못한 채 술에 대취해 깊은 잠에 빠진다.

"대감마님! 마님께서 곧 출산하려는 모양입니다."

아랫마을에서 급히 달려온 산파 노인이 권겸 부인의 출산을 도와주고는 있으나 다소 늦은 나이에 출산하는 터라 아침부터 진통이 초저녁까지 이어지고 있었다.

"허~ 이것 참! 어떤 놈이 나오려고 이리 어미를 괴롭히는가?"

권겸은 앉았다 일어섰다를 반복하며 혹여 부인이 산고 중에 목숨이라도 잃을까 전전긍긍한다.

"대감마님! 평산댁이옵니다."

"마님은 어떠하신가?"

권겸은 평산댁이 문 밖에서 부르는 소리가 나자마자 바로 방문을 확 열어젖히고 대청마루로 달려 나와 다급하게 물어본다.

"마님이나 아기씨 모두 건강하옵니다."

"대감마님께서 예쁜 따님을 보셨습니다. 경하드립니다."

개경 인근 현화사(玄化寺)에 머물고 있던 자정국존 미수(慈淨國尊 彌授)는 새벽 예불을 마치고 선방(禪房)에서 나와 어젯밤에 몇 년 전 꿈과 똑같은 꿈을 꾼 것에 대하여 그 예지몽에 담긴 뜻이 무엇인가를 되새기며 대웅전 앞마당을 거닐고 있다.

"내 개경에 잠시 다녀올 테니 그리 알거라."

"큰 스님! 어디 가시려고 행장(行裝)을 꾸리십니까?"

"연(緣)으로 얽힌 세상사를 좀 풀어 보고 오련다."

오랜만에 자식을 본 권겸은 아들만 있는 집안에 귀여운 딸이 태어나자 아침부터 딸을 얻은 기쁨으로 들떠 있다.

"아기씨가 태어났으니 우리한테도 뭐 좀 있는 건가?"

"있긴 뭐가 있겠나?"

"득녀했다고 잔치하면 떡 하나 얻어먹으면 그만 아닌가. 어서 일이나 하세."

출산하느라 진이 빠진 권겸 부인은 옆에서 새근새근 숨 쉬며 곱게 누워 있는 딸을 보며 기쁨과 슬픔이 교차한다.

"여보시오! 아무도 없습니까?"

"뉘시오?"

권겸댁 하인이 누군가 집 밖에서 부르는 소리에 대문을 열고 나가자 어둠속에 낯선 스님이 서 있었다.

"스님 아니시오! 어쩐 일로 이 밤중에……."

"소승! 집안 주인 좀 뵈었으면 합니다."

"여쭙기는 하겠습니다만…. 어느 절에서 온 누구라고 아뢰오리까?"

"현화사에서 온 땡중이오."

"잠깐 기다리시오."

하인이 윤 집사에게 방금 있었던 일을 전하자 윤 집사가 화들짝 놀라면서 대문밖으로 황급히 달려간다.

"승통(僧統:교종의 최고직위 스님)이신 미수스님 아니십니까?"

"소승을 알아보시는 모양입니다."

"고려 백성이라면 국존(國尊)이신 미수스님을 어찌 못 알아보겠습니까?"

"소인을 따라오십시오."

"고맙소."

미수는 윤 집사 뒤를 따르며 집안을 휘 둘러보다 권겸의 부인 출산 때문에 어제와 오늘 집에 못 들어가고 뒤치다꺼리를 하고 있는 소하 어미와 마주친다.

"보살님! 저기 가는 저분은 누구신지요?"

"아랫마을에 사는 평산댁인데 바쁠 때 가끔 와서 일 좀 봐 주고 몇 푼이나 받아 가곤 합니다."

"혹 저 분의 따님 이름이 소하라고 하지 않습니까?"

"아니! 그걸 승통께서 어떻게 아십니까?"

"어허! 돌고 도는 인연은 어쩔 수 없구나! 나무관세음보살!"

윤 집사는 영문도 모른 채 미수 승통이 단번에 처음 보는 평산댁 딸의 이름을 맞추는 것을 보고 고승의 법력에 놀란다.

“대감마님! 밖에 현화사에서 미수 승통께서 와 계십니다.”

“지금 무엇이라 했느냐?”

“승통께서 오셨습니다.”

“뭐야! 국존께서 이 밤에 우리 집에 오셨단 말이냐?”

권겸은 교종의 최고 어른인 미수가 집에 왔다는 윤 집사의 말을 듣자마자 방문을 활짝 열고 마당으로 맨발로 내려간다.

“승통께서 이 야심한 밤에 누옥(陋屋)에 어쩐 일이신지요?”

“어서 안으로 올라오시지요, 윤 집사! 자네 얼른 다과상을 준비하라고 하게.”

“괜찮소이다. 여기 오느라 목이 마르니 소승에게 물이나 주십시오.”

“아무튼 올라오셔서 말씀하시지요.”

권겸이 손수 다관(녹차 따르는 주전자)을 들고 녹차를 찻잔에 따르자 미수는 잠시 무엇인가를 골똘히 생각하는 듯 염주만 돌리고 있다.

“승통어른! 이 밤에 무슨 일로……?”

미수는 권겸의 질문에 아무런 대답도 없이 계속 염주만 만지작거리고 있다가 한참 후에 입을 연다.

"대감! 오늘 부인께서 따님을 출산하지 않으셨습니까?"

"안사람이 출산한 지 얼마 안 돼 집안 종놈들을 제외하고는 외부 사람들은 아무도 모르는데 어떻게 현화사에 계신 승통께서?"

"나무아미타불! 관세음보살!"

권겸은 아닌 밤에 부인이 출산한 지 얼마 안 돼서 느닷없이 교종의 최고 어른인 미수 승통이 밤늦은 시간에 자기 집을 방문한 이유가 뭔지 몰라 얼떨떨하기만 한다.

"대감! 소승이 대감께 말씀드릴 테니 앞으로 소승 이야기대로 하시겠습니까?"

"무슨 말씀인지는 모르겠으나 승통어른께서 말씀하시면 저와 같은 중생들은 당연히 따라야지요."

"작년 이맘 때 소승이 선방에서 자다가 꿈을 꾸었는데 어젯밤에도 똑같은 꿈을 꾸었습니다."

"승통어른께서 피곤하셨나 봅니다. 허~허"

"아닙니다! 그냥 단순한 꿈이 아니라 소승이 생각하기로는 예지몽(豫知夢) 같습니다."

"예지몽?"

"그렇습니다! 꿈속에 어느 연꽃에서 여자애가 태어나 울음을 울자 무지갯빛이 송악산 산등성을 따라 내려오다 어떤 초가집에 머물다 감나무가 솟아 있는 기와집으로 옮겨 가 있다가 두 개의 빛이 합쳐져 하늘로 올라가는 이상한 꿈을 꾸었는데 어제도 또 그런 꿈을 꾸었습니다.”

“대감댁에 들어올 때 빨랫감을 들고 가는 어떤 여인네를 보았는데 그 여인네 딸 이름이 소하라고 들었습니다.”

“평산댁의 딸을 말씀하시는군요.”

“어~허! 천연(天緣)이로고 천연이야! 나무아미타불, 관세음보살!”

“대감 여식은 이 집 안에 있는 여인네 딸하고는 전생에 얽히고설킨 인연을 가지고 태어났습니다.”

“무슨 연이오이까?”

“한 사람이 불이면 또 한 사람은 나무요, 한 사람이 물이면 또 한 사람은 그릇 같은 그런 인연 말이요.”

“승통어른! 그게 무슨 뜻인지 잘 모르겠습니다.”

“두 분 서로 피할 수 없는 윤회에서 상대유한(相對有限)의 저마다 운명이 얽히고설킨 자리이타(自利利他)의 운명을 가지고 태어났소. 그러니…….”

윤회라는 말을 꺼낸 이후 한참 동안 눈을 지그시 감고 또다시 혼잣말로 중얼거리던 미수는 무엇인가 할 말을 하여야 한다는 듯이 권겸을 바라보며 입을 연다.

“대감! 소승 말을 잘 들어 보시오. 대감 여식은 현세에서는 누구도 범접할 수 없는 귀하디귀한 상을 가지고 태어났습니다.”

"제 딸이요?"

"그렇습니다. 다음 생에는 어떨지 모르겠으나 현세에는 그렇다는 말입니다."

권겸이 당대 최고 큰 스님인 미수가 방금 태어난 딸의 운명이 귀한 상이란 말을 듣고 내심 흡족해한다.

"허나, 대감 여식이나 조금 전에 본 여인네의 딸은 남들에게는 많은 도움을 주나 정작 자기들은 전생의 업보를 감당하여야 하는 무거운 짐을 가지고 둘 다 현세에 같이 태어난 것입니다."

"아~!"

한동안 놀라움으로 어안이 벙벙한 권겸을 보고 미수는 계속하여 말을 이어 나간다.

"소승 생각으로는 대감 여식이 생을 다하기 전에 그 옆에 있는 사람도 그 여인네 딸이오. 어려움에 처할 때 크게 도움을 주는 사람도 그 여인네 딸일 것이오. 그러니 대감께선 그 여인네 딸이 비록 미천한 신분이라 하더라도 대감의 여식이라 생각하시고 정성을 들여 잘 돌보셔야 합니다. 만약 그러지 못하고 둘이 함께 할 운명이 어긋나면 둘 다 불행하게 될 것이니 소승의 말을 늘 명심하십시오."

"승통어른께서 그리 말씀하시니 반드시 따르겠습니다."

"대감! 소승은 갈 길이 머니 그만 일어나겠습니다."

"이 깜깜한 밤중에 가시다가 무슨 변이라도 당하시면 어찌하시려구요. 아랫방을 청소하라고 할 테니 하룻밤만이라도 주무시고 내일 가시지요."

"하~하! 앞도 잘 안 보이는 밤보다 더 무서운 것은 어두운 마음입니다. 마음만 밝다면 어두운 밤에도 세상 만물이 다 들 잘 보이는 법입니다."

"그렇군요! 과연 승통어른이십니다."

미수는 할 말을 다 한 듯이 권겸이 하룻밤이라도 머물러 달라는 청을 마다하고 현화사로 발걸음을 돌리려다 할 말이 더 있는 듯 잠시 걸음을 멈춘다.

"대감께서 아직 여식의 이름을 짓지 않았으면 소승이 이름을 지어 줘도 괜찮겠습니까?"

"저야 승통어른께서 딸의 이름을 지어 준다면 무한한 영광이지요."

"소승이 이곳으로 올 때 생각한 이름이 있기는 합니다만……."

"말씀하시지요."

"은혜 혜(惠), 근 원(源), 권혜원! 어떻습니까?"

"좋은 이름인 것 같습니다. 작명값은 안 받으실 것이고 나중에 현화사에 시주할 테니 물리치지나 마십시오."

"네, 그럼. 소승은 이제 그만……."

권겸이 대문 밖까지 나와 승통 미수가 어둠 속으로 사라질 때까지 두 손을 모아 공손히 절을 하며 예의를 표한다.

당시 원나라 부마국인 고려 왕실은 원황실 후계자 결정을 위한 쿠릴타이 회의에 참석하는 등 한족보다는 상대적으로 대우를 받고는 있었으나, 백성들의 고충은 권문귀족들의 가렴주구(苛斂誅求)에 더하여 한랭(寒冷)기후로 인해 곡물들이 말라 죽는 등 계속된 흉년으로 하루하루를 연명해 가는 이루 말할 수 없는 고통을 겪고 있었다.

"여보! 이제 그만 권 대감 댁으로 들어갑시다."

"당신 지금 뭐라고 하는 거요? 대감댁의 노비(奴婢)가 되자는 말이요?"

"노비가 아니라……."

"비록 지금 내가 못나 가세가 기울어 곤궁하기는 해도 그래도 대대로 미관말직이라도 해 온 집안이요."

"그걸 누가 모르나요! 그나마 지금까지는 권 대감 댁에서 날품 팔고 얻어 온 얼마 안 되는 돈으로 근근이 다섯 식구 먹고 살았으나 올해도 흉년이 들어 이젠 하루 한 끼니도 제대로 먹이지도 못하니……."

"시끄럽소! 내 알아서 할 테니."

소하 어미인 평산댁이 하는 일 없이 빈둥대는 남편을 설득하려고 했으나 아무것도 없는 살림에 쥐꼬리만한 자존심이라도 남아 있는 남편은 평산댁의 제의를 일언지하에 거절한다.

"마님! 평산댁입니다."

"오~ 평산댁! 남편하고는 이야기 좀 했는가?"

"대감마님과 마님의 뜻은 고마운데 소하 아범이 워낙 반대하는지라……."

"반대를? 평산댁도 알다시피 대감이나 나나 지금처럼 흉년이 들어 어려운 때에 평산댁 가솔들이 우리 집으로 들어 와 집안일도 좀 도와주고 편안하게 있으라고 이야기하는 건데."

"마님께서 그리 생각해 주시니 그저 고마울 따름입니다. 하지만 남편이 워낙 반대하는지라……."

"평산댁 바깥주인의 마음은 이해가 가지만 내가 전에 이야기했듯이 평산댁 식구들이 우리 집에 노비로 들어오는 것도 아니고 별채에 있는 빈방에서 거주하면서 집안 일 바쁠 때만 좀 도와주면 되고 나머지는 평산댁이나 소하 아범 마음대로 활동하면 될 텐데……."

"……."

"평산댁! 내가 대감께 이야기해서 한번 소하 아범을 만나보라 하겠으니 평산댁은 모른 체 하고 있게."

지금까지 내색은 하고 있지 않았으나 기실 권겸이나 권겸 부인은 평산댁을 볼 때마다 몇 년 전에 있었던 현화사(玄化寺)의 미수 승통의 이야기가 떠올라 몇 번이나 평산댁과 그 딸인 소하를 집으로 들게 하여 함께 살려고 하였으나 평산댁이 노비 신분이 아닌 양인 신분이라 제대로 말을 못하고 있었다.

"대감마님! 소인 오창혁이라 하옵니다."

"그래! 자네가 소하 아범인가?"

"네, 대감마님!"

"다름이 아니라 오늘 자네를 보고자 한 것은 안 사람을 통하여 들었는지 모르겠으나 우리 집에 자네 식솔들이 묵을 빈방도 있고 하니 들어와서 형편이 필 때까지 지금까지 했던 것처럼 바쁠 때만 집안일 좀 도와주고 같이 있었으면 해서 불렀네."

"소인! 대감마님께서 어찌 저희에게 호의를 베푸시는지요?"

"다른 뜻은 없네, 자네 식솔들과 십수 년 동안 보고 지내왔으니 그간의 정리라고 생각하게. 자네가 식솔들을 데리고 우리 집에 들어오면 자네에게 밑돈을 줄 테니 집에 들락날락하면서 장사라도 마음껏 하시게."

권겸이 장사 밑천을 대 준다는 말에 대감이 자기 아내한테 흑심을 품은 것 아닌가 하고 의심하여 고집을 부리던 소하 아범은 마음이 움직이는 듯이 헛기침을 하면서 눈을 깜박거린다.

"요즘 흉년으로 세상이 뒤숭숭해서 어려운 사람들과 같이 오랫동안 섞여 있는 것도 안 좋으니 곧바로 이사할 수 있으면 집에 들어오시게."

"네! 대감마님의 뜻이 정히 그러하시다면 소인 그리 하겠습니다."

권 대감댁으로 들어간 소하네 식솔들은 오랜만에 끼니 걱정 없이 행복한 나날을 보낸다. 소하 아범도 마음을 잡았는지 투전판에는 얼씬도 하지 않고 권 대감이 마련해 준 밑돈으로 행상(行商)을 하면서 그럭저럭 장사가 되는지 가끔 집에 들려 번 돈을 놓고 간다.

"이리 주세요. 이 나물은 내가 씻을 테니."

"아닙니다. 마님께서 평산댁에게 잡일은 시키지 말라고 하셨습니다."

"괜찮아요. 그래도 밥값은 해야죠."

"안 됩니다. 마님이 아시면 제가 크게 경을 칩니다. 정 하시겠다면 제가 음식을 만들면 간이나 한번 봐 주세요."

평소 부지런하기로 소문난 평산댁은 권 대감 집에 들어 온 이후 집안 일 하나라도 해서 권 대감과 부인의 은혜를 조금이라도 갚고 싶었으나 찬모(饌母)를 비롯한 하인들은 마님의 지시라고 한사코 일을 시키지 않아 매일 매일을 무료하게 보낸다.

"마님! 평산댁입니다."

"자넨가? 어서 들어오시게."

방안에서는 대감댁 딸인 권혜원과 소하가 뭐가 그리 재미있는지 깔깔거리며 권겸 부인의 장신구를 노리개처럼 가지고 놀고 있었다.

"소하야! 너는 왜 여기 있느냐? 빨리 나가거라."

"평산댁 그냥 놔두게. 처음 보는 것이라 신기해서 그런 것이니."

"아닙니다. 마님! 애가 어려서 귀천(貴賤)이 뭔지 몰라 그러니 용서하십시오."

"아닐세. 내가 일부러 소하를 오라 했으니 너무 탓하지 말게."

"마님! 그래도……."

“소하와 혜원이가 같이 노니까 꼭 자매같구먼.”

“자매라니요, 당치 않으십니다.”

“혜원이 시집보내고 나면 소하도 좋은 집안 남자 골라서 결혼시켜줌세.”

“마님! 지금도 분에 넘치는 은혜를 받고 있는데 딸년 결혼까지……. 천부당만부당합니다.”

“그건 그렇고 왜 나를 보자고 했는가?”

“마님! 이년이 대감마님이나 마님의 은혜에 보답하도록 집안일을 좀 맡겨 주었으면 합니다.”

“…….”

“하는 일 없이 빈둥거리니 몸도 욱신거리고, 내일부터라도 제가 할 일을 정해 주셨으면 합니다.”

“정 자네 뜻이 그렇다면 반찬 만들 때 찬모를 도와주고 가끔 옷 지을 때 자수나 놓아 주시게.”

“네, 마님! 그리하겠습니다.”

평산댁이 나가자 권겸 부인은 혜원이 하고 친자매처럼 놀고 있는 소하를 물끄러미 바라보다 현화사 승통이 한 말을 떠올리며 소하와 혜원이 서로 운명이 얽혀 있을 것이라고 굳게 믿는다.

“이리 오너라.”

누군가 대문 밖에서 외치는 소리에 권겸댁에서 일하는 하인 중 하나가 대문을 반쯤 열자 관복을 입은 한 사내가 막무가내로 비집고 안으로 들어온다.

“뉘신데 여기가 어딘지 알고 이렇게 막 들어오십니까?”

“대감마님 계신가?”

“누구시온지?”

“주서(注書:종 7품) 기철이라고 대감께 여쭤 주시게.”

“대감마님께선 아직 집에 오지 않았습니다.”

“내가 궐에서 나오기 전에 밀직사에 가서 대감이 퇴청하셨다는 것을 알고 왔는데 무슨 소리인가?”

집안이 소란해지자 방안에 있던 권겸 부인이 마루로 나와 큰소리로 외치고 있는 젊은이를 바라보며 부드럽게 물어본다.

“무슨 일로 찾아온 뉘신지요?”

“고종 전하 사위셨던 기온의 증손자인 기철이라 합니다. 일전에 한번 찾아와 대감을 뵌 적이 있습니다.”

“대감께선 오늘 좀 늦는다고 하더이다. 뵈오려면 미리 대감과 약속하고 오시는 것이 나을 듯 합니다만…….”

“대감이 오시면 누가 다녀갔다고……?”

"기철입니다. 권 대감님께 기철이라면 아실 겁니다."

"알겠습니다. 대감께서 오시면 그리 전하겠습니다."

그 시각 권겸은 충숙왕이 문종 황제 문상으로 원나라에 한동안 체류하고 있을 때 함께 머물다 먼저 귀국한 민상정 일행의 노고를 위로한다는 명목으로 개경 인근에 있는 민천사(旻天寺) 영접실에서 연회를 베풀고 있었다.

"오시느라 피곤하실 텐데, 이리 시간을 내주니 고맙소이다."

권겸이 지밀직사 민상정과 함께 연회에 참석한 장백상, 조염휘에게 정중히 인사를 하자 민상정이 같이 온 일행을 대신하여 입을 연다.

"권대감! 전하와 같이 원에 있을 때도 많은 도움을 받았는데 이렇게 우리를 위해 연회도 베풀어 주시니 뭐라 감사해야 할 지 모르겠습니다."

"원 별말씀을 다 하십니다. 그간 김지경이한테 눈치 보느라 마음고생은 하였지만 민공이나 여기 계신 여러분들은 타국에서 전하 모시느라 몸도 그렇고 마음마저 고생하지 않았소이까. 그 노고를 위로하는 것은 같이 전하를 모시는 사람으로서 당연한 것 아니겠소."

권겸은 원나라의 대신들과 교류하면서 그들로부터 원 조정의 권력이동과 더불어 고려왕실에 대한 원의 영향력 변화에 대하여 누구보다 잘 알 수 있어 충숙왕과 충혜왕 사이에서 절묘한 줄타기를 시의적절하게 함으로써 양 측근세력들로부터 적극적인 환영은 받지 못했지만 그렇다고 자리를 못 지킬 정도의 심한 배척도 받지 않은 처세술이 뛰어난 대소신료 중의 한 사람이었다.

"그런데 민공! 전하께서는 상국에서 복위하라 명한지도 꽤 오래 되었는데 어찌 서둘러 귀국을 안 하시오?"

"모르셨소? 문종 황제의 국상(國喪)이 끝나면 조만간 환국하실겁니다."

"아~. 그렇군요! 빨리 환국하셔야 할 텐데, 걱정입니다."

"그래서 전하께서는 저희보고 조정 안팎을 살펴보라고 먼저 보냈던 것입니다."

기실 권겸은 모른 체하고 있었으나 충혜왕을 후원하던 원나라 문종이나 엘테무르승상이 죽어 어지러운 원나라 조정의 사정을 훤히 알고 있었다.

"자~자~! 이제 머리 아픈 이야기는 그만하고 오늘은 오랜만에 개경에 돌아왔으니 허리춤 풀고 마음껏 취합시다."

"밖에 아무도 없느냐? 기녀들은 들어와 시중을 들지 않고 뭐하느냐?"

권겸이 개경의 유명주점인 홍연각(洪蓮閣)에서 데려온 가무에 뛰어난 기녀들을 부르자 기다렸다는 듯이 방문을 열고 우르르 들어온다.

경쾌한 풍악 소리가 연회장에 울려 퍼지자 술에 취한 장백상이 흥이 일었는지 기녀와 함께 방안을 돌며 어깨춤을 추자 권겸과 민상정, 조염휘는 파안대소하며 서로 술잔을 권한다.

이른 저녁부터 계속된 연회가 해시 무렵에 이르자 술을 연거푸 들이켜 대취한 장백상은 바닥에 대자로 누워 곯아 떨어졌고 원나라에 있을 때 독한 술만 먹어 웬만한 술에는 끄덕하지 않던 민상정마저도 술에 취해 머리를 술상에 처박는다.

"여봐라~. 여기 있는 분들을 숙소까지 모셔다드려라."

권겸은 기녀와 하인들이 술 취해 잠이 든 민상정 일행을 민천사에서 운영하는 여각의 내실로 데려다주는 것을 보고 가마를 타고 집으로 향한다.

"누구, 누구냐?"

권겸이 집에 다다르자 갑자기 어둠 속에서 정체불명의 한 젊은이가 권겸이 타고 있는 가마 앞으로 튀어나온다.

"권 대감님! 소인 기철입니다."

"기철?"

"일전에 한 번 뵈었던 고종전하 사위의 증손자인 기씨 집안……."

"아! 그때 그 젊은이구먼~"

"무슨 일로 이 시각까지 밖에서 나를 기다리고 있었나?"

"오늘 중에 늦게라도 대감을 뵙고 긴히 드릴 말씀이 있어 염치불구하고 기다리고 있었습니다."

"내 오늘 몹시 취했네. 내일 봄세."

"대감! 저희 기씨 가문의 생사를 결정할 중요한 일이라 대감께 오늘 꼭 말씀드리고 가려 합니다만……."

"그러면 밤도 깊었으니 오늘은 우리 집에서 하룻밤 자고 내일 일어나서 이야기 들어 보도록 하세."

"대감! 그럼 오늘 폐 좀 끼치겠습니다."

밤늦게 추위에 떨다 권겸 집 사랑방(舍廊房)에서 하룻밤을 푹 잔 기철은 다음 날 아침 문밖에서 하인들의 외치는 소리에 잠을 깬다.

"나리! 그만 일어나시지요."

"알겠네! 잠시 기다리시게."

기철이 옷매무새를 고치고 하인을 따라 방으로 들어가니 권겸은 보이지 않고 하녀인 듯한 여자가 조반상을 차려 들어온다.

"안방마님께서 나리께 조반 차려드리라고 하셨습니다."

"여하간 고맙네. 대감께서는 아직 기침하지 않으셨나 보네?"

"나리께서 조반 다 드시면 대감마님께서 이 방으로 오신다고 합니다."

기철은 권겸댁의 하녀가 차려 온 조반상을 보니 여태껏 아침 식사로는 먹어 본 적이 없는 산해진미의 음식들로 가득하다.

"당상관 집안은 늘 아침 식사를 이렇게 먹는 모양이구먼."

기철은 아버지 기자오가 유학자들과 교류한답시고 집안일을 신경 쓰지 않아 어머니와 동생들과 함께 어렵게 살아왔기 때문에 권겸집에서 아침에 차려온 음식들은 제사 등 특별한 때에나 먹었던 음식이라 눈이 휘둥그레진다.

"대감마님! 드십니다."

권겸이 기철이 있는 방안으로 들어오자 기철은 허겁지겁 식사를 끝내고 머리 숙여 권겸을 맞이한다.

"대감! 너무 폐가 많습니다."

"잘 주무셨는가?"

"대감 덕분에 잘 자고 잘 먹었습니다. 감사합니다."

"그래! 어쩐 일로 어제 늦은 밤까지 나를 기다리고 있었는가?"

"대감! 아침부터 이런 말씀드리기가 좀 거북스럽습니다만……."

"말씀해 보시게."

"제가 어제 궐에 있을 때 과부처녀추고별감(寡婦處女推考別監)에 속해 있는 관리들로부터 조만간 토곤테무르 황제 폐하 즉위를 축하하기 위하여 공녀를 차출한다는 말을 들었습니다."

"그런데……."

"저희 집안에 막내 누이가 있사온데 없는 살림에 그동안 시집도 못 가고 있어 공녀에 차출되지 않도록 대감께 부탁하러 왔습니다."

"……."

"대감! 저희 부친은 몇 년 전에 돌아가시고 지금은 제 밑으로 남동생 세 명과 여동생 둘이 있습니다."

"그런가?"

"그중 여동생 하나는 시집갔고 늦게 태어난 막내 여동생은 없는 살림에도 우리 가족 모두 공주처럼 떠받들고 애지중지 키워 왔습니다."

"그렇겠구먼."

"막내가 원나라에 공녀로 끌려가면 저희 모친은 아마 쓰러지실 것입니다."

권겸이 고개를 끄덕거리자 기철은 더욱더 힘을 내 막내 동생을 공녀 차출 명단에서 뺄 수 있도록 해 달라고 통사정을 한다.

"자네 말은 알아들었네. 내 등청하거든 한 번 알아봄세."

"그러면 대감만 믿고 돌아가겠습니다."

기철의 모친 이 씨는 어제 기철이 아는 대감을 만나 막내 여동생 일을 부탁하러 간다고 집을 나갔는데 그 날 귀가하지 않고 소식도 없자 잠도 제대로 못 이룬 채 부스스한 얼굴로 집 밖에서 서성이다 마을 모퉁이에 기철모습이 보이자 다행인 듯 한숨을 푹 쉰다.

"아범아! 어제 나간 후에 아무 소식이 없어 무슨 변고가 생긴 줄 알았다."

"어머니! 날씨도 쌀쌀한데 왜 밖에서 기다리십니까?"

"네가 우리 집 대들보인데 아무런 소식이 없으니 집안에서 가만히 있을 수가 있겠느냐?"

"어머니! 집에 들어가서 말씀드리겠습니다."

"아침은 아직 안 했지?"

"권 대감댁에서 진수성찬으로 잘 먹었습니다."

기철이 어제 권겸과 만나 부탁했던 것에 대하여 어머니인 이 씨 부인에게 자세히 이야기한다.

"권대감께서 순녀(順女)가 공녀로 차출되어 원나라 가지 않도록 힘써 보신다고 했으니 너무 걱정하지 마세요."

"그랬으면 얼마나 좋겠니, 여하간 권 대감은 참 고마운 사람이구나."

"저도 판도사(版圖司:종전 호부)에 있으니까 나름대로 알아보겠습니다!"

기철은 모친 이 씨에게 높은 분에게 부탁했으니 잘될 것이라고 이야기하고 안심을 시켰으나 기실 공녀차출은 왕실에서 직접 챙기는 일이라 아무리 지위가 높은 대신들이라도 공녀명단에 올라가면 어찌하지 못한다는 사정을 잘 알고 있었다.

"어머니! 어머니!"

막내딸이 부르는 소리에 이 씨는 화들짝 놀라 방문을 활짝 열고 얼굴을 삐죽 내민다.

"순녀야! 애미한테 이야기도 안 하고 어딜 그리 다녀오느냐?"

빛이 바랜 옷은 어디서 뒹굴었는지 위아래 온통 흙이 묻어 있고 얼굴은 땀으로 범벅된 막내딸이 불룩한 망태기를 옆구리에 끼고 해맑은 웃음을 지으며 모친을 바라본다.

"어머니! 오늘 정말 운이 좋았어요, 송악산에 올라 간지 얼마 안 돼 큰 더덕들을 많이 캤어요. 그뿐인 줄 아세요. 삼백초와 왕고들빼기도 엄청……."

"순녀야! 요즘 세상이 어수선하니 밖에 나돌아 다니지 말라고 이 어미가 몇 번이나 이야기했느냐. 그리고 산에 가서 산짐승 만나면 어쩌려고?"

"어머니! 너무 걱정 마세요. 제 몸 하나 간수하지 못 하겠어요?"

"여하간에 당분간 나돌아 다니지 말거라."

기철의 여러 노력과 모친 이 씨의 조바심에도 불구하고 막내딸 기순녀는 결국 공녀명단에 들어가고 만다.

"어머니! 소자가 못나서 막내가 공녀로 가는 것을 못 막았습니다. 이 불효자를 용서하지 마십시오."

"아이고! 어쩌면 좋으냐, 우리 막내가 공녀로 끌려가게 됐으니……."

"어머니! 순녀를 끌려가기 전에 아무도 모르는 곳으로 데려가야겠어요."

"그랬다가 너마저 위험해지는 것 아니냐?"

"그만두라면 그만두지요. 이까짓 미관말직인 주서 자리 뭐 그리 대단하다구요."

"그래도 우리 기씨 집안이 대대로 관직에 오른 가문인데, 너 마저 관직을 그만두면 누가 다시 관복을 입겠느냐?"

기철이 모친 이 씨와 나누던 대화를 문밖에서 듣고 있던 기순녀가 방문을 열고 들어오자 눈물을 흘리고 있던 모친 이 씨가 기순녀를 바라보며 통곡을 한다.

"순녀야! 순녀야!"

"어머니! 너무 슬퍼 마세요. 어차피 원나라에 공녀로 가는 것이 차라리 잘 되었는지도 모르겠어요."

"아휴~! 이것아. 공녀가 뭐하는지 알기는 하느냐?"

"어머니! 저도 이제 어린애가 아닙니다. 공녀가 뭐하는지 여기저기서 들어 알 만큼은 압니다. 이제 제 나이 열일곱인데 그저 그런 집안에 시집가서 사느니 원나라 대도에서 꿈을 펼칠 기회를 찾는 게 좋을 듯합니다."

"하늘도 무심하시지. 저 귀여운 것이 아버지도 잃고 이제 공녀로 끌려가게 되었으니 내 죽어서 어떻게 조상님들 얼굴을 볼꼬!"

"순녀야! 못난 이 오라비를 용서해다오."

"오라버니도 너무 자책하지 마세요. 저는 괜찮아요."

고려가 원의 부마국이 된 이래 원나라의 공녀 차출은 그 어느 때보다도 극심하여 80여 년간 근 50여 회에 이르렀으며. 열세 살 이상 열여섯 살 이하 연령대에 공녀로 끌려가는 계층도 다양하여 평범한 집안의 여자들은 궁녀나 잡역부로 끌려갔고 지체 높은 집안의 딸은 원나라 대신들의 처나 첩으로 끌려갔다.

"길을 비켜라."

"호위병사들은 뭐하느냐, 길을 막고 있는 연놈들을 끌어내라."

매년 되풀이 되는 일이지만 원나라 공녀로 끌려가는 딸들의 이름을 울며불며 목 놓아 부르는 부모형제들의 울음소리로 개경거리는 그야말로 눈물바다를 이룬다.

원나라 병사들이 호송하는 공녀 일행 중에 끼어 있는 기순녀는 여느 여자아이들과는 달리 울지도 않고 입술을 굳게 다문 채 병사들을 따라 앞만 보며 걸어가고 있다.

먼발치에서 막내 여동생이 의연하게 걸어가는 모습을 더욱 안타깝게 바라보고 있는 기철과 기륜은 눈물을 감추려고 애를 쓰고 있으나 공녀로 끌려가는 일행들의 모습이 멀어지자 자기도 모르는 사이에 눈물을 흘린다.

"막내야! 막내야! 오라비들이 못나서 너를 이렇게……."

"형님! 순녀는 똘똘하고 몸도 건강하니까 원나라 가서도 잘 살 겁니다. 형님 잘못이 아니니 그만 자책하세요."

"륜아! 어제 내시원(內侍院)에 계신 이종사촌 매부(전자유:田子由)한테 부탁은 해 봤느냐?"

"네! 형님. 매부께서는 상국 황실에 환관으로 있는 고용보(高龍普:원명 투만티르)와 연이 닿아 자주 연락을 한답니다."

"그래서?"

"그렇지 않아도 황궁에 보낼 물건이 있어 어제 원나라로 떠나는 인편으로 고환관한테 순녀를 잘 부탁한다는 사신(私信)과 몇 가지 선물을 보냈다고 합니다."

"잘 되었으면 좋겠구나. 오늘 맨정신으로는 집에 들어가지 못할 것 같으니 취할 때까지 술이나 먹자."

"저도 오늘 미치지 않으려면 술이나 마시고 취해야겠습니다."

기철과 기륜은 주점 평상에 마주 앉아 한동안 말도 없이 술만 연신 들이킨다.

"왕이란 작자가 자기 백성들이 저렇게 원나라로 끌려가 노비가 되든 첩이 되든 아무런 관심이 없으니……. 저런 사람이 일국의 왕이라 할 수 있겠느냐?"

"형님! 목소리 좀 낮추세요. 누가 들으면 역모한다고 하겠소!"

"륜아! 우리도 힘 좀 생기면 오늘 일을 절대 잊지 말자."

"그래야지요. 형님! 한데 언제 우리 기씨 집안에 그런 날이 올는지 모르겠습니다."

"사람이 살다 보면 세 번의 기회는 온다고 하였다. 만약 우리에게 그런 기회가 오면 왕 같지도 않은 왕이나 대신 놈들을 내 발밑에서 기도록 만들 것이다."

기철은 당시 대부분의 힘없는 고려백성들과 마찬가지로 원나라의 눈치만을 보는 왕과 자기들의 부귀영화만을 쫓는 권문세가에 대하여 극도의 반감을 가지게 되고 몇 년 뒤에는 고려를 뒤흔들게 된다.

원나라로 간 여인들

원나라로 간 여인들

지순(至順) 3년(충숙왕 복위 2년)! 가족들의 통한의 눈물을 뒤로하고 공녀로 끌려간 순녀 등 고려여인들은 근 두 달 동안 수천 리 길을 오는 도중에 몽골 호위병사의 감시와 매질로 세수와 빨래는커녕 제대로 먹지도 못하여 피골이 상접한 거지 몰골로 어두컴컴한 무렵에 몽골 수도인 대도에 도착한다.

"여기 있는 고려 공녀들을 견습 나인 수사간(水賜間:하급궁녀 거주 장소)으로 옮겨 오늘 중으로 다 깨끗이 목욕시키고 새 옷으로 갈아 입혀라. 그리고 앞으로 열흘 동안 궁궐 바깥에 함부로 나오지 않도록 하고 그동안 잘 먹이도록 하라. 알겠느냐?"

높은 지위에 있는 환관인 듯한 자가 위엄 있게 지시하자 공녀로 끌려온 여자애들을 데리러 나온 궁녀들이 일제히 공손하게 대답한다.

"네. 상책(尙冊:내시 종4품) 대인!"

환관이 황궁 방향으로 사라지자 눈꼬리가 쳐 올라가고 유달리 광대뼈가 튀어나와 꽤 성깔이 있어 보이는 궁녀 하나가 기순녀 일행을 둘러보며 그릇 깨지는 듯한 날카로운 목소리로 이야기한다.

"야! 너희들은 오늘부터 내가 죽으라고 하면 죽는 시늉까지 해야 돼. 알겠느냐?"

"……."

"이것들 봐라! 항아님께서 말씀하는데 대꾸도 안 하네."

"아휴~냄새! 이 년들 옷부터 빨리 벗겨라, 빨리~"

"야! 너희 귀머거리들이냐? 우리 항아님께서 벗으라고 하시잖아!"

그렇지 않아도 피로와 긴장으로 몸과 마음이 천근만근 무거운데 북방의 추운 겨울 날씨에 갑자기 옷을 벗으라는 궁녀들의 뜬금없는 재촉에 기순녀 일행은 서로 얼굴만 쳐다보며 눈만 껌벅거리고 있다.

"안 되겠구나. 이 년들이 말귀를 못 알아들으니 몽땅 옷을 벗겨서 연못 안에 처넣어라."

여러 명의 나인이 항아님이라 부르는 궁녀의 말이 끝나자마자 공녀 일행을 끌고 살얼음이 동동 떠다니는 연못으로 데리고 간다.

"너부터 들어가거라."

나인이 공녀 일행 중 제일 키가 큰 기순녀를 지명하자 기순녀는 한 치의 망설임도 없이 저고리를 훌훌 벗고 차가운 연못으로 냉큼 들어간다.

"다음은 너! 다들 빨리 들어가!"

나인들이 어쩔 줄 모르는 공녀들을 냅다 밀어 차가운 연못에 빠뜨리자 여기저기서 아우성을 지른다.

"이것들아! 조용히 하지 못해!"

한 식경(食頃) 동안 물속에서 추위에 벌벌 떨고 있었던 공녀들은 연못에서 나와 무수리들의 수사간(水賜間)에 들어가자마자 벌벌 떨며 물에 젖은 치마와 속옷을 벗고 소름이 선 새빨간 피부를 문지르면서 처량한 신세를 한탄하며 눈물을 흘린다.

"너는 어떻게 그 차가운 물속에서도 눈 하나 깜박 안 하고 있니?"

기순녀가 연못 물속에서 끝까지 의연하게 있는 모습을 본 공녀 중 한 명이 대단하다는 듯이 기순녀를 쳐다보며 말을 건넨다.

"서로 알고 지내자. 나는 동주(東州;현재의 철원)에서 온 김숙이라고 하는데 너는 어디서 왔니?"

"공녀로 끌려 온 마당에 어디서 왔는지 알아서 뭐하게?"

"고려에서 여기까지 오면서 근 삼 개월 동안 동고동락했는데, 이름이라도 알고 싶어서 그래."

"나는 개경에서 온 기순녀라고 해."

"개경? 그럼 너는 벼슬하는 집안사람이구나!"

"개경에 산다고 다 벼슬하니?"

"그건 그렇다만……."

"아무튼 오늘은 피곤하니 빨리 자자."

"그래. 너 오늘 대단했어."

혹독한 신고식을 치른 공녀들은 어떠한 운명이 기다리고 있는 것도 모른 채 냄새나고 이가 들끓는 무수리들의 방에서 고목 쓰러지듯이 바닥에 쓰러져 눕는다.

기순녀를 비롯한 공녀 일행들은 며칠 밤낮을 수사간에 처박혀 햇빛도 보지 못한 채 아무런 일도 없이 사육당하는 동물처럼 먹고 자고 하는 것을 매일 반복하니 대도까지 오느라 수척했던 얼굴들이 제법 본래의 모습을 찾기 시작한다.

"야. 너희들. 오늘 상책 대인께서 보자고 한 날이니 그 앞에서 묻는 말만 공손히 대답해야 된다. 알았지?"

"오늘 뽑히지 않은 애들은 내일 아침에 궁을 떠나야 하니까 미리 짐도 꾸려 놓아라."

무수리 복장의 새 옷을 입은 여러 명의 공녀가 내시부 앞마당에 한 줄로 서서 자기들의 운명을 결정하는 상책이라는 관리를 초조하게 기다린다.

"저 사람인가 봐."

"쉿! 소리 들리겠어, 조용히 있어~."

이윽고 화려한 환관 복장을 한 중년의 남자가 계단을 천천히 내려와 한 줄로 도열해 있는 공녀들의 앞을 천천히 지나가면서 한 사람씩 머리에서 발끝까지 꼼꼼히 훑어보다가 마음에 드는 공녀들을 손가락으로 가리키면 그 뒤를 따르는 젊은 환관이 무엇인가 적혀 있는 조그마한 종이쪽지를 해당 공녀에게 한 장씩 나누어 준다.

"가(可)를 받은 사람들은 앞으로 나오고, 나머지는 숙소에 돌아가도 좋다."

상책이라는 자가 궁녀 선정을 끝내고 아무런 말없이 내시부로 발길을 돌리자 젊은 환관은 궁녀 선정에서 탈락한 여인들의 앞으로 험난한 운명은 아랑곳하지 않은 채 늘 그랬던 것처럼 무덤덤한 표정으로 이야기한다.

"우리는 어찌 되는 거니?"

"누가 그러는데 궁녀가 못되면 노비나 술집에 팔려 나간대."

"욕되게 사느니 차라리 죽어버리는 게……."

궁녀로 선발되지 못한 고려여인들은 절망에 빠져 어두운 얼굴빛을 띈 채 내시부로 안내했던 나인들을 따라 그간 공녀들의 임시숙소였던 수사간으로 무거운 발걸음을 옮긴다.

"순녀야!"

궁녀로 뽑힌 고려 공녀 일행들이 젊은 환관에 이끌려 어디론가 가는 도중 누군가가 맨 앞쪽에서 걸어가고 있는 기순녀를 향하여 뒤에서 낮은 목소리로 부른다.

기순녀가 뒤편에서 자기 이름을 부르는 소리에 고개를 살며시 돌려 뒤를 돌아보니 수사간에서 십수일 동안 바로 옆에서 같이 있었던 김숙이 웃는 얼굴로 눈인사를 한다.

"마마님! 이번에 궁녀로 선발된 고려 여인들을 데리고 왔습니다."

"수고했네. 자네는 이만 돌아가시게."

젊은 환관이 예를 표하고 돌아가자 머리가 희끗희끗하여 중후한 인상을 풍기는 한 중년여자가 기순녀 등 공녀들을 유심히 바라본다.

"너희들은 무엇 하고 있느냐? 상궁마마님께 예를 표하지 않고."

상궁마마님이라 불리는 여인 뒤에 서 있던 나인이 어찌할 줄 몰라 쭈뼛쭈뼛 망설이고 있는 신참내기들을 꾸짖는다.

"그냥 놔둬라, 이제 막 궁에 들어온 애들이 무엇을 알겠느냐."

"네. 마마님!"

"내가 알기로는 너희들은 이번 황제 폐하 등극을 위하여 특별히 고려에서 공녀로 온 사람들이라 들었다. 앞으로 수일 내에 너희들을 각자 재능에 맞게 알맞은 곳으로 배치할 것이니 그때까지 여기 있는 나인들을 도와 열심히 일하도록 하여라."

궁녀가 마마님이라 부르는 중년의 여자가 일장 훈시를 하고 사라지자 하급 궁녀로 보이는 젊은 나인이 따라오라고 손짓하고 앞으로 걸어간다.

"순녀야! 너랑 헤어지지 않고 이렇게 다시 만나니 정말 반갑다."

"나도 그래."

"숙아! 그런데 너는 궁녀가 되어 궁궐에서 있는 것이 그리 좋니?"

"좋긴 뭐가 좋니, 고향에 부모, 형제 놔두고 이 먼 곳까지 와서 이곳 저곳에 팔리는 신세인데, 나도 궁녀 생활이 그리 녹록하지 않다고 들었지만 궁 밖에서 원나라 놈들의 노비나 술집에 팔리는 것보단 그래도 좀 낫지 않을까 해서~"

평소 활발한 성격의 김숙이 속마음을 이야기하자 문뜩 고향에 계신 어머니와 오라비들 생각에 기순녀의 눈에는 이슬방울이 맺힌다.

"여기가 너희들이 죽을 때까지 거처할 곳이다. 매일 일어나자마자 자기 침소는 자기가 늘 청소하고 정돈하고, 또 여기는 폐하와 황후 마마가 계신 궁궐이니 무슨 병이 생기지 않도록 각자 몸을 깨끗이 닦아 청결하게 해야 된다. 알겠느냐?"

기순녀와 김숙이 말을 주고받는 사이에 어느새 낯선 곳에 도착하니 나인 숙소 안에서 기다리고 있던 고참 궁녀들이 훈시하듯이 이야기한다.

"그래도 처음 있던 곳보단 훨씬 좋네."

나인들이 머무는 방안을 이리저리 둘러보던 김숙이 개인별로 마련된 침상과 이불을 보더니 이가 들끓고 이불에서 쉰 냄새가 나는 임시숙소인 무수리 수사간보다는 낫다는 듯 만족감을 표시한다.

"순녀야! 너는 이곳이 마음에 안 드니?"

"나라에 힘이 없어 우리 같은 여자들이 이 먼 곳까지 와서 이런 곳에서 고향을 그리워하며 살아가야 한다니……."

"고려에서 태어난 여자의 운명이 이런 걸 어떡해. 우리가 가진 것은 몸뚱어리 하나밖에 없으니 몸 간수만 잘하면 더는 나빠질 것도 없지 뭐! 어차피 여기 있게 되었는데 무슨 일이든 좋게 생각하자."

"그래야지."

개경에서 원나라 대도까지 오는 동안은 물론 궁에 들어 와서도 환관으로 보이는 자로부터 선택받느라 마음을 잠시라도 놓을 수 없는 긴장 속에 지냈던 기순녀와 김숙 등 고려공녀 일행들은 나인 숙소에 들어오자마자 저마다 침상에 고목나무 쓰러지듯이 그대로 쓰러지고, 일부 공녀들은 천장을 바라보며 밀려오는 슬픔을 주체할 수 없는 듯 얼굴을 묻고 흐느낀다.

"너희들! 누가 침상에 누우라고 했어."

"이것들이 아직까지 정신을 못 차렸구나!"

기순녀 일행들의 숙소에서 가장 나이 어려 보이는 듯한 나인 하나가 침상에 누워 있는 고려공녀들에게 눈을 치켜뜨며 버럭 소리를 지른다.

"여기가 너희들 안방인 줄 알아? 나는 궁에 들어 와서 삼년 동안 등대고 잠을 자본 일이 없는데 들어온 지 얼마 안 된 것들이 숙소에 들어오자마자 벌러덩 누워?"

"이 년들 버르장머리 좀 고쳐 줘야겠다. 여기 숙소에 있는 빨래들 전부 다 빨고 수라간에 있는 채소들을 내일 아침식사에 찬으로 나올 수 있도록 오늘 중으로 다듬어. 알겠느냐?"

"어휴~, 저 많은 것들을 내일 아침까지 하라고?"

앳되어 보이는 고참 나인한테 이끌려 수라간으로 간 신참 나인인 고려공녀들은 수라간에 산더미처럼 쌓여 있는 각종 채소와 방 안에 있는 많은 속옷 빨래들을 바라보며 한숨을 짓는다.

"추운 날씨에 이런 피 묻은 속옷까지 빨라고 하니~"

궁 안에 있는 빨래터로 간 고려 공녀들도 수라간으로 간 고려궁녀들처럼 해야 할 일이 고되기는 마찬가지다.

"순녀야! 나도 어릴 때부터 집안일을 해서 일이라면 이골이 났지만 너처럼 손 빠른 애는 처음 본다."

"너도 오늘 수고 많이 했어."

"무슨 소리야, 네가 일을 다 해 놓고선."

"우리가 모두 한 것이지. 내가 다 하긴."

신참내기 궁녀인 기순녀와 고려공녀들은 잠도 자지 못하고 번을 서는 군사들을 제외한 모든 궁인이 잠드는 시간인 해시(亥時)를 지나 두 시진(時辰)이 지난 인 시(寅時)무렵, 새벽 동이 트기 전에 하던 일들을 다 끝낸다.

"숙아! 잠깐이라도 눈을 붙여둬."

"그래~ 너도~"

초췌한 얼굴로 나인 숙소에 들어선 고려공녀 일행들은 잠에 곯아떨어진 나인들이 행여나 깰까 봐 조심스레 발걸음을 옮겨 자기 침상으로 올라간다.

"일어나지 못해?"

고려공녀 일행들이 잠깐 잠을 붙이는 사이 어디에선가 날카로운 금속성의 목소리가 방안에 울려 퍼진다.

"이 년이 어디서 눈을 치켜떠!"

광대뼈가 튀어나온 나인 하나가 잠에서 깨어나지 못하고 취해 있는 고려공녀 중 한 명의 뺨을 사납게 때린다.

"그만하세요! 꼬박 밤새워 일하고 온 애한테 너무한 처사 아닌가요?"

"어떤 년이야?"

고려공녀나 나인들 모두 소리 나는 쪽으로 고개를 돌리자 덩치가 큰 여자 하나가 뺨을 때린 나인을 무섭게 응시하고 서 있다.

"이것이, 아~~아! 이것 못 놔!"

광대뼈가 튀어나온 나인이 기순녀에게도 뺨을 때리려고 손을 들어 내리칠 때 기순녀가 나인의 손목을 잡아 비틀자 비명소리를 지른다.

"왜 이리 소란스러우냐?"

일순간 나인 숙소가 몸싸움과 비명소리로 안팎이 시끄럽자 때마침 오늘 일을 지시하러 들어온 상궁이 그 광경을 보고 질책하듯이 크게 소리친다.

"고려 공녀 이 년이 내 손목을~."

"시끄럽다."

"너희들은 여기 온 지 얼마 되지 않은 애들인 것 같은데 이게 무슨 행패냐?"

"마마님! 이것들이 아침에 할 것도 많은데 늦게 일어나 한마디 한 것이온데, 저를 폭행했나이다."

"사실이냐?"

"……."

"안되겠구나! 너는 오늘부터 세답방(빨래와 옷의 뒷손질)에서 일하도록 해라."

대답해 보았자 나인 편을 들 것이 뻔한 상황에서 침묵으로 일관하던 기순녀는 상궁으로부터 세답방에서 일을 하라는 말을 듣고 각오했다는 듯이 입을 굳게 다문다.

"너 세답방이 무엇 하는 곳인 줄 알아? 죽도록 빨래만 하다 몸 망가지고 죽어서 나가는 곳이야. 이것아!"

상궁이 사라지자 조금 전에 기순녀로부터 손목을 비틀렸던 나인이 기고만장하여 기순녀를 바라보며 웃는다.

"일어나 조용히 밖으로 나오거라."

기순녀가 침상에 누워 잠에 막 들었을 무렵 누군가가 기순녀 몸통을 흔들어 잠에서 깨어난 기순녀는 손짓을 한 나인을 따라 숙소 밖으로 나가자 다섯 명의 나인들이 서 있고 그중 한 명은 몽둥이를 들고 서 있는 모습이 어둠 속에 어렴풋이 보인다.

"너한테 오늘 궁중 법도를 좀 가르쳐야겠다."

"무수리도 안 된 년이 건방지게 나인들에게 대들어."

"고려공녀 년이 건방지게……."

어둠 속에서 거침없는 욕지거리가 난무하는 가운데 나인 한 명이 기순녀를 향하여 몽둥이를 내리칠 때 기순녀가 재빨리 몸을 옆으로 피하면서 나인으로부터 몽둥이를 낚아 채 나인의 어깨를 내리친다.

"아이고~ 이년이 나를 치네."

어둠 속에서 무사 같은 전광석화의 몸놀림으로 순식간에 전세가 역전되자 같이 있던 나인들 모두가 놀라 그 자리에 돌부처처럼 서 있다.

"같은 여자들끼리 이리 궁에서 가족들과 헤어져 이 나이 동안 한 남자를 사랑해 보지도 못하고 평생 심부름만 하다 죽을 신세들인데, 고려면 어떻고 한족이면 어떻습니까? 우리 모두 서로 불쌍한 줄 알고 위로해도 부족할 판에 꼭 이렇게까지 해야 되겠습니까?"

"……."

"저는 더 이상 잃을 게 없습니다. 제가 독하게 마음먹으면 여기 있는 여러분들을 다 죽이고 제 목숨 하나 끊으면 됩니다."

"이보게. 우리들은 그냥 궁의 법도를 이야기하려고 하던 건데……."

기순녀의 거침없는 말이 이어지자 나인들은 조금 전까지 기순녀의 버릇을 고쳐 주겠다고 서슬이 시퍼런 때와는 다르게 순한 양이 된 것처럼 꼬리를 내린다.

그날 이후 기순녀는 더 이상 나인들의 괴롭힘은 없었으나 세답방에서 하루 종일 산더미처럼 쌓인 빨래를 하느라 몸에 물이 마를 사이도 없이 힘든 나날을 보내고 있었다.

"순녀야! 내가 조금 전에 일 끝내고 오다 보니까 연못 옆에 있는 나무에 새순이 난 것 같던데, 조금 있으면 봄이 올 것 같지 않니?"

"봄?"

"그래! 봄 말이야. 여긴 왜 이리 겨울이 추운지 모르겠어. 빨리 봄이라도 왔으면 좋으련만……."

매일 차가운 물을 튕기면서 빨래하느라 정신없이 바빴던 기순녀는 김숙이 봄이 오고 있다는 말을 하자 자기도 모르는 사이에 서서히 계절이 바뀌고 있음을 느낀다.

"개경도 이젠 곧 봄이 찾아오겠지! 어머니와 오라버니들은 잘 계신지……."

기순녀는 잠시 동안 개경에 있는 가족들을 생각하니 가슴이 먹먹하기는 하나 이 먼 나라까지 끌려와 반드시 성공하겠다는 다짐을 하며 입술을 깨문다.

"기씨 성을 가진 궁녀가 누구냐?"

"……."

"아직 세답방에서 안 돌아왔습니다."

"오거든 내시부 상책대인께서 찾으신다고 전하거라."

"네. 환관 어른."

저녁 무렵 나이가 좀 들어 보이는 하급 환관인 듯한 자가 나인들 숙소에 와 기순녀를 찾으며 말을 전하고 홀연히 사라진다.

"혹시 기순녀가 또 무슨 일 저지른 것 아니야?"

"순녀는 애가 좀 성깔이 있어서……."

나인 숙소에 있는 고려 출신이나 한족 출신 궁녀들이 수근거리는 사이에 일을 마친 기순녀가 온몸에 물을 묻힌 채 태연하게 숙소 안으로 들어온다.

"순녀야! 내시부에 상책이라는 높은 분이 널 찾는다고 하더라."

"나를… 왜?"

"그걸 우리가 어떻게 아니? 너 혹시 잘못한 것은 없지?"

숙소에 돌아오자마자 내시부에서 자기를 찾는다는 소리에 원나라 대도에서 아는 사람이라고는 한 사람도 없는 기순녀는 이상하다는 듯이 고개를 갸우뚱거린다.

“고개를 들어라! 네가 개경에 온 기순녀이더냐?”

“…….”

“다시 한 번 묻겠다. 네가 고려공녀로 온 기순녀 맞느냐?”

“그러하옵니다.”

“요즘 세답방에서 일을 한다고 들었다. 고생이 많겠구나.”

평소에 감히 무수리들이나 나인들이 제대로 볼 수도 없고 만날 수도 없는 높은 직책에 있는 환관과 단둘이 앉아 이야기하는 것에 기순녀는 잔뜩 긴장을 한다.

“나도 고려국 출신이니 그리 경계하지 않아도 된다.”

“전자유라는 사람을 아느냐?”

“누군지 잘 모르겠나이다.”

“그러면 네 오라비가 기철이라는 사람인 게 맞느냐?”

“그러하옵니다.”

“네가 고려에 있을 때 집에만 있어 왕래가 별로 없었으니 잘 모르는 모양이구나.”

“…….”

“나는 고용보라고 한다. 너희들이 궁에 처음 들어 왔을 때나 궁녀로 선발될 때 내가 그 자리에 있었다만…. 나를 기억하는지 모르겠구나.”

기억하느냐는 환관의 말이 끝나자 여태껏 눈을 마주치지 못하고 아래로 지그시 눈을 내리 깔고 있던 기순녀가 살며시 눈을 치켜뜨고 보자 궁녀들이나 환관들이 상책이라고 부르는 높은 직위에 있는 그 사람이 엷은 미소를 띠고 기순녀를 바라본다.

"혹시 천자문을 읽을 줄 아느냐?"

"「춘추」와 「예기」는 마치지 못했으나 사서삼경(四書三經)은 마쳤나이다."

"오호~ 그래! 그러면 궁중 법도만 배우면 되겠구나."

기실 고용보는 몇 개월 전 호형호제하는 고려 환관 전자유로부터 기순녀를 잘 부탁한다는 한 통의 편지와 권겸이 보낸 선물을 받고 고려 공녀들이 대도 황궁에 도착한 이후 기순녀를 유심히 관찰해 오고 있었다.

나인 숙소 근처에 있는 연못에 고려 공녀들을 들어가게 하고 다른 공녀의 뺨을 때려 기순녀의 반응이 어떤가 보고 삼개월 동안 힘든 세답방 일을 시킨 사람이 고용보였던 것이었다.

기순녀가 이러한 시험 과정에서 담력과 용기, 그리고 인내심을 보여줌으로써 엘테무르 승상이 죽은 이후 권력 공백기에 고용보는 새로운 황제의 마음을 훔쳐 자기가 뜻한 바를 이뤄낼 수 있는 여인으로서 기순녀를 선택하게 된 것이다.

"내 지밀상궁에게 이야기해 놓았으니 내일부터 다과방(茶果房)에서 훈육을 받도록 해라. 그리고 숙소는 오늘 중으로 일단 지밀(至密) 나인들이 거처하는 방으로 옮기도록 하고."

고용보는 경국지색(傾國之色)의 절세미인은 아니더라도 이목구비가 뚜렷하고 매우 영민(穎敏)하게 생긴 기순녀를 처음 보는 순간부터 자기가 생각하는 기준을 통과하면 황제 옆에서 시중을 드는 나인으로 배치할 심산이었다.

그간 고려 공녀들 중 미모가 출중한 여자들을 골랐으나 황제의 마음을 사로잡는 데 수차례 실패를 겪은 고용보는 이번에는 반드시 성공하겠다는 일념으로 고려홍삼과 금과 옥으로 장식한 노리개를 지밀상궁에게 선물하여 미리 환심을 사두었다.

"너는 어디서 왔는데 이런 몰골이니?"

"세답방에서 왔어."

"뭐? 세답방에서 온 애라고? 말도 안 돼. 어떻게 세답방에서 빨래하는 애가 이리 올 수가 있니?"

"……."

"여긴 누구나 오는 그런 데가 아닌데……."

고용보를 만난 이후 고려 출신으로 박씨라고 부르는 젊은 환관을 따라 지밀나인 숙소로 거처를 옮긴 기순녀는 같이 한 방을 쓰게 된 지밀소속 나인으로부터 여러 차례 질문 공세를 받는다.

지밀나인 방은 전에 머물렀던 수십 명이 침상에서 나란히 자는 나인방과는 다르게 두 명이 한 방을 쓰도록 되어 있고 지밀나인이 입는 궁녀복은 세답방에서 일하느라 물에 절어 헤어진 무수리 복장과는 확연하게 다르게 세련되어 보인다.

"나는 고려에서 온 기순녀라고 하는데 앞으로 많이 도와주면 고맙겠다."

"그러지 뭐~, 바양홍고르에서 온 뭉흐체첵이야."

"상국 사람이구나."

"상국 사람이면 뭐하니? 요즘 궁의 내명부나 내시부의 요직이란 자리들은 전부 너와 같은 고려 사람들이 다 차지하고 있는데……."

"궁 안에 그렇게 고려 출신 사람들이 많아?"

"한족(漢族) 애들 때문에 그런 것 같아."

"한족에게 무슨 문제라도 있니?"

"그럼! 한족 애들이 우리 앞에선 복종하는 듯하나 뒤돌아선 우리 보고 글도 모르는 야만인이라고 손가락질하는 족속들이지. 이런 것들이 궁에 많이 있으면 어찌 되겠니?"

"그래서 고려인들이 궁에 많이 있었구나."

"이제 그런 이야기 그만하고 우리 다른 이야기하자."

처음 궁에 들어왔을 때 만났던 궁녀들과는 다르게 뭉흐체첵이라는 지밀나인은 그리 이쁘지는 않지만 귀염성 있고 성격이 활달하면서도 다정다감한 편이다.

기순녀가 환관을 따라 간 이후에 종무소식이 없자 침방(針房)에서 일하는 김숙이 또 다른 고려 출신 궁녀와 같이 어둠이 내린 숙소 문 밖에서 이리저리 왔다 갔다 하면서 내시부 쪽을 수시로 바라본다.

"순녀는 아직 안 돌아왔어?"

"혹시 누구하고 싸우다가 걸려서 감찰 상궁(監察尙宮)마마님께 끌려 간 것 아니야?"

기순녀와 같이 공녀로 끌려와 소주방으로 배치받아 나인들 하는 일을 도와주고 있는 홍연화가 어둠 속에서 숨을 헐떡거리면서 김숙에게 달려온다.

"숙아~, 숙아!"

"왜 이리 허겁지겁 달려오니?"

"순녀가…… 순녀가……."

"숨 좀 돌리고 차근히 이야기해~, 순녀가 어찌 됐다는 거야?"

"순녀가…… 지밀나인이 되었나 봐."

"지밀이면 폐하나 황후마마 모시는 곳인데……."

"순녀가 어떻게 그리로 갔지?"

기순녀가 지밀나인이 되었다는 소식은 기순녀가 일했던 세답방은 물론 다른 나인들에게도 순식간에 퍼진다. 궁에서는 같은 품계라 하더라도 궁녀가 어느 소속이냐에 따라 지위의 높고 낮음이 정해지기 때문에 기순녀가 지밀나인이 되었다는 것은 그만큼 지위가 급상승하였음을 의미한다.

"오늘부터 너를 훈육시킬 김상궁이다. 상책 대인께서 너의 훈육을 특별히 부탁하셨으니 빠른 시간 내에 숙달하여 대인 어른의 기대에 부응하도록 하여라."

"명심하겠나이다."

"나도 너와 같은 고려 출신이니 고향에 있는 언니처럼 생각하고 궁중 예절과 차 끓이는 법을 다 알 때까지 궁금한 것이 있으면 주저하지 말고 물어 보거라."

"네, 마마님!"

기순녀가 지밀나인이 된 날 이후 훈육을 담당하고 있는 고려 출신 김상궁이 궁중예절은 물론 다도(茶道)를 습득하는 방법에 대하여 모르면 물어 보라 이야기한다.

"내 수십 년 동안 궁에 있었지만 너와 같이 똑똑한 애는 처음 보았다. 이젠 배울 것은 다 배운 것 같으니 내일부터는 내시부의 채색 내관으로부터 방중술(房中術)을 배울 것이다."

예로부터 여인들이 궁에 궁녀로 들어오면 황제나 왕들로부터 언제 어디서 승은(承恩)을 입을지 모르는 일이라 상궁이든 나인이든 신분고하를 막론하고 채색 내관으로부터 황제나 왕을 즐겁게 해 주기 위한 다양한 방법과 기교를 배워야 했다.

남자인 채색 내관 앞에서 방중술 교육을 받는 동안 기순녀는 오로지 생식하는 암컷 동물처럼 다루어지는 데 대하여 여인으로서 자존심이 한없이 무너졌으나 한편으로는 몸치장 화장법을 배운 이후에는 이전과 비교할 수 없을 정도로 몰라보게 예뻐졌다.

"네가 내가 전에 보았던 그 애 맞느냐?"

"네. 상책대인. 기순녀이옵니다."

"오~호! 많이 예뻐졌구나. 거기다 총기(聰氣)도 더한 것 같고."

고용보는 수개월 동안 훈육을 마치고 김상궁과 같이 내시부에 들린 기순녀를 보면서 만족한 듯 만면에 웃음을 짓더니 기순녀 등을 가볍게 두드리면서 자기 방에 있는 서랍장에서 비단으로 둘둘 말린 것을 끄집어내어 기순녀에게 건네준다.

"이것은 암컷 누에나방의 복부에 위치한 주머니에서 짜서 말린 것이고 이것은 양귀비에서 진액을 뽑아 불에 데워 만든 것이다. 그리고 이것은 사향노루의 선낭(腺囊)이다."

"내 이것을 너한테 줄 테니 잘 보관하고 있다가 김상궁에게 사용법을 익히도록 해라."

"그리고 김상궁은 내 따로 마련한 선물이 있으니 저녁에 환관을 시켜 거처로 보내 주겠네."

"감사합니다. 상책 어른."

황제 처소를 담당하는 지밀상궁(至密尙宮)이 며칠 전 지밀부로 배치되어 온 신참 나인인 기순녀를 보고 위엄 있게 말한다.

"너는 내일부터 건천궁으로 가서 거기 있는 지밀나인들과 함께 황제폐하에게 다과를 올리도록 해라."

"네, 마마님!"

"내일부터 너는 황제 폐하를 모시는 나인임을 명심하고 행실을 올바르게 하거라."

"명심하겠나이다."

기순녀는 지밀상궁의 지시를 받은 나인들이 시키는 대로 국화 등 향초(香草)를 넣은 물에 목욕을 하고 평생 처음으로 입안이 개운해지는 침향산으로 이도 깨끗이 닦았다.

목욕을 마친 다음 나인들이 건네는 비단 속옷을 몸에 걸치고 가만히 경대 앞에 앉자 나인들은 늘 하던 것처럼 익숙한 손놀림으로 기순녀의 머리칼을 풀어 헤치고 조그마한 자기 그릇에 있는 액체 같은 것을 머리칼에 바르고 정성스럽게 빗질을 한다.

빗질을 끝내자 다른 나인 하나가 기순녀의 얼굴에 분을 곱게 바르고 눈썹을 까맣게 그리고 입술과 양 볼에는 연분홍빛 연지를 찍어 바른다.

"내일 폐하 앞에서 실수하지 말고 잘해. 작년엔 어떤 지밀나인은 폐하께 뜨거운 차를 올려 폐하의 옥체를 손상해서 그 날로 참수당했어."

"예쁘게 생겼다만 폐하의 취향이 좀 남 달라서……."

기순녀를 목욕시키고 화장을 해 주었던 나인들은 기순녀를 마치 죽으러 가는 여자로 생각해서 그 안타까운 처지를 위로하는 것인지 아니면 대도에 온지 얼마 안 된 고려 여인이 폐하를 모시게 된 것이 배가 아파 그런지는 모르겠지만 격려 반 시기 반이 담겨 있는 듯한 말을 건넨다.

“폐하! 수라상을 그만 물리고 다과를 올리오리까?”

“그래! 차나 한잔 하자꾸나.”

“어떤 차를 올리오리까?”

“너희들이 알아서 올리거라.”

“네, 폐하!”

황제가 식사하는 것을 계속 옆에서 지켜본 지밀상궁이 토곤테무르가 조반을 마치자 눈치를 보며 조심스럽게 물어본다.

“폐하께서 차를 드신다고 하시니 녹차를 준비토록 해라.”

“네, 마마님!”

지밀상궁이 황제 침소 밖에서 대기하고 있는 궁녀들에게 지시를 내리자 여러 명이 합창하듯이 대답한다.

“폐하께 차를 올리거라.”

“네.”

짧은 대답과 함께 기순녀는 다과상에 다관(차 주전자), 숙우(물 식힘 그릇), 찻잔, 차시(차 숟갈), 퇴수기(버리는 그릇), 다포(밑에 까는 수건) 등을 가지고 황제 처소로 조심스럽게 들어간다.

난생 처음 서 보는 황제 앞이라 무척 떨리지만 기순녀는 침착하게 배운 대로 능숙하게 차를 찻잔에 담아 두 손으로 공손하게 다과상에 올려 황제에게 바친다.

"오늘따라 차 냄새가 매우 향긋하구나."

"어디서 온 차인가?"

"……."

"폐하께서 하문하시지 않느냐. 빨리 아뢰거라."

"고려국에서 온 녹차이온데 곡우(穀雨) 전에 따서 우전(雨前)이라고 불리는 차이옵니다."

"우전? 이 차는 짐이 노상 먹던 차가 아니냐?"

"네, 폐하! 지밀부에서 늘 올리던 차가 맞사옵니다."

"그런데 지금까지 먹던 것과는 조금 차이가 나는 것 같구나."

기순녀가 올린 녹차를 음미하던 토곤테무르는 여태껏 먹어 본 차와는 다르게 향과 맛이 좋은지 다관으로 차를 따르자 연신 차를 들이키면서 음미한다.

"폐하께서 차 맛이 좋다고 하시니 어떻게 했는지 여쭈거라."

"네. 차 맛은 차 자체의 품질도 좋아야 하겠지만 차를 끓이는 물맛도 이에 못지않습니다. 하여 물맛이 제일 좋은 인(寅)시에 나오는 물을 세 번 길어 차를 끓였나이다."

"그럼, 새벽 일찍 물을 길어 그 물로 차를 끓였다는 말이냐?"

"그러하옵니다."

황제 용안을 제대로 못 보고 고개를 숙이고 있던 기순녀가 황제의 질문에 낮은 목소리로 또렷하게 대답을 한다.

"오호! 그래서 차 맛이 좋았구나. 이 아이는 오늘 처음 보는 것 같은데……."

"네, 폐하! 오늘부터 폐하의 차 시중을 들 나인이옵니다."

"얼굴을 들라."

"폐하께서 얼굴을 들라 하시지 않느냐?"

기순녀는 떨리는 마음을 진정하고 황제를 향해 고개를 다소곳이 들어 바라본다.

"너는 어디서 온 아이냐?"

"고려국에서 왔사옵니다."

"참 똘똘하고 예쁘게 생겼구나."

"망극하옵니다."

누구나 만남의 첫인상이 중요하듯이 기순녀를 처음 본 토곤테무르는 보면 볼수록 귀티나면서 눈망울이 초롱초롱한 기순녀를 뚫어지게 바라본다.

"네가 시원치 않으면 다른 애로 바꾸려고 했는데 오늘 폐하께서 흡족하게 생각하시는 걸 보니 앞으로도 계속 폐하께 차를 올리도록 해야겠다."

눈치 빠른 지밀상궁은 황제가 기순녀를 바라다보는 부드러운 눈길을 읽고 기순녀에게 황제께 차를 전담해서 올리라는 지시를 하지만 한참 동안을 초긴장 속에 있던 기순녀는 황제 침소에서 나오자마자 긴장이 풀어져 다리에 힘이 하나도 없다.

"그래~, 폐하께서 흡족해하셨단 말이요?"

"그렇다니까요. 폐하께서 그 아이를 보는 눈길이 심상치 않아 보입디다."

"다행이구려."

"이렇게 문 상궁께서 많이 도와주니 내 꼭 사례하겠소."

"잊지나 말구려, 호~호."

"무슨 그런 말씀을…… 잊다니!"

지밀상궁인 문 상궁은 내시부에서 초조하게 기다리고 있던 고용보를 찾아가 오늘 아침에 황제 침소에서 있었던 이야기를 미주알고주알 이야기한다. 문상궁의 이야기를 듣고 있던 고용보는 얼굴에 화색이 돈다.

"오늘도 새벽에 나가 길은 물로 차를 끓인 것이냐?"

"네. 폐하! 하온데 용안을 뵈오니 폐하께서 과음하신 것 같아 꿀을 넣고 녹차를 좀 진하게 끓였나이다."

"그래~. 꿀을 타면 숙취에 좋은 것이냐?"

"네, 폐하! 숙취에 좋은 것으로 알고 있사옵니다."

이제 토곤테무르는 자기를 진심으로 대하고 보면 볼수록 아름답고 귀티가 나는 기순녀를 하루라도 보지 않으면 잠을 이룰 수가 없는 지경이 되었다.

특히 오늘은 자기를 낳다 사망한 정유휘성황후(貞裕徽聖皇后)의 기일이라 어머니를 그리워하는 울적한 마음에 술을 들다 보니 더욱더 기순녀 얼굴이 보고 싶어 지밀나인 숙소에서 쉬고 있는 기순녀를 불러들였던 것이다.

기순녀도 수개월 동안 매일 반복적으로 황제에게 차를 올리다 보니 처음의 긴장은 온데간데없고 황제가 언제라도 부르면 보고 싶은 연인의 품으로 달려가는 사랑에 빠진 여인네가 되어 가고 있었다.

"기(奇)야! 만약 모후께서 살아 계셨다면 너와 같은 얼굴을 하고 있을 것 같구나."

"폐하께선 태후마마 존안(尊顔)도 뵙지 못하였나이까?"

"그래. 내가 이 세상에 태어날 때 돌아가셨다."

"황공하옵니다. 폐하."

"황공하긴."

"기야! 너를 보면 짐이 고려에 있을 때가 가끔 생각이 나는구나. 아름다운 푸른 바다와 나지막한 산들 그리고 해가 질 때 하늘이 붉게 물들 때는 정말 황홀하더구나. 고려는 너처럼 정말 아름다운 나라였던 것 같은데……. 너는 고향이 그립지도 않느냐?"

"아니옵니다. 이제는 폐하 계신 곳이 저의 고향이라고 생각하옵니다."

"정말 그렇게 생각하느냐?"

"네, 폐하! 소녀가 어느 안전이라 헛된 말을 하겠나이까?"

지금까지 살아오면서 어린 나이에 홀로 남아 부모의 따뜻한 정을 모른 체 유배 등 숱한 고난을 겪어 온 토곤테무르는 자기를 위해 새벽에 일어나 물을 길어 차를 끓이고 고뿔이라도 걸릴 양이면 밤을 꼬박 세워 옆을 지키는 기순녀에게 강한 모정(母情)을 느낀다.

"기야! 오늘 밤은 너와 함께 있고 싶구나."

"……."

"왜 말이 없느냐?"

"소녀는 폐하께 차를 따르는 미천한 신분이온데 어찌 감히 폐하와 함께……."

"나와 같이 지낸다는 것이 두려우냐?"

"소녀 두려운 것은 아니오나 폐하께 누가 될까봐 그게 두렵습니다."

"괜찮다. 내가 다 알아서 할 테니 너는 신경쓰지 않아도 된다."

토곤테무르는 그날따라 취기가 좀 오른데다가 기순녀가 차를 따를 때마다 언뜻 보이는 뽀얀 가슴이 출렁 일어나는 것을 보고 욕정(欲情)이 끓어오르는 것을 참을 수가 없었다.

"기 나인이 어젯밤에 폐하침소에서 밤을 보냈다는 말이냐?"

"네. 마마님! 폐하 침소를 지키고 있었던 나인들이 그리 말하더이다."

"그래. 알았다! 너는 지밀부 문상궁한테 가서 내가 지금 보잔다고 전하거라."

"네. 마마님!"

기순녀가 황제 침소에서 황제와 하룻밤을 보냈다는 이야기가 순식간에 황궁 안에 퍼지자 제조상궁(提調尙宮:정5품, 상궁최고직위)은 이를 논의하고자 지밀상궁인 문 상궁을 부른다.

"문 상궁! 기씨 성을 가진 나인이 폐하의 승은(承恩)을 입은 것이 사실입니까?"

"네! 사실입니다. 저도 그때 번을 서느라 그 자리에 있었습니다."

"그래요?"

"심지어는 폐하께서는 상선 어른이 합궁(合宮)하시는 것을 눈치 채고 기 나인의 몸을 살펴보아야 한다는 여러 번의 주청도 물리치셨습니다."

"그러면 문 상궁께서는 폐하와 기 나인이 합궁했는지는……."

"폐하 침소 밖에 있었지만 여인네면 다 아는……."

"무슨 뜻인지 알겠습니다."

"폐하께서 조만간 이 일로 무슨 하명(下命)을 내리시겠지요?"

"문 상궁께서도 그리 보십니까?"

궁녀들의 우두머리인 제조상궁은 한 번 후궁 첩지(疊至)를 잘못 올려 황후의 노여움을 산 적이 있어 왕을 지척에서 모시는 문 상궁의 말처럼 황제가 내명부(內命婦)에 직접 후궁 첩지를 내려 주길 바라는 눈치다.

"황후마마! 폐하께서 어제 기씨 성을 가진 나인과 합궁했다고 하옵니다."

"……."

"황후마마! 어제……."

"알았으니 이제 그만."

황후전(皇后殿)인 융복궁에 있는 상궁 하나가 침소 안에 있는 황후한테 황제의 합궁 사실을 아뢰자 신경질적으로 반응한다.

정궁 황후인 타나실리는 남녀 지정이 무엇인지도 모르는 열두 살 어린나이에 아버지인 엘테무르의 뜻에 따라 한 살 연상인 토곤테무르와 정략결혼을 했지만 아버지가 죽은 이후에 남편인 토곤테무르가 거의 찾지 않아 융복궁에서 홀로 지내는 경우가 대부분이었고, 지금은 융복궁에서 황후를 모시고 있는 지밀나인으로 있으나 결혼 전에 사택에서 시중을 들었던 자기 또래의 어린 계집종이었던 나릉토야가 구중궁궐(九重宮闕)의 외로움을 달래 주는 유일한 친구라고 할 수 있을 만큼 외부와 단절된 채 살아가고 있었다.

"황후마마! 폐하께서 여기는 한 번도 찾아 주시지 않으시고 너무 하시는 것 같습니다."

"너무하긴. 폐하나 나나 마음도 없는 결혼을 했는데 찾아 주지 않는다고 투정해서 뭐 하겠느냐?"

"그래도 황후마마의 지아비 아니시옵니까?"

"내가 황제라는 사람을 지아비로 생각해야 되는 거냐?"

"마마! 소리가 너무 크옵니다. 밖에서 누가 들을까 두렵습니다."

"들리면 들으라고 하지, 뭐. 그게 그리 대수라고……."

타나실리는 황후전으로 전해진 황제의 합궁소식을 듣고 나릉토야와 거침없는 이야기를 주고받는다. 그러나 이러한 대화는 곧 바로 토곤테무르의 귀에 들어간다.

"상선은 짐이 기씨를 비(妃)로 하여 첩지를 내리려고 하는데 후궁 책봉 절차에 이상이 없도록 준비토록 하라."

"폐하! 지금까지 외지에서 온 사람이 궁에 있다가 곧바로 후궁 첩지를 받은 적이 없사옵니다. 통촉하여 주시옵소서."

"전례야 만들면 되는 것 아니냐?"

"폐하! 소신 생각으로는 후궁 첩지를 내리는 것은 내명부 소관이오니 황후마마에게 맡기시는 것이 좋을 듯하옵니다."

"황후에게?"

"네. 폐하! 궁 안의 대소사는 내명부가 처리하는 것이 궁중 법도이옵니다."

"요즘 황후가 장인 돌아가시고 난 이후에 성격이 날카로워졌다고 하던데, 그 애가 황후에게 밉보이는 건 아닌지 모르겠구나."

"소신이 제조상궁하고 함께 황후마마를 뵙고 잘 처리토록 하겠나이다."

"그래? 흠~, 그럼 그리 하라."

"황은이 망극하옵니다."

토곤테무르는 황후인 타나실리가 엘테무르 사후에도 급한 성격을 못 버리고 조정 대신들이나 궁녀들을 자기가 부리는 하인들처럼 대한다는 것을 알고 있어 기순녀가 황후한테 봉변을 당할까봐 후궁 첩지를 직접 내리려고 하였으나, 최측근인 상선이 황후도 마음대로 못하는 제조상궁하고 같이 후궁 책봉을 마무리하겠다고 하니 썩 마음이 내키지는 않았지만 하는 수 없이 윤허한다.

"황후마마! 상선대감과 제조상궁 들었나이다."

"들어오라 하라."

"황후마마! 그간 강녕하셨는지요?"

"상선과 제조상궁께서 여긴 웬 일이요?"

타나실리는 상선과 제조상궁이 자기 처소에 온 이유를 알고 있으나 모른 체하며 딴청을 피운다.

"폐하께서 기 나인에 대한 후궁 첩지를 내리라는 분부가 있어 황후마마를 뵈러 왔나이다."

"내가 듣기로는 기씨라는 나인이 고려에서 온 공녀 출신이라고 들었는데, 천하디 천한 공녀 따위가 후궁이라니 가당치도 않소."

"황후마마! 제조상궁 아뢰옵니다. 선 황제 폐하께서도 위그르 여인을 취해 후궁으로 책봉한 예가 있사옵니다."

"그 위그르 여인은 그래도 그 나라에서 왕족이라 들었소. 그러나 그 아이는 고려에서 끌려온 공녀가 아니요?"

"황후마마! 폐하께서 내명부에서 첩지를 내리겠다는 의사를 직접 확인해 오라고 하명하셨사옵니다."

"상선. 내 알았으니 폐하께 가서 조만간 적당할 때 기씨를 재인(才人: 정5품)으로 봉하는 첩지를 내리겠다고 전하시오."

"네. 황후마마! 그리 전하겠나이다."

타나실리를 설득하느라 진땀깨나 흘린 상선과 제조상궁은 융복궁을 나오자마자 서로 얼굴을 보며 안도의 한숨을 쉰다.

"상선 어른! 황후마마께서 후궁 중에서 품계가 제일 낮은 재인으로 봉하신다는 데 폐하께 어떻게 고(告)하려 하십니까?"

"황후마마께서 흔쾌히 수락하셨다고 해야지요. 괜한 말 들어가 그렇지 않아도 사이가 안 좋은 두 분께서 더 사이가 나빠지면 황궁분위기가 어지러워집니다. 제조상궁께서도 그리 말씀하시는 것이 좋을 듯합니다."

"알겠나이다."

상선은 제조상궁과 입을 맞추기로 하고 황제가 있는 내전으로 발길을 옮긴다.

“상선! 지금 뭐라고 했소?”

“황후마마께서 기 나인을 재인으로 봉한다는…….”

“재인? 그런 것도 있나?”

“폐하! 하오나 재인 품계부터는 궁 내에서 후궁마마라 불리옵니다.”

“하긴 재인이든 비(妃)든 호칭이 무슨 상관이 있겠느냐. 짐이 보고 싶을 때 보고 같이 있고 싶을 때 같이 있으면 되지……. 아니 그런가. 상선?”

“그러하옵니다. 폐하!”

상선이 융복궁에서 돌아와 황후의 후궁 첩지 내용을 아뢰자 토곤테무르는 흡족하지는 않지만 황후와 갈등 없이 기순녀에 대한 후궁 책봉을 마무리할 수 있었다고 생각하는지 다행스러운 표정이다.

“폐하! 벌써 가을인가 봅니다. 오늘따라 하늘도 유난히 파란 것 같사옵니다.”

“그런 것 같구나.”

“이렇게 폐하와 함께 산책을 하니 신첩 너무 행복하옵니다.”

"나도 너하고 같이 있으니 마음이 포근하구나."

토곤테무르와 기순녀는 국화와 구절초 등 형형색색으로 어우러져 있는 어원(御苑)을 함께 거니면서 화창한 가을의 기운을 만끽하다가 발길을 돌려 황궁 안에 있는 큰 연못인 태액지(太液池)의 옆 길을 따라 느릿느릿하게 걸으며 다정하게 담소를 나눈다.

"상선 어른! 왜 이리 좌불안석이시옵니까?"

"큰일났구나. 이 길은 융복궁가는 길인데……."

"융복궁이면 황후마마 계신 곳 아닙니까?"

"누가 폐하와 기 재인을 이 길로 안내했단 말이냐?"

"지밀상궁인 문 상궁이라 들었습니다."

"조금 더 가면 융복궁에서 이쪽을 볼 수 있으니 서화문(西華門)에서 폐하의 발길을 돌릴 수 있도록 해라."

"네, 상선 어른!"

황제의 명에 따라 오백 보 뒤에서 따라오고 있는 수많은 환관과 궁녀들은 상선의 당황한 모습을 보며 뭔가 일이 잘못되어 가고 있는 것을 직감한다.

상선의 명을 받은 환관 한 명이 황제 옆에서 햇빛을 가리는 커다란 일산(日傘)을 들고 가는 나인에게 계속하여 눈짓을 보내지만 앞만 쳐다보고 가고 있어 황제의 행차 방향을 돌리라는 상선의 뜻을 눈치채지 못한다.

"폐하! 이제 그만 옥덕전(玉德殿)으로 발길을 돌리시는 것이 어떨는지요?"

"걸었더니 피곤한 게로구나."

"신첩은 폐하께서 오랫동안 밖에 계시다 옥체를 상(傷)하실까봐 걱정이 되어 그러하옵니다."

"그렇지 않아도 짐도 좀 피곤하기는 하구나."

"상선! 그만 돌아갈 테니 옥덕전으로 길을 잡도록 하여라."

"네, 폐하!"

"듣거라, 폐하께서 옥덕전으로 길을 돌리라 하신다."

황후가 황제와 기순녀가 같이 행차하는 모습을 볼까 봐 좌불안석이었던 상선은 황제가 길을 돌리라는 명을 내리자 재빨리 서화문(西華門) 쪽으로 방향을 돌리라고 수행 환관, 궁녀들에게 큰 소리로 이야기한다.

"나릉토야! 저기 이쪽으로 오시는 분이 폐하 아니시냐?"

"황후마마! 내시부에서 폐하께서 융복궁에 오신다는 전갈은 없었나이다. 혹 제후국 왕이 행차하는 것은 아닐는지요?"

"이상하구나. 네가 가서 직접 확인하고 오너라."

"네, 황후마마!"

그날따라 황제와 기순녀가 같이 산보(散步)하는 시각에 타나실리도 따사로운 햇볕에 화창한 가을 날씨를 만끽하고자 황후전의 궁녀들과 함께 융복궁 인근에 있는 정원(庭園)을 거닐고 있었다.

"황후마마! 폐하께서 기재인(奇才人)과 함께 태액지(太液池) 주변을 산보하고 있는 것 같사옵니다."

"……."

"마마! 그런데 기 재인의 복장이……."

"왜 그러느냐?"

"마치 기 재인이 비(妃)가 된 것처럼 고고관(姑姑冠:황후 이하 황녀, 귀족들이 머리에 쓰는 관모)을 머리에 쓰고 있사옵니다."

"뭐라! 재인 첩지를 받은 지가 얼마나 되었다고, 감히 미천한 고려 년이 벌써부터 후궁 행세를 하고 다녀? 건방진 년!"

"내명부의 기강을 잡기 위해서라도 그냥 두면 안 되겠다. 나릉토야! 기재인을 당장 이리 오라 해라."

나릉토야가 융복궁 인근 나무 뒤에 몸을 숨기고 황제가 기순녀와 노니는 모습을 보고 타나실리에게 고해바치자 남편을 뺏긴 여인네의 질투와 분노가 폭발한다.

"재인마마! 황후전에서 사람이 왔사온데 마마께서 융복궁으로 급히 오시라는 황후마마의 전갈이옵니다."

"알겠습니다. 곧 채비하고 나가겠습니다."

조금 전에 기순녀는 황제와 같이 거닌다는 행복감에 취해 발길이 어디로 향하여 가는지 모르고 있다가 서화문이 보이자 황후가 거처하는 융복궁 방향임을 알고 화들짝 놀라 서둘러 황제에게 방향을 돌려 내전으로 가자고 이야기했던 것이다.

"황궁은 참 무서운 곳이구나. 그렇게 서둘렀건만……."

기순녀가 황제와 헤어진 이후 자기 방으로 돌아와 벗었던 옷을 다시 입고 황후전에서 온 나릉토야를 따라 융복궁으로 발걸음을 옮기면서 다시 한 번 황궁 안에는 비밀이 없다는 것을 뼈저리게 느낀다.

"네 이년! 네 년이 폐하의 승은을 입었다고 하나 재인 신분에 불과한데 어찌하여 고고관을 머리에 쓰고 비(妃) 행세를 하고 다니느냐?"

"황후마마. 신첩은……."

"시끄럽다. 너의 방자함을 그대로 두면 내명부의 질서가 어지러워지니 내 오늘 너에게 황궁의 법도를 단단히 가르쳐야겠다."

"나릉토야! 밖에 있는 나인들에게 이야기해서 내가 이 년을 훈계할 채찍을 가져오라 해라."

"황후마마! 그래도 폐하의 승은을 입은……."

"잔말 말고 가져오거라."

기순녀가 황후전에 도착하자 얼굴에 노기가 등등한 타나실리가 기순녀를 보자 벼락같이 화를 내며 큰 소리로 꾸짖는다.

"이년을 저 기둥에 묶어라!"

타나실리의 불같이 노한 모습에 황궁전 상궁과 나인들은 마음에 내키지는 않지만 황후의 명이라 할 수 없이 기순녀를 기둥에 묶는다.

"재인마마. 용서하시옵소서. 황후마마의 명이라……."

"괜찮으니 빨리 묶으세요."

황후전 나인 하나가 곤욕스러운 표정으로 기순녀를 기둥에 묶으면서 황후가 들리지 않을 낮은 목소리로 이야기한다.

"흠~ 흠, 으~ 으."

채찍질에 기순녀가 이를 악물고 참자 타나실리는 더욱더 이성을 잃은 듯 온 힘을 다하여 기순녀의 등을 채찍질한다.

"황후마마! 이제 재인마마도 충분히 알아들었을 것이오니 그만 하시는 것이 좋을 듯합니다. 통촉하시옵소서."

"독한 년! 채찍질에도 신음소리 한번 안내다니."

"앞으로 내 너를 계속 주시할 테니 행동거지를 조심하거라."

"……."

"여봐라! 이년을 밖으로 내쳐라"

황후전에 기순녀를 따라온 수행 나인 한 명이 황후의 채찍질로 옷이 갈기갈기 찢어지고 등이 피범벅이 된 기순녀를 부축하고 융복궁 밖으로 나온다.

"황후마마께서 너무하옵니다. 어찌 폐하의 승은을 입으신 재인마마에게 이리 매질을 하다니요!"

"누구한테도 말하지 말아요."

"하온데 마마!"

"그만. 누가 볼지 모르니까 빨리 침소로 갑시다."

"네, 마마!"

기순녀를 시중드는 나인도 새로 상전이 된 기순녀가 황후전에 끌려가 험한 꼴을 당하는 것을 보고 흥분한다.

"어휴~. 아무리 매질을 해도 이렇게까지……."

"문 상궁마마님! 아무래도 내의녀(首醫女)를 빨리 불러야겠습니다."

"그래야겠구나."

그렇지 않아도 오늘 아무 생각 없이 황제의 가을맞이 행차를 이끈 문 상궁이 사죄하려고 재인 숙소에 와 있다가 기순녀가 황후전에서 돌아와 방에 들어오자마자 쓰러지는 광경을 목격하고 경악한다.

"지금 뭐라고 했는가? 황후가 어찌했다고?"

"폐하! 고정하시옵소서. 내명부 일은 내명부에서 알아서 하는 것이 궁중의 법도이옵니다."

"애꿎은 사람을 매질하는 것도 궁중의 법도란 말이냐?"

"지금 당장 황후전으로 갈 테니 채비토록 하라."

"폐하! 내일 황후마마한테 자초지종을 들어 보시고 난 이후에 처결하여도 늦지 않을 것 같사옵니다. 통촉하여 주시옵소서!"

"내일 황후가 짐에게 와서 직접 해명하라 이르거라."

기순녀가 황후에게 매질까지 당하는 모진 핍박을 받았다는 소식이 지밀나인들의 입소문을 타고 순식간에 황궁으로 퍼져 결국은 황제의 귀에까지 전해지자 황궁은 발칵 뒤집힌다.

"황후마마! 납시오."

"들어오시라 해라."

"신첩! 오랜만에 폐하께 인사 올립니다."

"황후! 요즘 채찍을 휘두르고 말을 조련하느라 고생이 많다고 들었소. 황후께선 돌아가신 장인으로부터 채찍질하는 것을 많이 배운 모양이구려."

"폐하! 기재인 일로 그렇게 말씀하시는 것 같사온데, 신첩! 좀 당황스럽나이다."

"무엇이 당황스럽다는 말씀이오. 황후께선 내명부, 내명부하시는데 황제가 내명부의 잘못된 행동도 바로 잡지 못한단 말이요?"

"신첩, 무엇이 잘못된 행동인지 잘 모르겠으니 폐하께서 하문(下問)하여 주시옵소서."

"황후께서 더 잘 아실 텐데 하문은 무슨 하문이오?"

"신첩은 내명부의 기강을 바로 잡기 위하여 체벌한 것뿐이옵니다."

"내명부의 기강이라니? 기재인이 무슨 잘못이라도 했단 말이오?"

"비록 폐하께서 아끼는 사람이라 하더라도 내명부 품계로는 재인에 불과 하온데 비(妃)의 복장을 하고 다녀 내명부의 질서를 어지럽혔기 때문이옵니다."

"내가 그리하라고 했소. 황후는 기재인에게 그리한 나를 지금 책망하고 계시는 거요?"

"폐하! 내명부 일은 신첩이 알아서 처결하는 것이옵니다."

"황후! 내명부든 외명부든 누구의 명이든 황제의 명 위에 있을 수는 없소. 되려 황후께서 황궁의 질서를 마음대로 농단하고 있는 것 아니요?"

"어찌 그리 심한 말씀을 하시옵니까?"

기 재인이 채찍질을 당한 다음 날 미(未)시에 타나실리가 직접 황제가 머물고 있는 침소를 찾아가 나름대로 체벌 이유를 설명하다 황제와 말싸움이 일어나자 오히려 토곤테무르의 심기를 더욱 건드리는 결과를 초래한다.

"여봐라! 오늘부터 황후를 황후전 밖으로는 한 발짝도 나가지 못하도록 하여라."

"……."

"왜 대답이 없느냐? 너희들도 황제의 명을 거역하겠다는 것이냐?"

"아니옵니다. 폐하!"

"명 받들겠나이다."

상선의 복명(復命)을 신호로 황제 침전에 있는 상궁과 나인들은 합창하듯이 큰 소리로 대답한다.

"마마! 정신이 드시옵니까?"

"상책 어른 아니십니까?"

"상책 어른이라니요? 앞으로는 고 내관이라 부르시옵소서."

"여긴 웬일로 오셨습니까?"

"웬일이라니요. 어제 저녁에 문 상궁으로부터 마마께서 황후마마한테 심한 매질을 당하셨다는 소식을 듣고 놀라 한숨도 못 자고 급한 마음에 오늘 이렇게 마마 용태를 보러 왔나이다."

"저는 괜찮습니다."

"괜찮기는요? 내의녀한테 이야기 들으니까 등이 아물려면 근 한 달 이상 걸린다고 하던데……."

"상책 어른! 이 일로 황궁이 더 이상 시끄럽지 않았으면 합니다."

"알겠사옵니다. 빨리 쾌차하시옵소서."

"감사합니다."

이런저런 생각에 뜬눈으로 밤을 지새운 고용보는 기순녀에 대한 문안을 마치고 나오자 밖에서 초초하게 기다리고 있던 문 상궁과 얼굴을 마주친다.

"문상궁! 자넨 궁에 들어 온지 십수 년 되었으면서 어찌 황후마마가 계신 융복궁쪽으로 폐하와 재인마마의 행차를 이끌어 이런 사단이 일어나도록 했단 말이요?"

"제가 미욱해서 생긴 일이오니 상책 어른께서 그만 노여움을 푸십시오."

"문상궁도 알다시피 우리 고려출신 내관이나 궁녀들이 황궁 내에서 많은 차별을 받고 있지 않소. 재인마마께서 잘 되어야 우리도 어깨를 펴고 살아갈 수 있을 것 아니요."

"재인마마가 황궁 생활하신지 얼마 안 되었으니 문 상궁께서 잘 이끌어주시오."

"명심하겠나이다. 상책 어른!"

타나실리한테 채찍으로 매질 당하고 난 이후에 기순녀는 황궁이란 곳이 높은 사람한테 한 번 잘 못 보이면 누구나 쉽게 죽어 나가는 무서운 곳이고 이러한 황궁에서 살아남으려면 어떠한 고난과 역경이 닥치더라도 버텨야 한다고 굳게 다짐한다.

"기(奇)야! 요즘 내가 정사를 돌보느라 바빠 너를 자주 보지 못했구나. 혹 화가 나지는 않았느냐?"

"화라니요, 폐하! 국정을 다스리는 것이 폐하께서 하셔야 할 근본인데 신첩이 화를 내다니요. 천부당만부당 하옵니다."

"그렇게 생각해 주니 고맙구나. 요즘 너는 무엇을 하고 지내느냐?"

"신첩! 시간 나면 숭국사(崇國寺:황궁안에 있는 절)에서 폐하의 강령과 나라의 평온을 기원하고 있나이다."

"부처님께 기원할 때 내가 보고 싶지는 않더냐?"

"어떨 땐 부처님 얼굴이 폐하의 얼굴로 보이더이다."

"하하! 원래 보고 싶은 사람이 있으면 그렇게 보이는 법이다. 가끔 지칠 때에는 네가 몹시 보고 싶을 때가 많더구나. 이제 웬만한 국사는 다 처결했으니 너한테 자주 가마."

"폐하! 신첩이 작은 재주이나 폐하께서 입으실 황룡포를 새로 만들었나이다. 한번 입어 보시옵소서."

"고맙구나. 다음 조회 때에는 네가 만든 이 옷을 입고 등청하마."

"황은이 망극하옵니다. 폐하!"

뜨는 해
지는 해

뜨는 해 지는 해

"어머니! 순녀가 비(妃)가 되었다고 합니다."

기철이 궁에서 퇴청하자마자 곧바로 집으로 달려와 방안에 고뿔로 누워 있는 모친에게 기쁨에 들떠 호들갑을 떤다.

"아비야! 지금 무엇이라고 했느냐?"

"어머니! 막내딸 순녀가 토곤테무르 황제 폐하의 비가 되었다니까요."

"아이고~, 그 어린 것이 원나라에 가서 왕의 첩이 돼서 얼마나 고생이 많을꼬."

"어머니! 첩이 아니라 상국 황제 폐하의 후궁이라니까요."

"그게 그것 아니냐?"

"어머니! 순녀가 후궁이 되었다고 하니 지금까지 소자를 거들떠도 보지 않았던 고관대작들이 이젠 소자만 보면 아는 체를 많이 합니다."

"……."

막내가 원나라 황제의 비가 되었다고 이야기하면 기뻐할 줄 알았던 모친이 오히려 기순녀를 걱정하는 모습을 본 기철은 모친이 지금까지 말을 안 했지만 늘 마음속으로 물설고 낯선 타국에서 고생하고 있을 막내에 대한 걱정을 늘 가슴에 품고 있었다는 것을 알고 마음이 먹먹하다.

기철은 막내 여동생이 비가 된 것을 축하도 할 겸 기륜을 개경 궁 인근에 있는 영춘각으로 부른다.

"형님! 막내가 황제의 비가 되었다는 소식이 정말입니까?"

"그럼~, 며칠 전 권겸 대감께서 나를 찾아와 알려주더니 이번엔 원나라에 다녀온 밀직사(密直使) 김자(金資) 대감이 직접 판도사에 와서 나를 찾더니 그렇게 이야기하더라."

"그렇게 지체 높은 관리들이 형님을 찾아요?"

"글쎄 말이다."

"형님! 솔직히 상국인 원나라의 환관한테도 쩔쩔 매는 게 지금 고려 조정 대신들인데 막내가 상국 황제폐하의 지체 높은 후궁이 되었으니 잘 봐 달라고 설설 기는 것 아니요?"

"고관대작 놈들은 자기 딸들은 공녀로 안 보내려고 꽁꽁 집에 숨겨 놓고 있다가 때 되면 시집보내고 힘없는 백성이나 우리처럼 몰락한 관리 집안들은 아무런 말도 못하고 딸들을 공녀로 보내야 하는 것이 지금 고려의 실정 아니냐."

"그렇지요! 우리도 막내가 원나라에 공녀로 끌려갈 때 가슴 치며 피눈물을 흘렸지 않았습니까?"

"륜아! 기씨 가문이 비록 지금은 쇠락했지만 조상님들의 음덕으로 다시 일어서면 우리가 힘이 없어 막내가 끌려갈 때를 절대 잊지 말자꾸나."

"형님! 힘없는 것이 죄 아닙니까. 그래야지요."

초저녁 송악산 인근에 있는 유명 주점인 홍연각(洪蓮閣)에 채홍철(蔡洪哲), 임중연(林仲沇), 김인연(金仁沇) 등 충숙왕 측근들이 원나라 사신으로 다녀 온 김자의 노고를 위로도 하고 원나라 조정의 정세도 들을 겸 모여 있다.

"김대감! 토곤테무르 폐하 즉위 이후에 요즘 상국 정세는 어떻게 돌아가는 것이오?"

정동행성(征東行省)을 맡고 있는 장백상이 궁금한 듯 자리에 앉자마자 김자에게 물어보자 고려로 들어 온 이후에 이곳저곳 설치고 다니고 있는 한족 출신 장백상을 탐탁지 않게 생각하는 임중연이 한마디 한다.

"장대인! 이제 초저녁이니 술이나 한잔 하면서 천천히 이야기 나눕시다."

"그럽시다! 김자 대감도 대도에서 오시느라 피곤할 텐데……."

"밖에 아무도 없느냐? 여기 술 한 상 차려오너라."

채홍철이 연회장 밖에 대기하고 있는 행수 기녀인 듯한 여자에게 크게 소리치자 기다렸다는 듯이 상다리가 휘어지게 푸짐하게 차린 술상과 기녀들이 한꺼번에 우르르 들어온다.

"대감님들! 오늘 무슨 바람이 불어 이곳까지 왔나이까? 호~호."

홍연각에서도 평소 고관대작들만 상대하는 아름답기로 유명한 기녀들이 분 냄새를 풍기면서 각자 안면이 있는 대감들 옆에 찰싹 붙어 앉아 교태를 부린다.

유시부터 시작한 술자리가 이윽고 술시를 지나 해시에 다다르자 찬성사(贊成事)인 임중연(林仲沇)이 무질서한 연회장을 정리하려는 듯 시중을 들고 있던 기녀들을 밖으로 내보낸다.

"자~, 술도 먹을 만큼 먹었으니 이제 상국 이야기나 해 봅시다. 김 대감께서 이야기 좀 하시구려."

"대감들도 잘 아시겠지만 지금 상국은 엘테무르 승상이 죽은 이후에 그 아들인 탱키스(唐其勢)가 우승상이 되어 옛 권세를 되찾으려고 세를 규합하고 있습니다만 군권(軍權)을 가지고 있는 메르키트바얀(伯顔)의 측근 세력들이 조정을 장악하고 있어 힘을 못 쓰고 있습니다."

"그럼 상국 조정의 권력이 바얀쪽으로 완전히 기울었다는 이야기인데……. 그건 그렇고 아까 홍연각에 도착할 때 기녀들끼리 웅성거리면서 고려 출신 여자가 상국의 후궁이 되었다고 쑥덕거리던데. 그건 또 무슨 소리요?"

평소 느긋한 성격으로 정세 돌아가는 데 둔감한 밀직사(密直使) 김인연(金仁沇)은 궁금한 표정으로 김자에게 소문의 진위 여부에 대하여 물어 본다.

"고려 여인이 정말 황제 폐하의 후궁이 되었다는 말이 사실이요?"

장백상도 고려 여인이 토곤테무르의 후궁이 되었는지 반신반의하는 표정으로 물어본다.

"사실입니다. 제가 대도에 머물 때 듣기로는 타나실리(荅納失里)황후께선 부친이신 엘테무르 승상이 죽은 이후에 폐하께서 한 번도 찾아보지 않아 과부처럼 살고 있고 폐하의 모든 총애는 그 고려 여인이 독차지하고 있다 합니다."

김자가 원나라에서 보고 들은 것을 이야기하자 연회에 참석한 임중연, 채홍철을 비롯한 고려 조정의 실세들은 서로 얼굴만 멍하니 쳐다본다.

"기비라는 사람은 어떤 집안 출신이오?"

"그렇지 않아도 제가 귀국하자마자 기비 집안사람인 오라비를 만나 보았습니다."

"오라비를 만나요? 그게 누구요?"

"판도사에서 주서 직으로 일하는 기철이라는 사람입니다."

"기철? 처음 들어 보는 이름일세."

"그럴 겁니다. 말직에 있다 보니 대감들께서 아실 리가 없지요."

"제가 알기로는 기 주서는 고조부가 문하시랑 평장사(정2품)를 지낸 기윤숙(奇允肅) 대감이고 부친인 기자오는 음보(蔭補:조상의 덕으로 하는 벼슬)로 총부산랑(摠部散郞:정6품)을 지낸 이후에 선주(宣州) 마을에 수령으로 있다가 몇 년 전에 세상을 떠난 것으로 알고 있습니다."

"그래요? 김 대감께서는 기비 집안을 어찌 그리 잘 아오?"

"제가 대도에 있을 때 전혀 모르는 고려 여인이 후궁이 되었다고 하여 개경으로 연통해서 어느 집안사람인지 한번 알아보라 했습니다."

"그건 그렇고 기자오라는 사람은 조상 덕에 관직에 올랐다 손치더라도 기철은 아버지가 총부산랑이여서 음보도 안 될 텐데 어떻게 해서 판도사에 주서로 들어온 것이요?"

"제가 짐작하기로는 김지경 대감이 힘을 써 관직에 들어온 것 같습니다."

"김지경이가 돈 처먹고 들인 게지……."

다음 날, 원나라에 사신으로 다녀온 밀직사 김자의 귀국 보고를 듣기 위하여 충숙왕을 비롯한 대소신료들이 대전에 모두 모여 있다.

"소신! 전하의 명을 받고 상국에 가서 황제 폐하 등극을 축하하고 무사히 돌아왔습니다."

"수고 많이 하셨소, 요즘 상국의 사정은 어떻소?"

"토곤테무르 폐하께서 등극하신 이후에 정국이 빨리 안정되어 가는 것 같습니다."

"그럴 테지."

"전하! 소신 아뢸 것이 또 하나 있사옵니다."

"말씀해 보시구려."

"토곤테무르폐하께서 고려 여인 기 씨를 후궁으로……."

김자가 어제 술자리에 참석한 대신들에게 이야기한 것들을 아뢰려고 하자 충숙왕이 중도에 말을 자른다.

"그 일은 알고 있소. 그것 말고 보고할 것이 따로 있소?"

"소신……."

김자는 고려로 출발하기 며칠 전에 기씨 여인이 후궁으로 책봉되었다는 소식을 들었기 때문에 개경에 있는 충숙왕이 당연히 모르리라 생각했는데 이미 알고 있는 것에 대하여 잠시 당황하여 말을 잇지 못한다.

"따로 이야기할 것이 없으면 오늘 대전 회의는 이만 파하겠소."

충숙왕은 그동안 원나라에 수시로 다녀온 밀직부사 권겸으로부터 엘테무르 사망 이후 원 조정의 사정을 수시로 들을 수 있어 김자가 귀국하여 보고하기 전에 고려 여인인 기씨가 황제의 후궁으로 책봉되었다는 사실을 이미 알고 있었던 것이었다.

더구나 오늘 대전 회의가 열리기 수삼일 전에도 권겸은 왕으로부터 현안사항에 대한 재가를 받아야 한다는 명목으로 충숙왕이 머무는 내전인 영수전으로 가 충숙왕과 독대한 바가 있었다.

"전하! 소신이 전에 기 씨 성의 여인이 멀지 않아 폐하의 후궁이 될지도 모르겠다고 아뢰지 않았습니까?"

"……."

"소신이 알아보니 기비마마 집안은 상국에 반란한 합단(哈丹)이란 놈이 그 무리를 이끌고 우리나라에 침입하여 충렬왕께서 강화도로 피란 가셨을 때 중군편장(中軍偏將)으로 반란 무리를 퇴치한 공이 큰 총부산랑 기자오의 막내 따님이고 현재 판도사에 관적을 두고 있는 기철주서가 그 오라비라합니다."

"그래요?"

"전하! 그래도 명색이 황제를 모시는 상국의 후궁마마이시온데……. 모친은 몇 년 전에 남편이 세상을 떠나자 가세가 기울어 지금은 송악산 자락에 있는 회동(檜洞) 인근 초가집에서 아들인 기철과 같이 어렵게 살고 있다고 합니다."

"……."

"혹여 상국에서 알면 고려 조정이 기 씨 집안을 홀대한다고 할까봐 두렵습니다."

"그렇게 볼 수도 있겠구먼, 그러면 경(卿)의 생각은 무엇이요?"

"전하! 소신 생각으로는 기비마마의 오라비는 낭중(郞中:정5품)으로 봉하시고 모친의 거주지를 광화문 관도 부근의 적당한 곳으로 옮기는 것이 좋을 성싶습니다."

"알겠소! 경의 뜻대로 하시오."

"전하! 성은이 하해(河海)와 같습니다."

권겸은 충숙왕과 독대를 한 이후에 곧 바로 판도사로 발길을 옮겨 전량(錢粮)일로 눈코 뜰 새 없이 바쁜 기철을 만나 충숙왕으로부터 윤허를 받은 내용들을 이야기한다.

"어~휴! 대감! 그렇지 않아도 대감께서 저를 김지경 대감께 추천해 주셔서 이렇게 관복을 입게 된 것만이라도 백골난망이온데 제가 낭중으로 승차하다니요, 남들이 뭐라 할까 겁이 납니다."

"여보게 기공(奇公)! 이제부터 자네 집안은 상국에 비마마를 두었으니 예전의 평범한 집안이 아니네. 내가 자네 승차뿐만 아니라 집도 마련해 달라고 전하께 주청하여 윤허를 받았으니 남 눈치 볼 필요 없이 내가 하자는 대로 하게."

"대감께서 갑자기 이렇게 말씀하시니 좀 당황스럽습니다."

"아닐세. 조만간 내가 광화문 인근에 있는 집을 구하여 연통할 테니까 자네는 이사할 준비나 하시게."

삼 년 전에 권겸은 우연한 기회에 원나라에 드나들며 장사를 하는 윤 집사의 지인을 알게 되고 그를 통하여 원나라 사정은 물론 근래에 이름도 모르는 어떤 고려 여인이 황제의 사랑을 독차지하고 있다는 것을 어렴풋이 알게 되었고, 그 여인의 성이 희귀 성씨인 기 씨라는 것과 공녀로 끌려 간 기철의 막내 여동생이라는 사실을 알게 되었던 것이다.

당시에 고려 조정 대소신료들은 이런저런 일로 수시로 원나라에 다녀왔으므로 기비가 기철 여동생이라는 사실을 조만간 알게 될 것이고 어차피 조정대신들이 원나라 눈치를 봐 기비 집안에 대하여 서둘러

예우하자고 주장할 것은 뻔하기 때문에 권겸은 선수를 쳐서 왕에게 주청하여 기철에게 관직품계 승차와 집을 마련코자 하였던 것이다.

"대감의 은혜는 꼭 반포보은(反哺報恩)하겠습니다."

"자네 이사하고 주변 정리가 되면 술이나 한잔 하세."

"그땐 제가 대감을 꼭 모시도록 하겠습니다."

"이 사람아! 누가 사면 어떤가. 허~허"

충숙왕이 김자의 귀국 보고를 듣는 등 마는 등 대충 듣고 퇴청하자 대전을 나온 대소신료들은 삼삼오오로 무리를 지어 나오면서 웅성거린다.

"전하는 도통 알다 가도 모르겠소. 어떨 땐 정무나 상국 사정에 전혀 관심이 없는 것처럼 보이다가도 알 것은 다 알고 있으시니 말이오."

"전하께 알려 주는 누군가가 있으니 아시는 것 아니겠소."

"그게 누구요?"

"대전 환관 이야기로는 요즘 권겸이 자주 왕래한다고 합니다."

"동지밀직사사(同知密直司事) 권겸 말이요?"

"그 자는 줄 타는 광대처럼 이리저리 줄타기 명수라고 합디다."

"줄 못타는 우리가 바보지. 아니 그렇소이까? 하~하."

권겸은 오늘 대전에서 대소신료들이 모인 가운데 내전에서 사전에 충숙왕의 윤허를 받은 기철의 승차 건을 논의하기 위해 발언코자 하였으나 충숙왕이 김자의 귀국 보고 중간에 바로 퇴청해 버리자 뜻한 바를 이루지 못하고 정오에 대궐을 나와 곧바로 집으로 향한다.

"윤 집사 어디 있는가?"

"네, 대감마님! 여기 있사옵니다."

하인으로부터 주인의 호출을 전해 듣고 곧바로 달려온 윤 집사가 방안에 들어오면서 주인에 대한 예를 표하자 권겸은 여느 때와는 달리 환한 미소를 지으며 앉으라 권한다.

"윤 집사! 요즘 집 안팎일로 수고가 많네. 요즘도 원나라에 왔다 갔다 하면서 장사하는 그 친구를 만나고 있지 않은가?"

"아. 현구 말입니까? 그 친구하고는 어릴 적부터 한 동네에서 자라 흉금을 털어 놓을 수 있는 친형제 같은 사이라 종종 만나고 있습니다."

"알고 있네. 자네 친구를 통하여 수시로 원나라 사정을 듣기도 하고 심부름해 준 덕분에 원나라 대신들과 친분을 유지할 수 있지 않았는가. 늘 자네 친구한테 고맙게 생각하고 있다네."

"윤집사! 언제 시간 나면 내가 한번 대접하고 싶다고 전하게."

"대감마님! 제가 대감마님을 모시고 있는데, 제 친구 놈이 대감마님을 도와주는 것이 당연하지요. 굳이 대감마님께서 몸소 나셔서 대접하지 않으셔도 됩니다. 제가 가서 만나서……."

"아닐세. 그동안 수고한 것에 대하여 위로도 하고 내 직접 부탁할 것도 있고 해서 그러네, 우리 집에서 식사나 같이 하자고 전 하게."

"대감마님의 뜻을 잘 알았습니다. 조만간 그 친구한테 연통을 넣어서 짬나는 대로 바로 오라고 하겠습니다."

"그리고 자네 친구 오는 날에 좋은 음식으로 상을 차릴 수 있도록 하인들에게 미리 준비하도록 이야기하게나."

"네, 대감마님!"

근래에 고려 조정 대소신료들로부터 많은 관심을 받은 기철은 권겸이 알선하고 우창(右倉:왕실재정관리)이 마련해 준 광화문 인근의 기와집으로 이사 준비하느라 바쁜 나날을 보내고 있었다.

"어머니! 이 집에서 떠나려고 하니까 좀 섭섭하신가요?"

"그래! 젊었을 때 이 집에 시집와서 너희들 낳고 수십 년 동안 살면서 여기저기 내 손 때 안 묻은 곳이 없는데……."

모자지간에 수십 년 살던 집에 대한 추억을 나누면서 짐을 꾸리고 있을 때 싸리문 밖에서 옷매무새가 단정한 네 명의 여인네들이 집안 쪽을 향하여 정중히 인사를 한다.

"뉘신지요?"

"저희들은 이 집 이사하는 데 도와주라는 상선(尙膳) 어른 지시로 궁에서 나왔습니다."

"상선께서요?"

궐에 매어 있는 궁녀가 궐 밖을 나와 미관말직의 관리가 이사하는 데 도와준다는 것은 왕이 지시가 없으면 불가능한 일이다.

"별로 꾸릴 만한 짐도 없는데……. 아무튼 도와준다니 고맙구려."

궁에서 나온 여인네들은 기철의 모친보고는 쉬라고 이야기하고 나이가 좀 든 듯 보이는 여인의 지시에 따라 자기들끼리 해야 할 일을 분담하여 열심히 짐을 꾸린다.

"상선께서 새로 이사 가는 집에 세간살이를 다 준비했다고 하시니 여기 있는 헌 옷장이나 금이 간 그릇 같은 것은 버리고 가시죠."

마루에 앉아 궁에서 나온 여인네들이 짐 꾸리는 것을 가만히 보고 있던 기철 모친이 손사래를 젓는다.

"여보시오, 이 옷장은 내가 아끼는 물건이라오."

"알겠습니다, 애들아! 짐 다 꾸렸으면 수레에 물건을 옮겨라."

"네. 큰방상궁 마님!"

기철과 모친이 짐을 실은 수레와 궁녀들과 함께 새 집에 도착하자 어디서 많이 본 듯한 중년 남자가 마당에서 정중히 예를 표한다.

"이사하시느라 수고하셨습니다."

"누구신지요?"

"저 권 대감댁 윤 집사라고 합니다. 나리께서 대감마님 뵈러 왔을 때 한두 번 뵙던……."

"아~! 그렇군요. 어쩐지 많이 뵙던 분 같더니만……. 그런데 여긴 어인 일로?"

"대감마님께서 새로운 집에 이사 가면 필요한 것 들이 많다고 하셔서 쌀 몇 섬과 나리 댁에서 집안일을 할 노비 한 명을 데리고 왔습니다."

"늘 대감께 신세만 지는구려. 가시거든 대감께 고맙다고 전해주시구려."

"네, 나리! 그럼. 소인은 이만……."

기철은 원나라의 후궁이 된 막내 여동생 후광으로 몇 품계를 뛰어넘어 낭중으로 승차하였을 뿐만 아니라 변두리 초가집에서 개경 왕궁 인근 기와집으로 이사하는 등 왕실로부터 전례 없는 특혜를 받는다.

"대감마님! 윤 집사입니다"

"그래, 기 낭중은 이사 잘 했는가?"

"네. 기철 나리께서 모친과 같이 새 집에 도착할 때 만나 뵙고 대감마님 뜻을 잘 전달하고 왔습니다."

"수고했네."

"대감마님! 제가 외출한 김에 마침 집에 있는 친구를 만나 같이 왔는데 한번 만나 보실는지요?"

"전에 이야기했던 그 현구라는 친구 말인가?"

"네. 지금 대문 밖에 있습니다."

"어서 빨리 안으로 들어오라 하게."

윤 집사가 개경 상인인 현구와 같이 방안으로 들어가자 권겸이 활짝 웃으며 반갑게 맞이한다.

"어서 오게. 내 자네 덕분에 상국 조정에서나 전하로부터 많은 신뢰를 얻었으니 어찌 그 고마움을 모르겠나. 윤 집사는 뭐하는가? 아랫것들에게 어서 주안상을 차려오라고 하게."

"네, 대감마님!"

이윽고 방안에 산해진미의 여러 귀한 음식과 진귀한 술들로 차려진 상이 들어오자 권겸이 손수 잔에 술을 따라서 현구에게 권한다.

"대감마님께서 이렇게 손수 술을 따라 주시오니 이 놈 몸 둘 바를 모르겠나이다."

"오늘 밤 허리 풀어 놓고 많이 드시게."

"대감마님! 소인이 태어나서 오늘처럼 귀한 음식은 처음 먹어 보니 이놈의 배가 놀란 모양입니다."

"하~하. 그런가."

초저녁에 시작한 윤 집사 친구인 현구를 위한 만찬이 점차 무르익자 권겸이 현구라는 상인이 어떻게 원나라를 오고 가면서 무슨 장사를 하는지 궁금한 듯 물어본다.

"이보게! 자네는 원나라에서는 무슨 물목을 팔고 올 때는 무엇을 가지고 오는가?"

"대감마님도 잘 아시겠지만 개경 시전(市廛)을 장악한 손기, 이인길, 이노개와 같은 거상(巨商)들이야 왕실이나 조정 대신들이 뒷배를 보아줘서 인삼, 삼베, 모시나 종이들을 다른 상인들이 구입하지 못하도록 싹쓸이 하여 원나라에 판매해서 이문을 많이 남깁니다만 소인 같은 소상인들은 여인네들이 좋아하는 분이나 화문석, 문방구나 잡다한 물품을 가져다 파는 정도입니다."

"자네도 장사 잘 해서 돈 많이 벌어 거상이 되면 될 것 아닌가?"

"대감마님께서 앞으로 소인을 많이 돌봐주십시오."

"그럼세. 그건 그렇고 내 오늘 자네한테 부탁할 것이 있네."

"말씀하시지요."

"자네가 상국에 갈 때 내가 마련한 선물을 기비마마에게 전해주었으면 하네만……."

"알겠습니다. 소인이 원나라 갈 때 주시면 틀림없이 전달하겠습니다."

"늘 부탁만 해서 미안하네."

어느새 계절은 덧없이 흘러 올해 들어 유난히 무덥던 여름을 지나 새벽 공기도 제법 쌀쌀한 가운데 산들도 점차 붉은색으로 채색되어 가고 있을 무렵, 원나라 대도 인근에 있는 어사대부 탱기스(唐其勢)집의 안팎에는 가병인 듯한 무사들이 삼엄한 경계를 펴고 있다.

"바얀이란 놈이 기고만장해서 조정은 물론 행성에까지 모두 측근들을 배치하고 있으니 내 이놈을……."

"형님! 바얀도 바얀이지만 아버지한테서 은혜를 받은 많은 놈들이 이젠 우리를 멀리하는 것도 모자라 바얀에 붙어서 모함하고 있으니 이것들부터 먼저 싹 쓸어 버려야겠어요. 분해서 못 살겠습니다."

타라카이(塔剌海)가 술을 들이키다 술잔을 상 위에 내팽개치듯 내려놓으며 불그스레한 얼굴로 형인 탱기스를 바라본다.

"타라카이! 아버지가 돌아가신 지도 얼마 안 되어 황후마마의 처지도 좀 그렇고 하니 당분간 자중하고 있어라. 나한테도 생각하고 있는 것이 있다."

"형님! 지금 황제가 누구 덕에 보위에 올랐습니까? 아버지 덕분에 황제가 되고 나서 황후마마를 내친다면 내가 가만히 있지 않겠습니다."

탱기스와 타라카이는 부친인 엘테무르 사후에 가세가 급격히 위축되자 조정 회의에는 거의 등청을 하지 않고 두 달에 한 번 정도 여동생인 타나실리가 있는 융복궁이나 다녀오고 가끔 시간이 나면 둘이 주점에서 만나 술이나 먹으면서 화려했던 옛날을 추억하는 것으로 세월을 보내고 있었다.

"폐하! 신첩에게 눈길 한 번 안 주는 것은 참을 만 합니다만 어째서 다른 대신들은 대부분 승차시키면서 제 오라비를 몇 년 째 그 자리에 그대로 둔단 말입니까?"

"황후! 어사대부도 괜찮은 직책인데 뭐 그리 불만이 많소?"

"폐하께서 아버님께서 돌아가셨다고 우리 가문을 이렇게 홀대하시는 것이 아닙니까?"

"그러면 황후는 어떻게 해 주면 좋겠소?"

"아버님께서도 승상 자리에 있었으니 대를 이어 나라에 충성할 수 있도록 제 오라비를 승상으로 승차하여 주시옵소서."

"충성? 지금 황후께서 충성이라고 말씀하셨소? 충성이 아니라 가문의 영광이겠지."

"폐하! 말씀이 좀 과하십니다."

"알았소. 내 조만간 대신들과 협의하여 결정토록 하겠으니 그리 알고 물러가 계시오."

타나실리(荅納失里)는 궁에 들어온 오라비 탱기스로 부터 집안 사정을 듣고 몸소 황제가 있는 건천궁으로 가서 오라비의 승차를 청한다.

"우승상! 황후께서 어제 짐에게 와서 어사대부를 승상으로 승차해 달라고 하던데 우승상께서는 어떻게 생각하십니까?"

"황후마마께서 그런 부탁을 하셨단 말입니까?"

"그렇습니다."

"음~, 그냥 가볍게 넘길 일은 아니군요."

우승상인 메르키트바얀은 황제로부터 어제 건천궁에서 황후가 요청한 이야기를 전해 듣고 무엇인가를 생각하는 듯 심각한 얼굴을 한다.

"폐하! 신이 한 말씀 아뢰겠사옵니다."

"아뢰옵기 황공합니다만 엘테무르 승상이 죽은 이후에 아직까지는 황후마마 가문의 충복들이 조정이나 행성주(行省主) 중 일부 세력들이 남아 있으니 일단 황후마마의 제안을 수락하시는 것이 좋을 성싶습니다."

바얀이 한동안 말없이 침묵을 지키자 동지추밀원사(同知樞密院使)인 토크토아(脫脫)가 황제께 직언(直言)을 한다.

"우승상께서도 같은 생각이십니까?"

"……."

"그러면 동지추밀원사의 이야기는 없던 것으로……."

"아닙니다. 폐하! 토크토아 말도 일리가 있습니다. 아직까지 엘테무르 가문과 그 충복들을 완전히 제압하지 못한 상태에서 괜히 분쟁을 일으킬 빌미를 주면 정국이 불안해질 수 있을 것입니다. 황후마마 요청대로 탱기스를 좌승상으로 봉하시옵소서."

"탱기스가 좌승상이 되면 다시 옛 세력들을 규합하려고 할 텐데, 그래도 괜찮겠소?"

"토크토아가 군권(軍權)을 관할하고 있으니 그리 걱정하지 않으셔도 됩니다."

"소신! 폐하와 우승상께서 걱정 없으시도록 최선을 다 하겠나이다."

"고맙소! 짐은 두 분만 믿소."

"황후마마! 소신 좌승상 문안 인사드리옵니다."

"어서 오세요, 오라버니!"

"마마 덕분에 승상에 올랐으니 저세상에 계신 아버지께서도 흡족해 하실 겁니다."

"폐하께서 우리 가문 덕분에 황제에 오르신 것이니 오라버니를 승상으로 승차시키는 것은 당연한 일 아닙니까?"

"황후마마! 아랫것들을 잠시 물려주십시오."

"너희들은 밖에 나가 있어라."

탱기스가 타나실리에게 은밀하게 이야기할 것이 있는 듯 황후 처소에 있는 상궁과 나인들을 밖으로 나가게 한다.

"마마! 타라카이가 아버님이 남겨 준 재물로 대도 인근 군도산(軍都山)에서 가병 일천 명을 양성하고 있사옵니다."

"작은 오라버니가요?"

"네, 마마! 우리도 황제하고 바얀한테 당하고만 있을 수는 없사옵니다. 마마한테 무슨 일이 닥치거나 우리 가문을 제거한다는 낌새가 있으면 즉시 가병을 동원할 것입니다."

"오라버니! 이런 사실을 황제나 조정 대소신료들이 알면 우린 살아남지 못합니다."

"마마! 걱정 마시옵소서, 연무장이 깊은 산속에 있어 사람 눈에 잘 띄지 않을 뿐 아니라 외곽 능선마다 우리 무사들이 철통처럼 지키고 있어 외지인들의 출입이 불가능합니다."

"그래도 조심 또 조심하셔야 합니다."

"명심하겠나이다."

탱기스가 용복궁(隆福宮)에 가서 황후를 만났다는 사실이 한 시진도 채 안 되어 토크토아(脫脫)에게 전해진다.

"황후마마께서 나인들을 물리고 좌승상하고 이야기를 나누더란 말이냐? 그럼 둘이서 무슨 말이 오고 갔는지는 모르겠구나."

"워낙 작은 소리로 말씀을 나누시는지라……."

"알았다. 그만 빨리 돌아가거라."

황후의 시중을 들고 있는 여러 나인 중 한 명이 비밀리에 용복궁을 빠져나와 추밀원에 있는 토크토아에게 보고한다.

"음~. 이야기 들어 보니 탱기스가 승상이 되었다고 인사 간 것은 아닐테고……. 아무래도 황후하고 무슨 일을 꾸미는 것 같구먼."

“우승상께서도 그렇게 생각하시는군요.”

“아무튼 토크토아! 너는 탱기스와 그 측근들의 동태를 잘 살펴보아야 할 것 같다.”

“그렇지 않아도 비밀리에 케시쿠타이(정보조직) 중 정예요원들을 뽑아 밤낮으로 감시하고 있습니다만 아직까지 특별한 움직임은 없습니다.”

“요즘 탱기스 동생인 타라카이가 안 보인다고 하던데…….”

“타라카이는 노상 계집질에 술만 퍼먹고 다니는 모양인데 최근에 상처한 어느 과부한테 반해서 그녀와 아예 살림을 차렸다고 합니다.”

“그러고도 남을 놈이지. 저승에 있는 엘테무르가 통곡하겠구먼.”

우승상 집무실에 온 토크토아는 매일 하던 일처럼 그날의 황후의 동정은 물론 중서성 대신들과 장군들의 동향에 대하여 메르키트 바얀에게 자세히 보고한다.

“보르드 부사님! 케시쿠타이 을자단(乙子團:민정담당 정보조직)에서 올린 동향 보고서입니다.”

“을자단에서? 이리 가져오너라.”

보르드는 케시쿠타이의 보고서를 천천히 살펴보더니 서둘러 토크토야가 있는 동지추밀원사 집무실로 발걸음을 옮긴다.

“원사님! 소장 보르드이옵니다.”

"어서 오시게. 오늘도 시끄러운 일들이 많은 모양이구먼."

"아닙니다! 보시면 흥미로워 할 것 같아 소장이 직접 왔습니다."

"그런가? 한번 보세."

직속 부하 장수인 보르드가 건네 준 보고서를 본 토크토아는 잠시 동안 무슨 생각을 하는지 눈을 감고 아무런 말이 없이 의자에 기대어 앉아 있다가 이윽고 말문을 연다.

"여기에 약초꾼이 주막에서 동료들과 이야기할 때 군도산 인근에서 이상한 함성이 들렸다고 적혀 있는데 군도산은 여기 황궁에서 한 시진도 안 걸리는 거리 아닌가?"

"그러하옵니다."

"부사! 며칠 안으로 군도산에 추밀원 직계 정예 정탐 부대를 보내 어떤 무리들인지 은밀히 알아보도록 하시오."

"명 받들겠습니다."

추밀원 부사 보르드는 토크토아의 명을 실행하기 위한 정탐 계획을 세운다.

"너희들은 내일 장사꾼들로 위장하여 군도산 인근인 옌칭현(延慶縣)으로 가서 반나절 정도 머물다가 밤이 되면 다섯 명을 일 개조로 삼 개조를 편성하여 군도산으로 이동하거라."

"네, 부사님!"

"발각되지 않도록 조심하고……. 그리고 가능하다면 거기 산채에 있는 자들 중 한 명을 생포해 오면 좋겠지만 불가능하다면 조용히 정탐만 하고 오너라. 알겠느냐?"

보르드가 무술의 고수인 듯 눈빛이 매섭고 건장한 사나이들을 천천히 둘러보며 작전명령을 하달한다.

상부의 명을 받은 정예 정탐병들은 보르드의 지시대로 엔칭현의 주점에서 장사꾼 행세를 하며 노닥거리다가 해가 떨어져 어둠이 깔리자 옷을 갈아입고 계획된 대로 조를 편성하여 은밀하게 군도산 기슭으로 기어오른다.

"각자 불빛을 발견하여 접근할 때 경계 철선이 있을지 모르니 조심하도록 하여라. 각 조별로 흩어져 출발해라."

"네, 쟈간(百戶長)님!"

십수 명의 정탐병들이 수장인 듯한 자의 지시를 받고 산짐승처럼 소리없이 날렵하게 움직인다.

"저기 능선에……."

"경계병이다. 엎드려라!"

"너는 접근하여 저 자를 소리 없이 제압하거라."

어둠 속에서 산 능선을 따라 움직이고 있는 정탐 제2조가 능선 위에 있는 희미한 사람 형체를 발견하고 이동을 멈춘다.

"퍽~. 윽~!"

정탐병 한 명이 경계병이 서 있는 곳까지 은밀히 접근하여 몸을 허공으로 날려 경계병의 목덜미를 내리 치자 외마디와 함께 고꾸라진다.

"누가 이놈의 옷을 입고 산채로 잠입하겠느냐?"

"제가 하겠습니다."

"조금 있으면 교대하려고 경계병이 올라올 테니 그때 자연스럽게 산채에 잠입하도록 하거라."

"네, 조장님!"

조장의 말대로 정탐병이 타라카이 가병들의 옷으로 갈아입고 보초를 선지 얼마 안 돼 산 능선 아래에서 올라오는 검은 사람의 형체가 보이기 시작한다.

"수고했네. 이제 가서 쉬게."

"고맙네. 그런데 이보게. 내가 여기 온지 얼마 안 되고 밤눈까지 어두워서 그러는데……. 아까 이쪽으로 올라온 것 같은데 이쪽으로 내려가는 게 맞는가?"

"신참이구만 그래~, 하긴 밤엔 나도 가끔 방향을 잘 모르긴 하네만……. 여기 능선 따라 내려가다 계곡이 보이면 좌측 길로 내려가면 되지 않는가."

"고맙네. 오늘따라 밤이 너무 어둡네 그려, 그럼 수고하시게."

경계병사의 옷으로 갈아입은 대원 한 명이 별 탈 없이 산 아래로 내려가는 것을 본 조장과 나머지 정탐병들은 포로로 잡은 녀석을 동아줄로 꽁꽁 묶어 반대편 능선 아래 계곡을 따라 내려간다.

“너희들은 이놈을 궤짝에다 처넣고 아무도 모르게 추밀원으로 옮겨라. 나는 저번에 머물렀던 옌칭현(延慶縣)내 삼거리 주점에서 기다리다가 산채에 잠입했던 대원이 복귀하면 그때 같이 가겠다.”

“그리고 다시 말 하거니와 저놈을 옮길 때 관(官)의 도움을 일절 받지 말고 장사꾼인 것처럼 마차에 짐을 같이 싣고 움직여라. 알겠느냐?”

“네, 조장님!”

한편 쟈간이 이끄는 정탐 부대 제1조와 제3조는 산채를 찾는 데 실패하고 재정탐을 위하여 일단 정탐 후에 만나자고 했던 주막으로 내려온다.

“너는 능선따라 갈던 정탐조인데 왜 여기 있는 것이냐?”

“쟈간님! 저희 조 대원 중 한 명이 세 시진 전에 산채에 이미 잠입하였습니다. 지금 정도면 산채에 대한 정체를 파악하고 이리로 오고 있을 것이라 생각되어 여기서 기다리고 있는 중입니다.”

“늘 헛방을 치게 하던 케시쿠타이가 이번엔 제대로 된 정보를 올리는구나. 하~하!”

쟈간과 조장이 조심스럽게 낮은 목소리로 주고받는 사이에 주점 주위에 다시 모인 상인들 복장을 한 정탐대원들은 몹시 배가 고픈 듯 아무 말 없이 게걸스럽게 밥을 먹는다.

“수고했다. 너도 이리 와 앉아 일단 요기부터 하거라.”

“네, 쟈간님!”

산채에 잠입하여 정탐 임무를 무사히 마치고 돌아온 대원을 보자 자간과 조장이 고생한 것을 위로하고 반갑게 맞이한다.

"무슨 정보라도 가지고 왔느냐?"

"제가 산채에 들어가 천막 옆에서 그 안에 있는 자들의 이야기를 들었사온데 타라카이가 그 가병 무리들을 이끌고 있는 것 같습니다."

"우두머리가 타라카이라고?"

"병력은 얼마나 돼 보이더냐?"

"족히 일천 명은 넘어 보였습니다."

"알았다. 이거 보통 일이 아니구먼."

"식사가 끝나면 서둘러 떠나야겠다."

쟈간이 주점 안에 이곳저곳으로 분산되어 식사를 끝내고 대기하고 있는 정탐 대원들에게 눈치를 하자 각 조별로 시차를 두고 대도로 출발한다.

"너희들이 험한 산에 산채를 숨겨 놓고 은밀하게 훈련받는 이유가 무엇이냐?"

"저는 그저 가병이 되면 배부르게 해 주고 돈도 준다고 해서 산에 들어 간 것뿐 자세한 것은 잘 모릅니다."

"가병이라 했나? 어느 가문의 가병이냐?"

"소인은 잘 모르겠습니다."

"너는 어느 집안의 가병인 줄도 모르고 훈련만 받았다는 이야기냐?"

"네. 그렇습니다. 믿어 주십시오."

"안 되겠다. 이놈이 순순히 불 때까지 정신 좀 차리게 해 주어야겠다."

"이봐. 여기 추밀원 지하실은 들어오면 죽어서 나가는 곳이야. 개죽음 당하지 말고 빨리 이실직고하는 것이 좋을 게다."

추밀원 지하 비밀 고문실에 끌려온 군두산 산채의 가병은 양손이 의자에 결박당한 채 건장한 옥리(獄吏)에게 생살이 뜯겨져 나가는 고문을 당한다.

"다시 묻겠다. 어느 집안의 가병이냐?"

"……."

"이놈 참 미련하구만. 이놈아. 우린 군두산 산채 우두머리가 타라카이라는 것까지 알고 있다."

"……."

"너한테 알고 싶은 것은 무엇을 하려고 거기서 많은 가병이 훈련을 받고 있느냐는 것이다. 모른다면 나와 같이 또 한 번 지옥구경 다녀오자."

"나리! 소인이 아는 것은 명을 받을 때까지 기다리라는 것뿐이옵니다. 정말입니다."

"명이라면 누구의 명을 이야기하는 것이냐?"

"그게……. 제가 산채에 있을 때 듣기로는 좌승상이라 들었습니다."

"좌승상? 지금 좌승상이라 하였느냐? 틀림없으렷다."

"소인이 지금 이 꼴을 해 가지고 무엇을 숨기겠습니까?"

"그래! 네 놈 말을 믿으마."

"이놈을 다른 이야기가 있을 때까지 옥에 다시 가두거라."

옥리의 계속된 엄청난 고문으로 인하여 육체의 한계점에 다다른 군두산 가병은 더 이상 버텨내지 못하고 이실직고를 한다.

"원사님! 소장 보로드입니다."

"어서 오시오. 부사!"

"원사님께서 예상한 대로 탱기스가 키우는 가병들입니다."

"음~. 탱기스가 요즘 엘테무르와 인연이 있던 대신들과 장군들을 자주 만나러 다닌다더니, 결국은……."

"그동안 타라카이가 유부녀 등을 희롱하고 다니고 항상 술에 취했던 것은 우리 감시망을 벗어나기 위하여 한 행동이었던 것 같습니다."

"그런 것 같소. 그러나 우리도 허점을 찔린 것이니 앞으로는 황후마마는 물론 탱기스가 접촉하는 모든 사람들에 대하여 밤낮으로 감시를 강화하여야겠소."

"죄송합니다. 앞으로는 이중삼중으로 감시하여 다시는 이런 일들이 발생하지 않도록 주의하겠습니다."

동지추밀원사 토크토아는 보르드로부터 생포한 군두산 가병이 실토한 내용을 듣고 정적(政敵)들에 대한 감시체제를 빈틈없이 재정비하라는 지시를 내린다.

"한 놈이 오늘 아침부터 안 보인다고? 이게 어찌 된 일이냐?"

"어젯밤 분명히 저하고 교대해서 산 아래로 내려갔습니다."

"그런데…… 왜 안 보이는 것이냐?"

"……."

"그 놈과 한 방을 쓰는 놈들을 모두 데려와라."

산채의 간부인 듯한 자가 경계병 한 명이 교대한 이후에 행방이 묘연해지자 그와 교대한 가병과 같은 방에 거처하고 있는 십여 명의 가병들을 불러 모은다.

"너희들과 같이 있던 한 놈이 행방불명이 되었다. 그놈을 어젯밤에 본 자가 있느냐?"

산채의 간부 앞으로 모인 가병들이 머뭇거리고 있을 때 한 가병이 나선다.

"소인이 한 말씀 올리겠습니다. 그 자를 본 지는 얼마 안 됩니다만 여기 들어온 이후에 쭉 저와 옆에서 같이 지냈는데 노상 고향 타령하고 어머니가 보고 싶다고 입에 달고 살았습니다. 혹시 말하면 안 보내 주니까 말도 안하고 몰래 고향으로 내려 간 것 아닌지 모르겠습니다."

"저와 교대할 때도 연무장에 온지 얼마 안 되어서 이곳 지리를 잘 모르는 것 같았습니다."

"누가 그런 나약한 놈을 선발했단 말이냐?"

"신참 가병들이 매일 새로 들어와 편성하기 바쁘니……. 이것 참! 우리가 직접 추적할 수도 없고……. 아무튼 나머지 가병들은 이 이야기가 밖에 새어 나가지 않도록 입 다물고 다들 무술 단련에 전념토록 하라."

역사적으로 볼 때 무릇 전장의 승패는 병력의 규모나 원활한 병참 지원에 따라 좌우되기도 하지만 사소한 정보라도 이를 소홀히 다룰 때 엄청난 패배의 결과를 초래하게 된다.

상전의 책임 추궁을 면할 생각으로 다들 입을 다물라는 산채 간부라는 자의 안일한 태도가 멀지 않은 장래에 엘테무르家의 몰락을 초래할 줄은 당시에 누구도 알 수 없었다.

"뭐라! 폐하께서 그깟 후궁에 대한 일로 황후마마를 융복궁에 가두셨단 말이냐?"

"그러하옵니다. 좌승상!"

"요즘 메르키트바얀 놈 때문에 골치가 아픈데 폐하까지 이러시다니……."

"황후전으로 가서 마마를 만나 봐야겠다."

"좌승상! 고정하시옵소서. 지금 가시면 황후마마 입장만 더 난처하게 됩니다."

"인비쉬! 이것은 황후마마의 일이지만 우리 가문에 대한 일이기도 하니까 더 이상 말하지 말아라. 곧바로 황후전에 갈 채비를 하라 이르거라."

동생인 타나실리에 대한 소식을 접한 이후 좌승상 탱기스는 충복(忠僕)인 인비쉬의 간곡한 만류에도 불구하고 서둘러 황후전을 방문한다.

"이놈들. 비켜나지 못할까?"

"아니 됩니다. 좌승상! 아무도 출입시키지 말라는 폐하의 명이 있으셨습니다."

"오라비가 오랜만에 누이를 만나려 하는 것도 폐하께서 막으셨단 말이냐?"

"폐하께서 아무도 출입하지 말라고 명을 내리신지라……."

"비켜라. 내 잠시 동안 황후마마의 용태만 보고 나오마."

"하오면 마마만 뵙고 빨리 나오십시오. 안 그러면 저희들이 경을 칩니다."

융복궁에 도착한 탱기스는 황후전 앞에서 삼엄하게 경비를 서고 있는 황궁수비대 병사의 잠시 동안 모른 체 하는 사이에 서둘러 황후전으로 들어간다.

"황후마마! 소신 좌승상 문안 올립니다. 이 못난 오라비 때문에 이런 고초까지 겪으시니 이 못난 오라비를 용서하지 마시옵소서."

"용서하지 말라니요. 오라버니께서 무슨 잘못을 했다고요. 이게 다 아버님 돌아가시고 난 이후에 폐하를 비롯한 여러 대신이 우리 가문을 업신여기고 무시하기 때문에 생긴 일들이 아닙니까."

"그렇다 하더라도 소신이 황후마마를 지켜드리지 못한 것이……."

"아닙니다, 제 일은 제가 알아서 합니다. 너무 걱정 마세요."

황후전 내실에서 타나실리를 만난 탱기스는 수척해진 여동생의 얼굴을 보며 자기가 못나서 벌어진 일이라 생각하는지 괴로운 표정을 지으며 자책한다.

"하오나 황후마마! 폐하께서 마마를 핍박할 날도 이제 얼마 남지 않았습니다."

"얼마 남지 않았다니요?"

"마마께선 그냥 소신이 하는 것을 두고만 보시면 됩니다."

탱기스가 결연한 표정으로 말하는 것이 무엇을 의미하는지 아는 타나실리는 걱정이 되는 듯 주위를 돌아보다 긴장된 얼굴로 탱기스를 바라본다.

"오라버니! 아무리 미운 사람이라도 폐하는 제 지아비입니다."

"황후마마! 어찌 그것을 모르겠나이까. 소신 나름대로 생각이 있으니 염려 마십시오."

"오라버니만 믿겠습니다."

타나실리와 밀담을 주고받은 탱기스는 가노(家奴)출신 시녀인 나릉토야의 마중을 받으며 황후전을 서둘러 빠져나간다.

"폐하! 돌아가신 엘테무르 승상의 재산 중 대부분은 억울하게 죄를 뒤집어 쓴 사람들로부터 빼앗은 것들이옵니다. 이제 폐하께서 시시비비를 가려 재산을 강탈당한 사람들에게 돌려주어야 할 것으로 사료되옵니다. 통촉하여 주시옵소서."

"어사대부 말씀대로 만 백성들의 억울함이 없도록 하여 주시옵소서. 폐하!"

전임자인 탱기스로부터 어사대부를 물려받은 마지막 우구데이 가문의 장자이며 메르키트바얀의 측근인 차파르가 주청을 하자 대명전에 있던 다른 대소신료들도 벌떼처럼 일어나 동조한다.

"알았소! 어사대부께서 낱낱이 조사해서 백성들의 억울함이 다시는 없도록 하여 주시오."

"황은이 망극하옵니다. 폐하!"

대명전에 여러 대신들 사이에 도열해 있던 좌승상 탱기스는 황제 앞에서 자기 가문을 난도질하는 대신들을 보면서도 권력의 무상함을 느끼는 듯 아무런 말없이 묵묵히 서 있다.

"타라카이! 이제 실행할 날이 온 것 같구나."

"형님! 명만 내리십시오. 모든 준비는 다 끝났습니다."

"지금 우리 가병들의 규모는 어느 정도 되느냐?"

"형님댁에 있는 가병과 제가 이끄는 군두산 가병까지 합하면 근 오천 명 정도는 될 것 같습니다."

"타라카이! 너도 알겠지만 황궁 수비대가 3만 명 규모고 황궁 인근 지역의 시위 군단(侍衛 軍團)이 대략 6만 명이니 우리의 병력 규모로는 정면으로 맞서서 싸울 수가 없다. 때를 보아 기습하여야 성공할 수 있다."

"알고 있습니다. 형님께서 따로 좋은 생각이 있으신지요?"

"생각 중이다. 거사 때 황궁에 계신 황후마마의 신변 문제도 있으니 적당한 때를 봐서 실행에 옮겨야겠다."

"저는 군두산에 돌아가 형님의 명만 기다리고 있겠습니다."

"남의 눈에 띄지 말고 조심해서 가거라."

"제가 여기 온 것은 아무도 모르니 너무 염려하지 마십시오. 그럼, 저는 이만 돌아가겠습니다."

탱기스의 연통을 받은 이후에 타라카이는 평민 복장을 하고 군두산을 빠져나와 해(亥)시 무렵에 대도에 있는 탱기스 집의 담장을 넘어 밀실에서 은밀하게 대화를 나누고 다시 후원 담장을 훌쩍 넘어 어둠 속으로 사라진다.

"우승상! 탱기스가 엘테무르의 재산이 국고에 환수되고 황후마마에 대한 처우에 대하여 불만을 가지고 계속 사람들을 만나고 다니는 것을 보니 아무래도 조만간 역모를 꾀할 것 같습니다."

"나도 그렇게 생각하고 있다. 군두산에 있는 가병들의 움직임은 어떠하더냐?"

"군두산은 물론 탱기스와 황후마마까지 밤낮으로 감시하고 있습니다만 아직까지 이렇다 할 움직임은 없습니다. 특이한 것은 며칠 전에 타라카이가 한밤중에 탱기스 집 담을 넘어가 잠시 머물다가 돌아 간 적이 있는데 제가 생각하건대 둘이서 어떤 중요한 밀담들이 오고 가지 않았나 생각합니다."

"그렇다면 역모를 저지를 날이 멀지 않았다는 이야기인데……."

"저도 그렇게 생각하고 있어 탱기스와 그 주변 인물에 대한 감시 결과를 시시각각으로 보고받아 언제 저들이 움직일지를 계속 파악하고 있습니다."

"저들의 역모가 언제인지를 알아내야 할 텐데……."

"현재 케시쿠타이가 탱기스 측근들에 대한 공작(工作)을 진행 중에 있으니 곧 좋은 결과가 나타날 것입니다."

"그런가?"

"우승상께 결과가 나오면 즉시 보고하겠습니다."

"알겠다."

현재 원 조정의 실세인 메르키트바얀은 조카인 동지추밀원사 토크토야로부터 정적(政敵)인 탱기스 일파들의 움직임을 날날이 보고받고 정변 발생 시 이를 바로 진압할 수 있도록 대비하라 지시한다.

"황후전에 있는 나릉토야라는 나인이 있는데 요즘 집에 무슨 일이 있는지 자주 황궁 밖으로 출입한다고 합니다."

"황후마마가 사택에 있을 때 마마의 몸종이었다고 하는 나인을 말하는 것이냐?"

"네 그러 하옵니다. 그 나인이 황궁 정문 밖을 나가 모친이 사는 집으로 향할 때 집 근처에서 붙잡아 회유하도록 하는 것이 좋을 듯합니다."

"어릴 때부터 황후마마와 같이 자랐다고 들었는데 그렇게 빨리 쉽게 포섭되겠느냐?"

"이 세상에 가족보다 소중한 것은 없사옵니다. 역모를 이유로 그 집안의 모친은 물론 오라비나 동생들을 모두 죽이겠다고 하면 우리에게 협조하지 않을 수는 없을 겁니다."

대외적으로는 대도 인근 지역 감찰어사로 위장한 신분이지만 비밀정보 조직인 케시쿠타이 갑자단(甲子團:왕족,대신,귀족들의 동정을 감시하는 조직) 수장이 자신 있게 말한다.

"그 나인이 집에 들렀다가 황후전에 돌아갈 시간 내에 모든 것을 끝내도록 소리 소문 없이 처리하도록 하게."

"그 나인이 움직이면 저희도 바로 움직이겠습니다."

"그럼 수고하시게."

토크토아는 역모에 대한 정보를 수집하라는 메르키트바얀의 명을 받고 직접 비밀리에 케시쿠타이 갑자단을 방문하여 수장에게 황후 최측근을 수일 내에 포섭하라는 작전을 지시하고 돌아간다.

"나릉토야! 집에 갈 때 이 약첩을 가지고 가거라. 너의 어미가 차도가 없는 것 같아 이번엔 태의(太醫)한테 이야기해서 제일 좋은 약초들만 골라 약을 만들었다."

"매번 갈 때마다 이렇게 좋은 약과 많은 교초(交鈔: 원나라지폐)를 주시니…. 황후마마의 은혜를 어떻게 다 갚아야 할는지 모르겠나이다."

"너하고 난 어릴 때부터 같이 자란 사이인데, 난 너를 가족처럼 생각하고 있으니 다시는 그런 말 말거라."

"네. 황후마마! 그럼 다녀오겠나이다."

"요즘 궁의 분위기가 어수선하니 오늘 밤 궁을 나갈 때는 평복으로 갈아입고 미리 이야기해 놓았으니 우리 집 가병출신이 수문장으로 있는 평칙문(平則門)을 통하여 통행금지 종이 울리기 전에 빠져나가도록 해라."

"네. 황후마마! 걱정 마시옵소서. 약만 전하고 서둘러 돌아오겠나이다."

타나실리는 요즘 모친 걱정으로 얼굴빛이 더욱더 어두운 나릉토야가 안쓰러운지 집에 다녀오라고 허락을 하면서도 다른 사람 눈에 띄지 않도록 주의를 당부한다.

"분장(分長)님. 황후전 나인이 평민복으로 갈아입고 방금 평칙문을 지나 황궁 밖으로 나갔습니다."

"늘 호위병사 둘을 데리고 궁 밖을 출입하던데……. 오늘은 저 나인 혼자 나가는 모양이구나. 잘 되었다, 궁밖에 있는 분원(分員)들에게 황후전 나인을 은밀하게 미행하여 연행토록 해라. 나는 그 아이의 오라비와 동생들이 잡혀 있는 분소(分所)에서 기다리고 있겠다."

"알겠습니다."

케시쿠타이의 갑자단 중에서도 황궁 내의 모든 정보를 수집하고 감시하는 최정예 조직인 제1분조의 분장과 분원들은 어둠을 이용하여 황후전을 빠져나오는 나릉토야를 발견하고 상부로부터 지시받은 명령을 이행하기 위한 생포. 회유작전에 돌입한다.

"어머니! 저 나릉토야입니다."

"어머나! 누구, 누구세요?"

나릉토야가 모친이 병으로 누워 있는 허름한 집안으로 들어가자 방안에 있던 복면을 한 세 명의 건장한 사내들이 순식간에 칼을 뽑아 목을 겨눈다.

"조용히 하지 않으면 너의 어미와 너의 목을 벨 것이다."

"살려주세요. 저희는 가져갈 것이 아무것도 없는 가난한 집안이온데……."

"시끄럽다. 잔 말 말고 조용히 우리를 따라오너라. 만약 떠들면 여기 있는 이 자가 바로 너의 어미를 죽일 것이다."

"따라갈 테니 제발 이 약을 어머니가 드실 수 있도록 하여 주십시오, 부탁합니다."

"알았다. 조용히 따라오면 그리 해주마."

"감사합니다. 감사합니다."

오랜만에 집에 온 나릉토야는 모친이 누워 있는 방으로 들어가자마자 복면을 한 건장한 자들이 자기한테 칼을 겨누자 떨리는 마음을 진정하지 못하고 몸을 부르르 떨다가 어머니의 목숨까지 위협 당하는 지경이 되자 할 수 없이 복면을 한 자들이 하자는 대로 이끌려 어디론가 끌려간다.

"나릉토야~."

"언니~."

나릉토야가 끌려 간 곳에 도착하자 온몸을 결박당한 채 피투성이가 된 오라비와 동생들이 나릉토야를 쳐다보며 울부짖는다.

"네 이놈들! 내가 누군지 알고 이런 짓거리를 하느냐. 황후마마에게 알려 네 놈들을 가만 두지 않겠다."

"하하하. 우린 네가 타나실리 황후전의 나인인 것까지 알고 있다."

"그래도 이놈들이……. 너희들은 목숨이 열이라도 되느냐?"

"오늘 우리는 너희 집안 식구들이 살 기회를 주기 위해서 이러는 것이다."

"우리를 위한다는 놈들이 어머니를 위협하고 저리 오라비와 동생들을 초주검으로 만들어 놓느냐? 이놈들아!"

오라비와 동생들의 처참한 모습을 본 나릉토야는 이성을 잃고 정체불명의 자들에게 온 힘을 다하여 큰 소리로 악을 쓴다.

"나릉토야! 잘 듣거라. 네가 모시는 황후마마와 황후마마의 오라비인 좌승상 탱기스가 지금 반란을 꾀하고 있다. 이 사실을 너도 잘 알고 있겠지?"

"그럼! 당신들은……."

"그런 것은 묻지 말고 내가 물어보면 네가 아는 데까지 이야기해라. 만약 그렇지 않으면 너의 어미를 포함한 여기 있는 너의 식솔들은 오늘 모두 저승길로 함께 가야 할 것이다. 다시 한 번 묻겠다. 황후마마가 역모를 꾸미고 있는 것을 알고 있지?"

"아닙니다. 제가 늘 황후마마 옆에 있는데…… 마마께서 역모를 모의하다니요. 괜히 무고한 우리 황후마마를 모함하지 마십시오."

나릉토야가 자기를 납치한 자들이 도적들이 아닌 관에서 나온 사람들인 것을 알아차리자 우두머리인 듯한 자가 역모라는 것을 들먹이며 낮은 음성으로 이야기한다.

"최근에 좌승상이 융복궁을 방문한 적이 있지?"

"있긴 있었사온데……. 그땐 좌승상께서 황후마마를 위로하러 온 것으로 알고 있습니다."

"그 자리에 너도 있지 않았느냐?"

"황후마마와 좌승상께서 집안일로 긴히 이야기를 나눈다고 하셔서 저와 상궁들은 황후전 밖으로 나와 그 자리에 없었습니다"

"혹시 밖에서라도 무슨 소리 못 들었느냐?"

"못 들었습니다. 정말입니다."

"그러면 네가 생각할 때 최근 황후마마 행동에 평소와 다른 점은 있어 보이더냐?"

"항상 제가 늘 황후마마 옆에서 시중을 들고 있지만 평상시와 다른 점은 없었습니다."

위엄 있어 보이는 복면 무리의 우두머리인 자가 이것저것 낮은 음성으로 부드럽게 물어 보고 있으나 황후가 역모하고 있다는 말을 하자 나릉토야 얼굴이 사색이 되어 간다.

"분조장님! 이년도 역모에 가담한 년이라 지금 거짓을 말하고 있습니다. 더 이상 물어봐도 소용없으니 이년 어미를 포함해서 여기에 있는 이년 식솔들을 모두 죽여 버립시다."

"너희들은 무엇을 하고 있느냐? 이것들의 목을 베라."

"살려 주십시오. 나릉토야야. 제발 바른대로 이야기해라."

나릉토야를 끌고 올 때부터 거칠게 대했던 구척장신의 복면을 쓴 자가 칼을 뽑아 들자 나릉토야의 오라비가 살려 달라고 애원한다.

"나리! 정말 저는 모릅니다. 저 같은 비천한 신분이 어찌 윗전이 하는 일을 알 수 있겠습니까. 죄 없는 제 어미와 식구들을 살려 주십시오."

"건방진 년! 네년이 죄가 없다 하더라도 우리를 만난 이상 그대로 살려 보낼 수는 없다."

"눈을 감아라."

"나릉토야~."

"언니~."

지금까지 복면 무리의 우두머리의 조용한 신문 분위기와는 다르게 순식간에 지하실은 살려 달라는 외침과 나릉토야와 식구들을 처단하려는 살기등등한 분위기로 바뀐다.

"이봐라! 너는 왜 이리 사람 목숨을 파리 목숨처럼 다루려 하느냐. 마음을 진정하거라. 이 애들도 어찌 보면 상전 잘 못 만난 불쌍한 사람들 아니냐."

"분조장님! 이런 년은 말이 필요 없습니다. 죽여 버리는 것이 상책입니다."

"어허! 진정하래도. 안 되겠다. 잠시 너는 밖에 나가 있거라."

"분조장님! 이런 것들은……."

"내가 나가라고 명을 내리지 않았느냐? 네가 지금 항명하는 것이냐?"

복면 무리들이 분조장님이라고 부르는 우두머리란 자가 말과 행동이 거친 복면 쓴 자를 몹시 나무라자 살벌한 분위기가 조금 누그러진다.

"나리! 살려 주시옵소서, 살려만 주시면 무슨 일이라도 하겠습니다."

"너는 잘 모르겠지만 우리가 역모의 낌새를 눈치채고 수개월 동안 네가 모시는 황후마마를 비롯하여 오라비인 좌승상과 타라카야를 감시해 왔다."

"……."

"나릉토야! 우리는 네가 어렸을 적에 집안 사정이 어려워 외거노비(外居奴婢)로 엘테무르 승상 집에서 황후마마의 몸종을 한 것으로 알고 있고 또한 비슷한 나이에 황후마마와 함께 자라 자매 같은 사이인지도 알고 있다. 그러나 비록 아랫사람으로 역모와 관련 없더라도 네가 모시는 상전이 역모에 연루되면 어쩔 수 없이 역모 죄로 상전과 같이 너는 물론 너의 식구들 전부 죽임을 당할 수도 있는 것이다."

"나리! 그럼 저는 어찌하면 좋겠습니까?"

"네가 황제폐하를 위하여 공을 세우면 폐하께 주청하여 병을 앓고 있는 너의 모친을 치료해 주는 것은 물론 너의 식구들과 같이 평생 동안 부귀영화를 누릴 수 있도록 해 줄 것이다."

"감사합니다. 나리. 나리 명을 따르겠습니다."

"내일 아침에 궁에 들어가거든 아무런 일이 없던 것처럼 행동하고 앞으로 황후마마가 오라비들과 만나면 무슨 이야기가 오고 가는지 우리에게 전달만 하면 된다."

"저는 황후마마 곁에서 늘 시종하여 자리를 떠날 수가 없는데 어떻게 들은 내용을 나리께 전달할 수 있는지요?"

"황후전에 왼쪽 귀 밑으로 큰 점이 있는 나인이 있다. 네가 황후마마로부터 들은 이야기나 이상한 정황이 보이면 그 애한테 전하거라. 그 아이가 수시로 다른 나인들 몰래 접근할 것이다."

"알겠습니다."

분조장이라고 불리는 자가 나릉토야의 오라비와 동생들이 다친 곳을 치료해 주고 풀어 주라고 지시한다.

"잘 다녀왔느냐?"

"네, 황후마마! 마마께서 주신 약을 제 어미한테 주었더니 은혜를 어떻게 갚느냐고 눈물만 흘리더이다."

"뭘 그런 걸 가지고……. 나릉토야! 내가 융복궁에만 갇혀 있다 보니 황궁 안이나 밖의 소식을 통 알 수가 없구나. 요즘 궐 밖의 분위기가 어떠하더냐?"

"평온한 것 같습니다."

"조정에 대하여 욕하는 사람들은 없더냐?"

"보지 못하였나이다."

나릉토야는 예전에 황후가 사소한 것들에 대하여 이야기할 때 아무런 생각 없이 듣고 답변하였으나 복면무리들을 만난 이후부터는 황후가 물어 볼 때 마다 어떤 의미가 담겨 있는지를 곰곰이 생각하게 된다.

"인비쉬! 황제가 사흘 뒤에 황궁 안에서 태후마마의 생일 축하연을 연다고 한다. 그날 황제는 물론 바얀과 그 측근들도 참석할 것이니 우리에겐 그 놈들을 쓸어버릴 마지막 기회다."

"너는 오늘 중으로 군두산으로 가서 타라카이한테 내일부터 태후마마 생신 축하연 전일까지 대도 인근으로 가병들을 이동하고 별도의 지시가 있을 때까지 대기하라고 전하거라."

탱기스의 책사라 할 수 있는 인비쉬는 보따리 장사처럼 위장한 복장을 하고 같은 복장으로 뒤를 따르는 호위무사들과 함께 군두산을 향하여 출발한다.

"탱기스가 움직이기 시작했다고?"

"네, 분조장님! 탱기스 집을 감시하고 있는 대원들이 소식을 전해왔사온데 일단의 변복을 한 무리들이 뒷문으로 빠져나가 북쪽 방향으로 갔다고 하옵니다."

"알았다. 위에다 보고하고 올 테니 각 역참에 배치되어 있는 대원들에게 연통하여 그들이 눈치채지 못하도록 은밀하게 미행하도록 하라."

케시쿠타이 갑자단의 제1분조의 분조장이 직속상관인 갑자단 수장과 함께 서둘러 토크토야가 있는 추밀원으로 발길을 옮긴다.

"원사님! 탱기스 측근들 몇 명이 군두산을 향하여 출발했다는 보고입니다."

"이놈들이 기어코 반란을 시작할 모양이구먼. 나는 바얀 승상을 만날 테니 갑자단장은 저들의 동향을 낱낱이 파악하게."

"군두산 산채는 물론 저들이 가는 길목마다 대원들이 배치되어 밤낮으로 예의주시하고 있습니다. 산채 가병들이 이동하면 바로 보고하겠나이다."

"알았네. 갑자단장도 따로 연통이 가면 바로 회의에 참석토록 하시게."

탱기스 측근들이 거처를 빠져나와 군도산 쪽으로 가자 이 사실이 바로 토크토야에게 알려지고 반란이 얼마 남지 않았다고 판단한 토크토야는 비밀리에 군사회의를 소집하기 위하여 추밀원을 나와 메르키트 바얀이 있는 승상 집무실로 향한다.

"우승상! 저놈들이 움직이기 시작했다는 보고입니다."

"토크토야! 먼저 황궁 수비대와 시위군단 그리고 케시쿠타이의 수장들에게 연통하여 한 시진 뒤에 명조방(明照坊) 내 회합장소에 모이도록 하라."

"알겠습니다. 우승상!"

토크토야로부터 반란 징후에 대한 보고를 받자 메르키트바얀은 황궁 방어와 반란 진압을 위하여 핵심 측근들을 즉시 소집한다.

"대원들이 보낸 전서구 통문에 의하면 탱기스 측근 무리들이 옌칭현(延慶縣)에 도착하여 주점에서 휴식을 취하고 있다고 합니다."

"곧 군두산에 있는 산채로 들어가겠구먼."

"오늘은 시간이 늦어 주점에서 하룻밤 자고 내일 아침 일찍 들어갈 것 같습니다."

"군두산 산채의 동향은 어떠하다고 그러더냐?"

"능선에 매복하고 있는 저희 추밀원 정탐대원에 따르면 며칠 전부터 훈련을 중지하고 식량과 병기를 점검하는 등 출격준비를 서두르고 있는 것으로 보인다고 합니다."

"우승상! 소장 생각으로는 저들 가병이 이동하더라도 많은 수의 인원이 한꺼번에 움직이지 않고 시차를 두고 나누어서 출발할 것 같습니다."

"그러하겠지. 아무튼 지금 옌칭현(延慶縣) 주점에 도착해서 머물고 있는 놈들이 산채에 있는 가병들에게 탱기스의 반란 날짜와 집결장소를 알려 주기 위하여 가는 것일 텐데……."

"우승상! 저놈들이 반란을 일으킬 때까지 기다릴 것이 아니라 당장 주점에 있는 놈들을 잡아들이고 도성 시위군 병력을 동원하여 산채를 치는 것이 어떨는지요?"

"장군은 우리가 지금 산채에 있는 탱기스의 가병이나 잡자고 이러고 있는 것이 아님을 왜 모르는가?"

"이번 기회에 좌승상은 물론 그 추종세력들을 모두 반란죄로 처단하여 일거에 없애 버려야 하네."

"소장 생각이 짧았습니다."

"저들은 태후마마 생신 축하연 때에 경계가 느슨한 틈을 타 기습하려들 것입니다."

"나도 그렇게 생각하고 있네."

메르키트바얀은 군사회의에 참석한 여러 측근들의 의견을 들으며 커다란 탁자 위에 펼쳐진 황궁 및 대도 인근 지역의 지도를 유심히 바라본다.

"잘 들으시오. 갑자단은 탱기스와 군두산 산채의 가병들의 이동 상황을 계속 감시하고 황궁 수비대는 황궁에 계신 태후마마와 폐하 그리고 후궁마마들의 신변보호를 위해 수비병력을 증강 배치하시오. 그리고 탱기스의 반란에 동조하는 세력들이 나타날 경우를 대비하여 시위군단은 물론 복주(濮州)에 있는 도만호부는 명이 하달되면 병력을 대도로 즉시 진군할 수 있도록 준비하라고 전하시오."

"명 받들겠습니다."

반란 진압을 위한 메르키트바얀의 명이 하달되자 토크토아를 제외한 나머지 측근들은 굳은 얼굴을 한 채 비밀회합장소를 빠져나간다.

"아직까지 병력 이동은 없고 오늘 새벽에 상단 깃발을 꽂은 많은 수레들이 군두산을 나와 옌칭현(延慶縣)을 지나 지금 대도 인근에 있는 묘봉산(妙峰山)쪽으로 가고 있다는 보고입니다."

"수레가 묘봉산으로?"

"제가 보기에는 의심을 피하기 위하여 병기들을 먼저 옮기는 것 같습니다."

"그렇다면 소부대로 나누어 이동하고 있는 군두산 가병들이 묘봉산에서 집결하여 무장을 갖추고 대도로 진입하기 위하여 부대를 재편하려는 것이 틀림없다."

"저도 그렇게 생각하고 있습니다."

"토크토야! 저번에 케시쿠타이 갑자단장이 말한 것처럼 평칙문을 지키는 수문장과 일부 병사들이 황후전에 매수당했다고 하니까 분명히 탱기스는 평칙문을 통하여 황궁으로 진입하려고 할 것이다. 우리 병력이 평칙문가(平則門街) 양쪽에 매복하고 있다가 반란군이 지나갈 때 즉시 공격할 수 있도록 명을 전하라. 그리고 분명히 탱기스가 황궁을 칠 때 먼저 융복궁을 점거하여 황후마마 신변을 보호하고 폐하께서 참석하신 태후마마 생신연회연이 열리는 연춘각을 공격할 것이다."

"우승상! 연회 당일 대명전과 연춘각에는 황궁 수비대 소수 병력만 남겨 놓고 수비대 본진은 후원에 배치하고 있다가 반란군 놈들이 평칙문이나 남정문 쪽으로 밀고 들어오면 동서남북에 있는 네 개문을 동시에 닫고 일거에 공격하여 괴멸시키는 것이 좋을 성싶습니다."

"좋은 생각이다."

"토크토야! 나는 지금 폐하를 알현하고 올 테니 여기를 지키고 있어라."

명조방 내 비밀 장소에서 군을 지휘하고 있던 메리키트바얀과 토크토아는 황궁 수비대장과 케시쿠타이 수장, 시위군의 장군이 각자 위치로 돌아 간 이후에도 밤새도록 긴장을 늦추지 않은 채 시시각각 들어오는 보고를 받고 반란 진압 작전을 지시한다.

“우승상 바얀! 폐하를 알현하옵니다.”

“어서 오시오. 우승상! 요즘 노고가 많다고 들었소.”

“폐하! 일전에 폐하께 아뢰온 바와 같이 탱기스가 엘테무르 세력의 잔당들을 규합하여 이번 태후마마 생신 축하연을 기화로 삼아 반란을 도모할 것 같사옵니다.”

“결국은 탱기스가…….”

“폐하! 소신 생각으로는 이번 태후마마 생신연회는 폐하나 태후마마의 신변안전을 위해서 취소하는 것이 좋을 성싶습니다.”

“그래야 되겠지요. 짐이 태후마마를 뵙고 양해를 구하겠소.”

“하오나 그날 연회연은 예정대로 진행할 계획입니다.”

“무슨 뜻인지 알겠소이다. 짐과 태후마마만 알고 있겠소.”

“폐하와 태후마마께선 반란이 진압될 때까지 국자감(國子監)에 잠시 머무시는 것이 좋을 듯하옵니다.”

메르키트바얀은 날이 밝자마자 황제에게 보고한 대로 탱기스 반란을 제압하기 위한 작전에 돌입한다.

"인비쉬! 다녀오느라 고생했다. 군두산 가병들은?"

"타라카이님께서 먼저 상단으로 위장하여 수레에 병기를 실어 보내고 난 이후에 병력들을 여러 길로 나누어 이동하신다고 하셨습니다."

"지금이면 묘봉산(妙峰山)에 도착하여 무장하고 평칙문 앞쪽으로 이동하여 내일 정해진 시간에 공격할 때만 기다리고 있을 겁니다."

"당초 계획대로 연회연이 벌어지는 미(未)시에 나하고 타라카이가 서쪽과 남쪽에서 동시에 기습하면 충분히 승산이 있다."

"인비쉬! 여하간 지금까지 저놈들이 우리들의 움직임을 눈치는 못 챘겠지?"

"그렇습니다. 황궁 안팎으로 태후마마 생신연회를 준비하느라 정신없어 우리가 이렇게 하고 있는 줄은 꿈에도 모를 겁니다."

"우리 거사가 성공하면 우리 엘테무르家를 배신했던 메르키트바얀은 물론 그 측근들인 토크토야, 차파르를 생포하여 내가 직접 철퇴로 머리통을 날려 버리겠다."

"당연히 그리하셔야지요, 주군! 그럼 황제는 어떻게 처리할 것인지요?"

"황후마마를 과부 만들기는 좀 그렇고……. 황제는 폐위시켜야지."

"주군! 그러면 황후마마께서는?"

"황후마마께서는 태후마마가 되셔서 새로운 황제를 지명할 것이다. 그건 그렇고 자넨 황후마마에게 내일 거사가 있음을 미리 알려 주게."

"주군! 그렇지 않아도 저놈들이 감시의 눈을 번뜩이고 있는데 황후전에 가면 더욱 의심할 것이옵니다."

"그러면 찬모한테 이야기해서 내가 쓴 쪽지를 약탕기 속에 넣어 황후전에 있는 나릉토야를 만나 황후마마에게 전달할 수 있도록 하게."

"알겠습니다. 주군!"

야전에서 잔뼈가 굵은 백전노장 메르키트바얀이 포섭한 황후전의 나릉토야와 케시쿠타이 소속의 점박이 나인을 통하여 자기들의 일거수일투족을 밤낮으로 감시하고 반란을 기화로 엘테무르家를 일거에 섬멸할 만반의 준비를 하는 줄도 모르고 탱기스는 경계가 소홀할 때 기습하면 충분히 승리할 것이라 또 한 번 확신한다.

"공격하라!"

"와~ 와~!"

미시를 알리는 종이 울리자 숨죽이며 대기하고 있던 타라카이가 이끄는 일천여 명의 가병들이 평칙문을 향하여 일제히 함성을 지르며 풍악소리가 울리는 황궁으로 달려간다.

"화살을 쏴라."

타라카이 가병이 평칙문을 통과할 때 갑자기 하늘에서 장대비가 내리는 듯 무수히 날아오는 엄청난 화살에 후미에서 진격하는 가병들이 우르르 쓰러진다.

"도성 시위군들이다."

"어쩔 수 없다. 그대로 밀고 들어가라!"

평칙문을 통과하여 황후전으로 진격하고 있던 타라카이는 갑자기 뒤에서 들리는 가병들의 비명소리에 함정에 빠졌다는 것을 알게 되었으나 탱기스와의 협공을 위하여 무리해서라도 황궁에 대한 공격을 멈출 수가 없었다.

"좌승상! 오늘 태후마마를 위한 연회가 있사온데 웬일로 갑옷까지 입으시고 연회에 참석하려고 하십니까?"

"내가 그래도 명색이 무장인데 무장으로서 태후마마에 대한 예를 갖추기 위하여 갑옷을 입은 것이 뭐가 그리 이상하느냐?"

"수문장님! 반란입니다."

남정문(南正門)을 지키고 있는 수문장이 황궁 안으로 들어가기 위하여 기다리고 있는 많은 사람들 가운데 연회연 참석에 어울리지 않은 황금투구에 붉은 망토와 갑옷을 걸친 탱기스의 복장을 발견하고 황궁 진입을 제지하고 있을 무렵에 성벽 망루 위에 있는 수비대 병사가 다급하게 외친다.

"뭐야? 반란이라고?"

"저기 좌승상이……."

"이놈들을 죽여라. 선봉대는 진격하여 길을 열어라."

"와~ 와~!"

탱기스가 당황하는 수문장을 칼로 내리치자 태후 생신 축하연에 참석하려는 군중 대열 속에 섞여 있던 가병들이 일제히 남정문을 향하여 치닫는다.

"주군! 타라카이님이 융복궁을 점거하고 지금 연춘각으로 향한다고 하옵니다."

"알겠다, 협공하지 못하면 우린 모두 죽는다. 빨리 연회장으로 가는 길을 뚫어라."

"주군! 정예군인 황궁 수비대 병사들이 우리 가병들을 보면 싸우지도 않고 도주하기 바쁘니……. 아무래도 좀 수상합니다."

"인비쉬! 지금 황제와 메르키트바얀만 생포하면 모든 것이 끝난다. 둘 다 궁 안에 있다고 하니 전력을 다해서 이들을 찾아라. 바얀을 잡으면 죽여도 좋다."

책사인 인비쉬가 함정에 빠진 것 아닌가 하고 우려했지만 탱기스는 빨리 황제와 바얀을 잡아야 거사가 성공할 수 있다는 초조함으로 이성을 잃고 가병들을 사지로 몰아넣는다.

"형님! 우리가 속았습니다."

"속다니? 그게 무슨 말이냐?"

"저희 가병들이 서쪽에서 황궁으로 진격하고 있을 때 도로 양쪽에 매복하고 있었던 도성 시위군들에게 기습을 당했습니다. 저놈들은 우리가 올 줄 미리 알고 매복하고 있었던 것 같습니다."

남정문 쪽에서 밀고 들어온 탱기스는 평칙문을 통과할 때 도로 양측에서 도성 시위군의 기습을 받아 가병들의 태반을 잃고 허겁지겁 달려온 타라카이와 조우한다.

"주군! 저기 황룡포를 입고 후원 쪽으로 도망가는 자는 황제가 아닌 듯합니다. 그리고 우승상 모습도 보이지 않습니다."

"큰일 났구나. 너는 빨리 융복궁으로 가 황후마마를 모시고 궁을 빠져 나가도록 해라."

"알겠습니다. 형님도 무사히 빠져나오십시오."

"알았다. 빨리 가거라."

"인비쉬! 퇴각 호각을 불어라."

인비쉬가 이야기했을 때도 설마 했던 탱기스는 시위군과 접전하고 나서 온몸에 피가 낭자한 타라카이와 합류하자 그때야 비로소 함정에 빠졌다는 것을 알고 서둘러 퇴각 명령을 내린다.

"황궁문을 모두 잠가라."

탱기스는 황급히 황궁을 빠져 나가려 했으나 황궁으로 들어가는 4개의 문이 잠기자 오도 가도 못하는 신세가 된다.

"탱기스! 폐하께서 황은을 베풀어 승상까지 오른 놈이 뭐가 부족해서 황궁까지 난입했느냐?"

"바얀! 저 처죽일 놈이……."

"열을 셀 동안 너의 가병들을 전부 죽이고 싶지 않으면 칼을 내려놓고 항복해라."

"하나, 둘…… 여덟, 아홉……."

대명전과 연춘각을 둘러싸고 있는 황궁 내성의 성벽 위에는 수천 명의 황궁 수비대가 독안에 든 쥐 신세가 된 반란군에 대하여 바얀의 명이 떨어지면 금방 화살을 날릴 기세다.

"모두 칼을 내려놓아라."

"좌승상! 어치피 죽을 목숨인데 끝까지 싸웁시다."

"아니다! 끝났다. 바얀! 항복할 테니 부하들의 목숨만은 살려다오."

"지금 순순히 항복하면 내 참작하마."

성곽 위에 있는 바얀을 향하여 탱기스가 항복하겠다고 외치자 바얀의 명에 따라 황궁 수비대 병사들은 반란군을 향하고 있던 활을 일제히 내려놓는다.

"황후마마! 송구합니다만 침소 안을 좀 봐야겠습니다."

"아니. 이놈들이……. 나는 이 나라의 황후이니라. 누구의 명으로 감히 황후전 안을 보겠다는 것이냐? 폐하께서 그렇게 말씀하시더냐?"

"그건 아닙니다만……. 역적 타라카이가 황후전으로 들어가는 것을 보았다는 자가 있습니다."

"어떤 년놈들이 그런 말을 하더냐?"

"저희들이 살펴보면 알게 될 것 아닙니까?"

타나실리는 타라카이가 융복궁으로 황급하게 들어와 몸을 숨기고 곧 뒤 따라온 황궁수비대 병사들이 황후전을 뒤지겠다고 소란을 피우자 벌컥 화를 낸다.

"타라카이. 어디에 있느냐?"

"저기. 황후침전 앞 탁자 밑에……."

"아니. 나릉토야! 네가 나를 배신하다니. 이럴 수가……."

"황후마마! 이 년을 죽여주시옵소서."

"네 이 년! 너를 지금까지 가족으로 생각했는데……. 언제부터 바얀의 개가 됐느냐?"

"마마! 죽여주시옵소서."

황궁 수비대 간부인 듯한 자가 나릉토야로부터 타라카이가 숨어 있는 곳을 알아내자 수십 명의 황궁 수비대가 황후 침소 안으로 순식간에 들이 닥친다.

"휘정원사(徽政院使) 어른! 숨바꼭질하지 말고 나오시지요."

"야~옹. 고양이님! 빨리 나와서 오랏줄을 받으세요."

"바얀 졸개 놈들아, 그만 능멸하거라. 내 발로 나가마."

"진작 그러시지. 하~하. 여기 있는 타라카이 놈을 결박해서 폐하와 우승상께서 계신 대명전 앞으로 끌로 가라."

황궁 수비대 병사들이 황후 침소 탁자 밑에 숨어 있는 타라카이에게 큰 소리로 조소하는 듯한 말을 연이어 하자 참다못한 타라카이가 피투성이가 된 초라한 모습으로 병사들 앞에 나타난다.

"폐하! 신첩 머리 숙여 간곡히 청하나이다. 폐하의 처갓집인 저희 가문이 멸문지화 당하지 않도록 오라비들의 죽음만은 면하게 하여 주시옵소서."

"처갓집? 하~하, 언제 엘테무르가(家)가 짐을 사위로 여겼는가?"

"황후마마! 반란을 한 역적 집안은 삼족(三族)을 멸하는 것이옵니다. 지금 황후마마께서 폐하께 부탁할 처지는 아닌 것 같습니다만 ……."

"우승상! 우승상께서도 저의 아버지 덕택에 이 자리까지 오르지 않았소, 옛정을 봐서 은혜를 베풀어 주시오."

"소신이 엘테무르 승상으로부터 얼마나 많은 괄시를 받았는지 황후마마께서는 잘 모르시는 모양입니다. 아무튼 지금 그런 감정 때문에 이러는 것은 아닙니다. 반란을 도모한 오라비들은 당연히 그에 합당한 처벌을 받아야 할 것입니다."

"폐하! 우승상! 오라비들이 제발 죽음만은 면하게 하여 주십시오. 제발."

황제가 대명전각 아래 동아줄로 꽁꽁 묶여 머리를 산발한 채 무릎을 꿇고 앉아 있는 탱기스와 타라카이에 대하여 막 친국하려고 할 때 타나실리가 허겁지겁 대명전으로 달려와 엎드려 울면서 애원한다.

"황후! 황후께서는 융복궁으로 가 내 명을 기다리시오. 여봐라, 황후를 모시거라."

"탱기스! 짐이 너를 승상까지 승차시켰는데……. 무슨 불만이 그리 많아 반역을 꾀했느냐?"

"황제께서는 제 아비가 돌아가신 이후에 우리 가문을 노골적으로 핍박하고 황후마마에게도 수많은 눈물을 흘리게 하셨소. 그게 불만이라면 불만이요."

"불만? 하하, 탱기스! 짐이 선황제이셨던 명종 황제께서 그대 아비한테 독살당하고 난 이후에 많은 세월을 눈물로 보낸 것에 비하면 그것은 아무것도 아니다."

"그게 이제까지 우리한테 숨긴 폐하의 속마음이었소이까?"

"네 이놈! 네 놈이 터진 입이라 그리 말하느냐, 너와 너의 가문이 옛날 영화를 되찾기 위해서 반란을 도모했다고 솔직히 말하거라."

"바얀! 너를 죽이지 못한 게 천추의 한(恨)이다."

"폐하! 이놈들이 떠드는 것을 더 이상 들을 필요가 없습니다. 바로 처형장으로 데려가 거열형(車裂刑)에 처하도록 하겠나이다."

"그렇게 하시오."

황제의 명에 따라 탱기스와 타라카이는 사지가 찢어지는 거열형에 처해져 비참한 죽음을 맞이한다.

"폐하! 황후는 역적 집안입니다. 즉시 폐위(廢位)하여 출궁하도록 명을 내려주시옵소서."

"황후마마라 하더라도 반란에 연루되었으면 마땅히 처형되어야 합니다. 통촉하여 주시옵소서."

"대소신료들은 들으시오. 아무리 황후가 죄가 있다고는 하나 황후를 내 손으로 죽인다면 아내를 죽인 못난 남편이라는 백성들의 비난을 피할 길이 없소. 하여 황후를 폐위하고 개평부(開平府:현 내몽골 자치구 다륜현 서북부)로 유배하여 평생 근신하도록 할 것이오. 짐의 뜻을 따르길 바라오."

황제인 토곤테무르는 바얀 측근들이 타나실리를 죽이라는 건의를 묵살하고 타나실리를 머나먼 사막지대인 개평부 지역의 조그마한 마을로 유배하도록 명을 내린다.

"바얀이 건강에 좋다는 약을 보냈다고 했느냐?"

"네. 마마! 약을 들고 온 개평부 관리가 그렇게 이야기 했사옵니다."

"알겠다. 그런데 어찌 이런 옷을 입고 아버님과 오라비들을 볼 수 있겠느냐. 장롱을 열면 궁에서 입었던 의복이 있다. 가져 오너라."

"네? 마마. 무슨 말씀이온지."

"그동안 나를 보살피느라 고생이 많았다. 저세상 가서도 너를 잊지 않으마."

타나실리는 당시 권신인 승상 엘테무르 딸로 열세 살에 황후에 오른 이후 2년 뒤에 오라비인 탱기스의 반란으로 폐위되어 평민으로 지내다가 바얀 승상이 보낸 짐독(鴆毒)을 먹고, 어린 나이에 황량한 변방의 시골 마을에서 한(恨) 많은 생을 거둔다. 이로써 한때 원나라를 좌지우지했던 엘테무르가(家)는 역사의 뒤안길로 조용히 사라지게 된다.

"기낭중! 그간 걱정이 많았겠구려."

"나도 그동안 자네 걱정 참 많이 했네."

기철의 여동생이 원나라 후궁이 되어 온 나라가 떠들썩할 때 문 지방이 닳도록 집으로 찾아오고 수시로 홍연각에서 술을 마시며 호형호제하였으나 원나라에 정변이 있다는 소식을 듣고 한동안 발길을 끊은 많은 사람들 중의 한 명인 찬성사(贊成事) 채홍철(蔡洪哲)과 평리(評理) 윤신걸(尹莘傑)이 기철을 보고 한마디씩 한다.

"대감들께서 그렇게 생각해 주시니 백골난망(白骨難忘)입니다."

"그동안 기낭중의 마음고생이 심했으니 조만간 술이나 한 잔 하십시다."

"제가 요즘 이것저것 하느라 바빠서 시간이 날 지 모르겠습니다. 짬이 나면 대감들께 연락 올리겠습니다."

기철이 조소하는 듯이 대꾸하자 채홍철은 불쾌한 얼굴 색깔을 애써 감추면서 침착하게 대답한다.

"그렇겠구먼. 혹여 시간이 나면 연락주시게."

"그렇게 하지요."

기철과 채홍철은 서로 발길을 돌리자마자 각자 속마음 속에 있는 울분을 낮은 목소리로 중얼거린다.

"달면 삼키고 쓰면 뱉는 쥐새끼 같은 인간들."

"황제 첩이 된 여동생 하나 믿고 거들먹거리는 꼴을 언제까지 보아야 되나."

"대감마님! 그간 강녕하셨습니까?"

몇 달 동안 대도에 머물며 원나라 귀족의 부인, 첩으로 있는 고려 여인들이나 궁에 있는 환관, 궁녀들을 대상으로 장사하고 귀경한 개경 소상인 현구가 권겸을 보고 정중히 인사를 한다.

"오랜만이네. 이번 길에 장사는 잘 되었고?"

"대감마님께서 신경써주신 덕분에 예전보다는 이문을 많이 본 것 같습니다."

"잘 되었구먼."

“그리고 대감마님께서 부탁하신 일도 잘 처리하였습니다. 소인이 평소 잘 아는 환관과 같이 기비마마 처소에 직접 가서 서찰과 함께 잘 전달하였습니다.”

“그래. 수고 많이 했네.”

“대감마님! 그런데 소인이 원나라 있을 때 환관과 궁녀들로부터 이상한 이야기를 들었습니다.”

“이상한 이야기라니?”

“바얀 승상이 같은 친족인 바얀후투그(伯顔忽都)라는 여자를 대도로 불러 이전에 황후였던 타나실리가 있던 용복궁에 머물게 하고 있는데 아무런 첩지 없이 외인이 궁에 거주하는 것은 전례 없는 일이라고 합니다.”

“토곤테무르 폐하의 윤허가 있으셨으니 그리 된 것 아니겠는가?”

“그게 이상하다는 것입니다. 소인하고 호형호제하는 환관들 말을 들어보면 황제께서는 그런 윤허를 내리신 적이 없다고 합니다.”

“그것 참 이상하구먼.”

“또 대도에서 떠도는 소문을 들어 보면 바얀 승상이 친척인 바얀후투그라는 여인을 황후로 앉히려고 궁으로 불러들였다고 합니다.”

“그런가. 여하간 수고 많이 했네. 윤 집사에게 성의표시를 하라고 이야기해 놓았으니 윤 집사를 보고 가게.”

“감사합니다. 대감마님! 소인 그만 물러가겠나이다.”

윤 집사의 친구인 현구로부터 최근 원나라 황궁사정을 전해들은 권겸은 오랫동안 깊은 생각에 빠진다.

"바얀 승상이 엘테무르 승상의 전철을 밟는다면 종국에는 그도 비참한 신세로 전락할텐데……. 그때까지는 당분간 바얀 승상의 세상이 되겠구먼."

"기비는 고려 여인이니 황후가 되지는 못 할 것이고……. 그래도 상국의 후궁이라 무시는 못하겠지만 황제와 사이가 멀어지면 언제라도 조정대신 놈들이 나하고 기 낭중한테 이리 떼처럼 달려들겠지."

그러나 권겸의 우려와는 다르게 기순녀는 날이 가면 갈수록 황제인 토곤테무르의 사랑을 독차지하게 되어 황궁 내에 있는 고려출신 환관, 궁녀는 물론 원나라 고위 관리들 중에서도 기비를 따르는 무리들이 점차 늘어나 세력을 확장한다.

기순녀가 원나라 황궁에서의 직위가 계속 올라가자 상국인 원나라 눈치를 볼 수밖에 없었던 고려 조정도 황제가 총애하는 여인네의 오라비인 기철을 무시할 수 없게 된다.

어둠의 왕국

어둠의 왕국

충숙왕 복위 6년(1337년)! 삼월 초에 원나라에선 바얀 승상의 조카인 바얀후투그가 황후로 책봉된 이후 오월부터 칠월까지 3개월 동안 혜성이 개경의 어두운 밤하늘에 연이어 나타나자, 백성들의 고통을 나 몰라라 하는 고려에 대하여 하늘이 노(怒)해 망하게 될 것이라는 소문이 개경은 물론 전 고려에 꼬리에 꼬리를 물고 퍼진다.

"전하는 오늘도 안 계시는 모양입니다."

"해주(海州)에 사냥 가셨다가 아직 귀경하지 않으신 것 같습니다."

"어~허! 처리할 일들이 산적한데 전하께선 정무는 뒷전이시니 큰일이구려."

전리판서(典理判書) 이겸(李謙)이 대전에 모여 웅성거리는 대소신료들을 보면서 난감한 표정을 짓는다.

"이 대감께서 전하를 직접 찾아 뵙고 상국에 성절사(聖節使: 축하사절단)로 갈 분을 주청드리시는 것이 좋을 듯합니다."

이겸 주위에 있던 대소신료들이 밀직사 김자의 건의대로 그렇게 하는 것이 좋겠다는 듯이 고개를 끄덕거린다.

"그럼, 내가 해주에 가서 전하를 뵙고 윤허를 받아 오리다."

"이 대감! 나도 같이 갑시다."

찬성사(贊成事) 민상정(閔祥正)이 대소신료들이 서 있는 대열에서 한 발짝 앞으로 나서며 이겸을 따라 해주 가는 길에 동행하겠다고 이야기한다.

황해도 해주 수양산(首陽山) 인근 평야에는 왕의 임시 거처인 대형 게르와 수행원의 천막들이 횡렬로 가지런히 세워져 있고 그 주변은 군데군데 응양군과 몽골 호위병사들이 완전 무장을 한 채 그 주위를 에워싸고 있고 왕을 따라온 시녀들은 사냥 때 잡은 산짐승들을 다듬어 불이 붙은 장작더미에 올려놓고 고기를 굽고 있다.

"전하! 그간 강녕하셨습니까?"

"이대감하고 찬성사 아니시오. 무슨 급한 일로 이런 험한 곳까지 오셨소?"

"전하! 황후마마께서 즉위한 지 벌써 반년이 다 되어 가는데 아직까지도 상국에 성절사를 보내지 못하고 있어 오늘 전하의 명을 받아 성절사로 갈 대신을 선정하였으면 합니다."

"벌써 그리 되었소? 이것저것 복잡하게 생각할 것 없이 여기 오신 이 대감과 민 찬성사께서 같이 다녀오시구려."

"전하! 상국에 보내는 사절단인데 귀경하셔서 대소신료들이 모인 가운데 논의하시는 것이……."

"여기서 사냥이 끝나면 당분간 인근 온천에서 머물고자 하니 경들께선 과인의 뜻대로 하시오."

"네, 전하! 성은이 망극하옵니다."

"오늘 저녁은 꿩하고 사슴 고기라고 하니 들고 가시구려."

"전하! 상국으로 떠나려면 시간이 촉박한지라 소신들은 서둘러 귀경하여 성절단을 빨리 꾸며 대도로 출발하는 것이 좋을 듯합니다."

"경들의 뜻이 그렇다면 그리 하시오."

"전하! 황공합니다. 소신들은 그만 물러가겠나이다."

충숙왕을 알현하고 나온 두 대신은 평소 대전 회의 때 정무에 지친 듯 의기소침하던 모습과는 달리 거친 들판에서 금빛 갑옷을 입고 자신 있게 자기들을 대하는 왕의 모습을 보고 놀란다.

"대감! 전하께서 예전과 달리 보이십니다."

"글쎄 말입니다."

당시 충숙왕은 선왕이신 충렬왕과의 왕위를 둘러싼 부자지간의 갈등이 아들인 왕정(충혜왕)에게 까지 이어지자 권력무상, 인생무상을 느꼈던지 국정의 대부분을 대소신료에게 맡긴 채 측근들과 사냥으로 소일하고 있었다.

"전하! 정신을 차리시옵소서. 어의를 빨리 오라 하라!"

충숙왕 곁을 지키고 있던 공원 왕후가 다급한 듯 소리치자 내전 밖에 있는 환관이 급히 전의시로 달려가 어의를 데리고 온다.

"좀 어떠하신가. 어이 이러시는 겐가?"

허겁지겁 달려온 어의는 침소에 누워 있는 충숙왕의 진맥을 짚고 서둘러 인중과 머리 뒤쪽에 약침을 놓는다.

"숨이 고르지 못해 잠시 혼절하셨습니다. 침을 놓았으니 조금 있으면 괜찮아지실 것입니다."

왕이 혼절한 소식이 도첨의부(都僉議府)와 육부(六部)에 전해지자 첨의좌정승판삼사사(僉議左政丞判三司事) 강융(姜融), 첨의찬성사(僉議贊成事) 채하중(蔡河中), 찬성사(贊成事) 홍빈(洪彬), 상호군(上護軍) 안사유(安士由), 임중연 등이 모여 충숙왕 붕어 시 후계자 논의를 한다.

측근 중신 회의를 소집한 첨의좌정승판삼사사(僉議左政丞判三司事) 강융(姜融)이 입을 연다.

"전의시(典醫寺) 어의가 전하께서는 워낙 병이 깊어 얼마 남지 않으셨다고 하네. 대비마마께서도 안 계시니 어찌하면 좋겠나?"

"대감! 대비마마도 안 계신 마당에 전하께서 후사를 정하지도 못하고 붕어하시면 공원 왕후(恭元王后) 마마께서 할 수밖에 없지 않겠습니까?"

찬성사(贊成事) 홍빈(洪彬)이 후왕 지명에 대한 이야기를 하자 회의에 참석한 대신들 모두가 수긍하는 듯 고개를 끄덕인다.

"문제는 공원 왕후(恭元王后)께서 누구를 왕으로 지명할 것인가 하는 점입니다. 장남인 왕정 전하를 공원 왕후께서 또 다시 고려왕으로 지명하시면 대감들께서도 아시다시피 국정에 엄청난 혼란이 올 것입니다."

"음……."

누군가 깊은 신음소리를 내자 침묵을 지키고 있던 상호군(上護軍) 안사유(安士由)가 문뜩 생각나는 것이 있는지 입을 연다.

"제가 상국에 다녀와서 대도에 머물고 있는 왕정 전하께서 그동안 일들을 후회하고 계시다는 것을 병석에 누워계신 전하께 전하였더니 하염없이 눈물만 흘리더이다."

"어~허. 만약 전하께서 붕어하시기 전에 왕정 전하에게 보위를 물려준다는 교지를 수결(手決)하시면 이것 큰일 아니오."

"일단 전하의 용태가 어떤지 봐 가면서 대책을 마련토록 합시다."

"그렇게 하는 것이 좋겠소."

그러나 대소신료들의 바램과는 달리 충숙왕 복위 8년(西紀 1339년) 원 지원(至元) 5년, 3월! 평생 동안 부자지간에 권력을 둘러싼 갈등으로 한 많은 인생을 살아온 충숙왕은 아들인 왕정을 다시 고려왕으로 하는 유명(遺命)을 내리고 부인인 공원 왕후가 지켜보고 있는 가운데 조용히 숨을 거둔다.

"바얀 승상께서 전하의 왕위 계승을 허락하지 않고 있다 하옵니다."

"기어코 바얀 승상께서……."

원나라에서 방금 돌아온 첨의평리(僉議評理) 이규(李揆) 등이 연경궁(延慶宮)으로 들어와 충혜왕을 알현하고 왕위계승에 대한 원 조정의 반응을 아뢴다.

"바얀 승상께서 과인이 등극하는 데 반대하는 이유가 뭐라 하던가요?"

"소신은 바얀 승상께서 단지 전하의 왕위 계승의 불가함을 황제 폐하께 건의했다는 것만 들었을 뿐 자세한 이야기는 듣지 못하였사옵니다."

이규는 바얀 승상이 자기의 정적인 엘테무르와 가까웠고 대도에 있을 때 유부녀나 강간하는 등 망나니 짓거리를 한 충혜왕보다는 심양왕 왕고를 고려왕으로 하는 것이 좋겠다는 뜻을 황제에게 주청한 사실을 알고 있음에도 충혜왕 앞에서 차마 그 이야기를 하지 못하고 대충 얼버무린다.

"상국 조정에 있는 고위층 대신들을 누가 많이 알고 있습니까?"

"전하! 소신이 알기로는 판밀직사사(判密直司事) 손수경(孫守卿)과 상호군(上護軍) 전윤장(全允藏)이 오랫동안 상국의 대소신료들과 친분을 맺고 있다고 들었습니다."

"허면 이평리는 손 대감과 전 장군과 함께 다시 상국으로 가 과인이 왕위를 계승함이 불가피하다는 것을 설득하도록 하시오."

“명 받들겠나이다.”

당시 정국은 충혜왕의 명을 받은 고려 조정 대신들이 자기들의 인맥을 총동원하여 왕위 계승의 정당성을 원나라 고위 관리들에게 설득하고 있었으나 당시 원나라 제일의 권력자인 바얀 승상이 여전히 충혜왕의 왕위 등극을 반대하고 있어 충혜왕의 바람과는 다르게 움직이고 있었다.

“대호군(大護軍) 한테무르부카(韓順治木見不花)! 전하를 뵈옵니다.”

“대호군! 과인을 위하여 고생이 많소. 상국 사정은 어떻소?”

“…….”

“말해도 괜찮소. 상국에서는 여전히 과인이 왕으로 등극하는 것을 반대하고 있소?”

“전하! 지금 대도에 있는 첨의평리도 밤낮으로 고위 관리들을 만나 왕위 계승의 불가피성을 설득하고 있으나 워낙 바얀 승상이 완강히 반대하는지라 어려움이 많다고 들었습니다.”

“그런가요? 과인이 부덕하여 그런 것이니 누구를 탓하겠소.”

“황공하옵니다. 전하!”

“하온데 첨의평리의 이야기로는 상국에서도 존경받는 부원군 권보(權溥) 대감이 나서주면 어려운 정국을 헤쳐 나가는 데 많은 도움이 될 것 같다고 하옵니다.”

“그렇지. 왜 진작 그 생각을 못했지…….”

원나라에서 귀국한 대호군(大護軍) 한테무르부카(韓順治木見不花)는 어좌에 근심스러운 얼굴로 앉아 있는 충혜왕에게 군신의 예를 표하며 다녀온 원나라의 동향을 보고한다.

"이대감! 대감은 부원군 대감의 문하생이자 사위 아니오."

"그러하옵니다. 전하!"

"그럼 이대감이 부원군을 뵙고 과인의 문제를 상의하셨으면 하오."

"충심을 다하겠나이다."

충혜왕은 대호군의 귀국 보고를 듣기 위해 연경궁(延慶宮)에 좌우로 도열해 있는 여러 명의 대소신료 사이에 서 있던 정당문학(政堂文學:종2품) 이제현(李齊賢)을 바라보며 간절한 표정으로 부탁을 한다.

"장인어른! 그간 강녕하셨습니까?"

"자네가 여긴 웬일인가?"

"전하께서 장인어른께 부탁하신 말씀을 전해드리러 왔습니다."

"전하께서? 이 늙은이가 무엇을 할 수 있다고 부탁을 하셨단 말인가? 허~허."

"장인어른께서도 잘 아시겠지만 선왕께서 붕어하신 이후 전하께서 왕위를 계승하시는 데 상국에서 반대가 워낙 심한지라 조정이 제 갈 길을 가지 못하고 우왕좌왕하고 있는 것이 지금의 실정입니다."

"나도 그렇다고 들었네."

"장인어른께서는 오래전부터 상국 조정의 많은 고위 관리나 황족들이 따르고 존경하시는 분이 아닙니까? 제 생각에는 장인어른께서 연로하셔서 상국에 다녀오지는 못하더라도 상국에 있는 친분 있는 대신들에게 간찰(簡札:옛날 편지)을 보내주시면 지금 대도에 가 있는 대감들에게 많은 힘이 될 것 같습니다. 부탁드리옵니다. 장인어른!"

"그리 자네가 간절히 부탁하니 할 수 없구먼. 내키지는 않지만 내 써줄 테니 조정에서 직접 상주하는 것보다 정동행성(征東行省)에 있는 상국의 관리를 통하여 상국 조정에 간찰이 전달될 수 있도록 하게."

"굳이 정동행성을 통하여 간찰을 전달하는 이유라도 있는지요?"

"정동행성에 있는 상국에서 파견된 하급 관리들이 힘은 없다하더라도 고려 조정을 감시하는 임무를 수행하고 있으니 우리가 요청하는 것보다는 이런저런 합당한 이유를 내세워 그들이 직접 상국 조정에 전달하는 것이 훨씬 효과적이기 때문이네."

"아~! 그렇군요."

부원군 권보는 충숙왕 이후 미묘하였던 대원 관계에서 국로(國老)의 자격으로 여러 차례 어려운 정국을 해결하여 충혜왕이 고려왕으로 다시 등극하는 데 일조(一助)한다.

"전하! 오늘은 어디로 행차하실는지요?"

"글쎄다. 너는 어디가 좋으냐?"

"전하! 그동안 사냥할 때 늘 같이 다녔던 삼사사(三司使) 홍 대감댁으로 길을 잡아 보오리까?"

"야. 이놈아! 삼사사 홍대감은 작년에 죽었지 않았느냐?"

"그래서 지금 홀로 되신 부인을 위문하는 것이 돌아가신 홍대감에 대한 도리가 아닌가 하옵니다."

"이젠 더워 사냥다니는 것도 싫증이 나는데, 그것 말고 뭐 좀 좋은 것 없느냐?"

"전하! 부인 황 씨는 홍대감께서 생전에 너무 미인이라 남들이 보면 탐한다고 늘 규방(奎房)에서 못 나오게 할 정도로 천하일색 미인이라고 합니다."

"그래? 그럼 위로도 할 겸 가 볼까?"

충혜왕은 선왕이 붕어한 이후에 졸곡 기간이 끝나기도 전에 노비(奴婢)에서 호군(護軍:종4품)까지 오른 강윤충(康允忠) 등과 같은 자기를 잘 따르고 아첨하기 좋아하는 대소신료들과 함께 백성들의 고충은 헤아리지 않은 채 산으로 들로 사냥하러 나가기 일쑤였고 궁 안에 있는 얼굴이 반반한 궁녀들을 보면 침소로 끌고 와 하룻밤을 보내는 것이 일과일 정도로 방탕한 생활을 한다.

더욱이 오늘 심심했던 차에 내전 환관 최화상(崔和尙)이 바람기 다분한 왕에게 미망인인 황 씨를 위로한다는 명목으로 만나 보자고 충돌질을 한다.

“이리 오너라.”

“마님, 계시느냐?”

“계십니다만 어디서 온 누구라 아뢰오리까?”

“돌아가신 홍대감과 절친했던 사이였다고 여쭤라.”

“기다리시지요.”

“마님! 밖에 대감마님 친구라는 분이 마님을 뵙고자 하옵니다.”

“알았다! 잠깐 기다리시게 해라. 곧 나가마.”

일반 귀족들이 입는 평복으로 갈아입은 최 내관이 홍 대감댁 문 앞에 도착하자 대문 밖으로 나온 여종에게 고인의 지인이 왔다고 전하라고 위엄있게 이야기한다.

“누구시온데 이 늦은 시각에…….”

“마님! 대전 환관이옵니다. 알아보시겠습니까?”

“대전 내관 아니시오?”

“네. 맞습니다. 마님! 그리고 소인 뒤에 계신 분은 전하이십니다.”

“전하! 전하께서 어인 일로?”

"전하께서 대감을 잃으시고 낙담하고 계신 마님을 위로하신다고 하셔서 소인이 모시고 왔습니다."

"어서 안으로 드시지요."

내전 환관 뒤에서 복두(幞頭:모자)를 꾹 눌러 쓴 충혜왕은 황씨가 낮은 목소리로 방안에 들기를 권하자 아무 말 없이 방안으로 들어선다.

"전하! 어인 일로 이런 누옥에 다 오셨는지요?"

"그동안 국사일로 바빠서 외숙께서 돌아 가셨는데도 이렇게 인사가 늦었습니다."

"이렇게 찾아주신 것만으로도 크나 큰 광영이옵니다. 전하!"

"얼른 다과상을 준비하겠나이다."

"다과상은 무슨……. 이곳에 오니 돌아가신 외숙 생각이 떠올라 마음이 울적하니 다과보다는 술이나 하는 것이 좋을 것 같습니다."

"술을요? 하오나……."

아무리 지존이신 왕이라 하더라도 늦은 저녁에 남편을 잃은 과부와 함께 단 둘이서 술을 먹는다는 것은 예삿일이 아니기에 부인 황씨는 당황한다.

"숙모와 조카가 고인이 되신 외숙을 그리워하며 술 한 잔 나누는 것이 무에 이상하겠습니까?"

"알겠습니다. 아랫것들에게 술상을 준비하라 이르겠습니다."

"술은 따로 준비할 필요가 없고 외숙이 살아 계실 때 저와 자주 들던 술을 궁에서 가져왔으니 술은 그걸로 들면 될 것 같습니다."

"허면, 음식을 따로 마련해서 올리겠나이다."

"이거 위로하러 왔다가 숙모님께 폐만 끼칩니다."

"아닙니다. 전하께서도 얼마 전에 부왕을 잃어 슬픔이 크실 텐데, 그럼에도 이렇게 누옥을 방문하여 주시니 감읍할 따름이옵니다."

충혜왕도 과부인 황씨가 늦은 시간에 한 방에 남자와 단 둘이 있다는 것이 알려지면 입장이 곤란해지는 것을 아는지 외가(外家)와의 친분을 거론하면서 부인 황씨의 마음을 누그러뜨린다.

"다들 이 술이란 것이 마음이 허(虛)할 때 마시는 명약이라 한다지 않습니까. 외숙모나 저나 서로 마음이 허전한 사람들끼리 다 마시도록 하십시다."

"네. 전하."

황씨는 충혜왕이 따라주는 술을 거부할 수 없어 한잔 받아 들이킨다.

"자. 또 한 잔 받으시지요. 숙모."

충혜왕은 은근히 시커먼 속내를 풍기며 연달아 황씨에게 술을 따른다. 황씨 또한 충혜왕의 의도를 아는 듯 모르는 듯 거역할 수 없는 술잔을 받아 마신다.

"전하! 많이 독한 술이었나 봅니다. 몇 잔 마시지도 못했는데 벌써 이렇게나 취기가 오르니……."

"허허. 숙모. 저도 술기운이 올라와 덥군요. 겉 옷 좀 벗겠습니다."

"전하! 도저히 취기 때문에 그대로 앉아 있을 수가 없사옵니다. 이제 그만……."

"예를 따지지 말고 힘드시면 누우세요. 저는 이 술 다 마시고 가겠습니다."

"전하! 이상하게 몸이 푹 가라앉고 몸에 열이 나고 졸음이 밀려옵니다. 황공하옵니다만 좀 눕겠습니다."

황씨와 충혜왕은 술잔을 주고니 받거니 하면서 궁에서 가져 온 육종용술(肉從蓉酒:성욕을 돋우는 술) 한 병을 다 비우고 나자 황씨는 정신을 잃고 방바닥에 쓰러진다.

"초여름인데 웬 속옷을 이렇게 많이 입었나?"

"음~, 정말 보기 드문 미인일세."

충혜왕이 술에 만취되어 정신없이 쓰러진 황씨를 들어 아랫목에 눕히고 속옷을 하나씩 벗기자 숨겨 놓은 우윳빛 같은 뽀얀 속살이 드러난다.

"어머나! 이게 무슨……."

아침이 되자 정신이 든 황씨는 벌거벗은 채 옆에서 자고 있는 충혜왕을 보고 본인의 몸에는 실오라기 하나 걸치지 않은 것을 알고 몹시 놀라 서둘러 방바닥에 떨어진 옷을 주섬주섬 입는다.

"일어나셨습니까? 어제 술이 너무 과해 제가 실수를 했나 봅니다."

"……."

"궁 밖에 오래 머문 것 같으니 이제 그만 궁으로 돌아갈까 합니다."

충혜왕은 살며시 눈을 떠 창피해서 어쩔 줄을 모르는 황씨를 바라보며 입을 연다.

"최내관 밖에 있느냐? 궁으로 갈 채비를 해라."

"네. 전하!"

"숙모님은 나오지 마시고 그냥 방에 계십시오. 나중에 연통하오리다."

"……."

1339년 5월 충혜왕은 선왕 때 삼사좌사(三司左使)를 지낸 외삼촌 홍융이 죽은 후 어느 날 환관 최화상(崔和尙)이 외삼촌 후처인 황씨(黃氏)의 미모를 추켜세우자 그날 밤으로 그 집으로 달려가 사통하고, 궁으로 돌아와 외숙모가 곤궁하게 살고 있다는 핑계로 내탕금(內帑金:왕실재산)을 털어 금은 그릇, 채색 비단 14필, 모시베 100필 및 쌀과 콩 각 100석을 내려준다.

그 이후엔 황씨도 홀로된 이후에 외로웠던지 자주 왕을 초청해 자기 집에서 잔치를 열고 남들 모르게 깊은 관계를 맺는다.

"대비마마! 차마 입에 담기가 민망하여 아뢰기가 어렵나이다."

"내 대충 알고는 있다마는……. 어찌 미치지 않고서야 그런 짓거리를 할 수 있단 말이요?"

“대비마마! 고정하시옵소서.”

“고정하라니. 정 상궁! 내 지금 당장 전하를 만나러 갈 테니 채비를 하게.”

충혜왕의 모친인 공원왕후(恭元王后)는 자기 아들이 부왕의 후궁인 수비(壽妃) 권씨(權氏)와 정을 통했다는 말을 듣고 노발대발한다.

“주상! 내 오늘 회괴망측한 소리를 들었소.”

“어마마마! 무슨 말씀이온지 소자 도통 모르겠습니다.”

“꼭 내 입으로 천륜(天倫)을 버린 그 더러운 이야기를 하란 말이요?”

“…….”

“주상! 이 어미가 듣기로는 지난 경오일(庚午日)에 수비와 같이 밤을 보냈다고 하던데…… 소문이 사실이요?”

“어마마마! 아바마마 돌아가신 후에 수비께서 쓸쓸히 혼자 계셔서 단지 들려서 어떻게 지내시고 있는가 보려고 간 것이온데…….”

“그럼 주상과 수비가 같이 밤을 보냈다는 이야기가 거짓이란 말이요?”

“소자 절대 그런 일이 없었사옵니다.”

“내 수비에게 직접 물어보겠소.”

공원왕후(恭元王后)가 연경궁(延慶宮)으로 행차하여 용포도 제대로 입지 않은 충혜왕을 보고 노기 띤 얼굴로 소문의 진위를 물어본다.

"수비마마! 대비마마 납시었사옵니다."

"……."

"대비마마! 수비마마가 병환으로 거동이 힘든 것 같사온데 그래도 나와서 영접하라 하오리까?"

"아니다. 내가 직접 들어가마."

수비 처소에 있는 상궁이 수비가 병환 중임을 고(告)하자 대비인 공원왕후(恭元王后)는 이를 무시하고 수비처소 안으로 냉큼 들어간다.

"수비! 어디가 아프시길래 그리 누워 계시오?"

"대비마마! 오셨습니까? 소첩 이렇게 누워 대비마마를 맞이하는 것을 용서하시옵소서."

"수비! 병환 중인데 이런 말을 한다고 너무 서운해 하지 마시오."

"말씀하시옵소서."

"지난 경오일에 주상과 무슨 일이 있었소?"

"……."

"왜 말씀이 없으신 게요?"

"소첩! 이제 살고 싶은 마음이 없사옵니다. 흑~ 흑!"

공원왕후(恭元王后)는 통곡을 하는 수비를 물끄러미 바라보다 더 이상 물어볼 필요가 없다는 듯 허탈한 표정으로 수비 처소를 나온다.

"전하! 황씨가 몸이 안 좋다고 연통이 왔나이다."

"어디가 안 좋다고 하더냐?"

"아뢰옵기 황송하오나 아랫도리에서 고름이 많이 나오고 통증이 심해 움직이지도 못한다 하옵니다."

"이놈아! 그런 일이 생긴 것이 하루 이틀이냐. 복산(福山:의술에 능한 고려승려)한테 이야기해서 치료하라고 해라."

충혜왕은 원나라에 있을 때 유부녀나 노비, 창기(娼妓)들과 무분별하게 성교를 하여 성병에 걸리자 열약(熱藥:건강, 부자 등 성질이 더운 약)을 계속 복용한 관계로 그와 정을 통한 여인들은 태반 임질에 많이 걸렸다. 황씨도 이 병에 걸리자 충혜왕은 의술에 능한 승려 복산(福山)을 시켜 치료하게 한다.

"경화공주마마께서 소신에게 간찰(簡札:옛날 편지)을 보냈사온데 읽어보다 놀라운 마음을 진정할 수 없어 이렇게 달려왔나이다."

"좌정승! 무슨 내용이길래 그렇게 얼굴이 상기되어 있소?"

"심양왕 전하! 한번 읽어 보시옵소서."

당시 심양왕 왕고는 충숙왕이 서거하고 원나라 조정 대신들 사이에서 충혜왕은 왕의 자질이 부족하다는 여론이 일고 당시 원나라 무소불위의 권력을 움켜쥔 메르키트바얀이 자기를 고려왕으로 책봉하는 것이 좋겠다는 의견을 냈다는 소식을 듣고 원 조정의 지지를 받기 위하여 측근인 좌정승 조적 등과 같이 원나라의 수도인 대도로 향하여 가는 도중에 잠시 평양(平壤)에 머물고 있었다.

좌정승 조적은 경화공주의 간찰을 주군인 왕고에게 두 손으로 공손히 전달한다.

"이런~ 미친놈이 있나?"

"전하! 앞으로 어찌 해야 할까요?"

"왕정(충혜왕)이 제 무덤을 파서 땅속으로 묻어 달라는 데 묻어 줘야 하지 않겠소."

"하오면……."

"그렇지 않아도 상국 대신들 사이에서도 왕정의 자질에 대하여 부정적인 분위기인데 경화공주 일이 대도에 알려지면 왕정이 고려왕으로 등극한다는 것은 물 건너간 것 아니겠소."

"그렇게만 된다면 바얀 승상을 비롯한 많은 상국 대소신료들이 전하를 지지하고 있는 마당에 전하께서 고려왕이 되시는 데에는 큰 어려움이 없을 것이옵니다."

"그래서……. 내 생각에는 지금 상국에 지지를 받으러 갈 것이 아니라 왕정의 패륜을 개경에 있는 대소신료는 물론 백성에게 알려 왕정에게 등을 돌리게 하는 것이 좋을 성싶소."

"우선 조승상께서는 개경으로 돌아가 경화공주를 만나 전후 사정을 자세히 알아 본 다음에 정동행성(征東行省) 관리인 홍빈(洪彬), 주주(朱

柱), 전사의(全思義)와 왕정을 탐탁지 않게 생각하는 조염휘(趙炎輝), 이휴(李休) 등 고려 대소신료들과 논의하여 왕정을 어좌에서 끌어내리는 계책을 세우시오. 그리고 박공(朴公:박전)은 여기 평양은 물론 개경에까지 내가 상국으로부터 고려왕으로 등극하는 것을 허락받았다는 소문이 퍼지도록 해 주시오."

"전하의 뜻을 따르겠사옵니다."

심양왕 왕고를 비롯한 측근들은 왕정이 충숙왕으로부터 유명(遺命)을 받아 지금까지 고려왕으로 행세하고 있으나 원나라의 책봉 허락이 떨어지지 않아 반쪽짜리 왕의 처지인데 원나라 황족이고 선왕의 비(妃)로서 어머니뻘인 경화공주를 욕보인 충혜왕의 소식을 듣고 고려왕으로 오를 수 있는 천재일우의 기회로 보고 개경으로 돌아가 적극적으로 세력을 규합하여 왕정을 고려왕에서 끌어내릴 계책을 마련한다.

"마마! 조적 좌승상께서 오셨사옵니다."

"안으로 모셔라."

"마마! 소신은 마마께서 보내신 간찰을 읽고 너무 황망하여 차마 입에 담지 못하겠나이다."

충혜왕 복위 원년(1339년)! 경화공주는 남편인 충숙왕 사망 후에는 영안궁(永安宮)에서 지내고 있었는데 충혜왕이 혼자 쓸쓸히 있는 것을 위로해 준다는 명목으로 5월과 7월에 영안궁으로 행차하여 잔치를 베풀어 주자, 이에 대한 답례로 다음 달인 8월에 잔치를 열었는데 답례

연회연이 있던 그 날 밤에 충혜왕은 연회가 파한 후에도 술에 취한 척하고 나가지 않고 있다가 영안궁 침소에서 경화공주가 잠옷으로 갈아입고 막 잠에 들 무렵 남 몰래 들어가 경화공주의 몸을 더듬자 경화공주가 화들짝 놀라 저항하자, 상호군(上護軍) 송명리(宋明理) 등을 시켜 공주를 움직이지 못하게 하고 신하들이 보는 가운데 경화공주를 강간하는 패륜을 저질렀으며, 이 일이 있은 다음날 경화공주는 아들뻘인 충혜왕한테 강간당한 일을 치욕스럽게 느끼고 원나라로 돌아가기 위해 말을 사들이려 했으나 충혜왕이 밀직부사 이엄(李儼)과 윤계종(尹繼宗:희비 윤씨의 아버지) 등에게 명하여 마(馬)시장을 열지 못하게 하여 원나라로 돌아가지 못하고 있었다.

"왕정이란 놈은 금수(禽獸)만도 못한 놈이요, 내 부끄러워 남에게 말도 못하고 이놈이 왕으로 있는 한 개경에 있고 싶지 않아 고향으로 돌아가고자 말을 사려고 해도 수하 졸개들을 동원하여 방해하는 짓거리를 서슴없이 하고 있어 분만 삼키고 있다가 하는 수 없이 염치불구하고 조승상께 연통했습니다. 이런 부끄러운 일 때문에 조승상께 짐을 준 것은 아닌지 모르겠습니다."

"아닙니다. 마마!"

"그동안 얼마나 마음고생이 심하셨습니까?"

"좌승상! 왕정에 대한 나의 원한은 그렇다 치더라도 불쌍한 고려를 위해서라도 왕정을 반드시 왕에서 끌어내 주시오. 내가 도와 줄 일이 있으면 말씀해 주십시오."

"마마! 그것 때문에 왕고 전하의 명을 받고 마마를 뵙고자 이리 찾아온 것입니다."

"그렇군요. 심양왕께서 그리 말씀하셨다니 힘이 납니다."

"소신이 곧 군사를 모아 왕정의 죄를 묻겠사오니 마마께서도 힘을 실어 주셨으면 합니다."

"알겠소! 내 왕정 놈이 끌려 나오는 꼴을 꼭 보아야겠소."

왕고의 밀명을 받고 영안궁(永安宮)에 몰래 잠입한 조적은 경화공주에게 왕정을 어좌에서 끌어내릴 명분을 세워주길 부탁한다.

『상국 황제폐하께서는 왕이 될 자질이 없을 뿐만 아니라 선왕의 후궁들을 범하여 패륜을 저지른 왕정의 왕위 계승을 불허하고 덕이 있는 심양왕 왕고를 고려왕으로 책봉하였음을 알린다.』

"저게 무슨 말인가?"

"지금 왕이 선왕의 후궁들에게 못된 짓을 했다는데……."

"왕이 천하의 난봉꾼이란 말이 사실인 모양이네."

"그래도 그렇지. 아버지의 마누라를 범했다니……. 이게 사람인가?"

"그래서 원나라 황제가 심양왕 왕고를 왕으로 봉했다고 하네."

"누가 왕이 되든 간에 우리같이 힘없는 백성들은 무슨 상관인가."

"그렇긴 하네만……."

아침이 되자 사람들이 누군가가 밤새 몰래 개경의 여러 곳에 붙인 방(榜)들을 보고 웅성거린다.

"전하! 황제 폐하께서 심양왕 왕고를 고려왕으로 책봉했다는 소문이 궁 안팎으로 빠르게 퍼지고 있다 하옵니다."

"그럴 리가 있느냐. 그러면 과인이 등극하기도 전에 상국 조정에서 무슨 이야기가 나왔을 것인데 누가 감히 그런 소문을 퍼뜨리고 있단 말이더냐?"

"전하! 추측하건데 왕고를 따르는 무리들이 곳곳에 방을 붙여 혹세무민하고 있는 것 같사옵고 박전이란 자가 한종유 대감에게 상국 대신이 심양왕 왕고를 고려왕으로 책봉한다는 황제 폐하의 교지를 곧 가지고 곧 개경으로 올 것이라고 이야기했다 하옵니다."

내전 환관 최화상(崔和尙)이 내전으로 들어와 조심스럽게 아뢰자 충혜왕은 어안이 벙벙한 채 무슨 말인지 종잡을 수 없다는 듯이 고개를 젓는다.

"너는 지금 바로 밀직사로 달려가서 대신들을 소집하라 이르라."

"네, 전하!"

왕고는 우선 자신의 수하 박전을 개경에 보내 원나라 황제가 자기를 고려 국왕에 봉했다고 거짓말을 퍼뜨리게 하였으나 당시 충혜왕은 원 왕실과 바얀 승상으로부터 불신을 받고 있었기 때문에 왕고의 이 같은 거짓말은 고려 조정 내에 커다란 파장을 일으킨다.

"전하! 박전은 왕고의 종신(從臣)인 자로 믿을 수 없는 놈입니다. 괘념치 마시옵소서."

"왕고는 선왕께서 살아 계실 때도 세자인 자기가 고려왕에 책봉되었다고 거짓을 퍼뜨려 조정의 분란을 야기한 전력이 있사옵니다. 이번에도 분명히 왕고의 간사한 계략일 것이옵니다."

저녁 늦게 왕명을 받고 연경궁(延慶宮)으로 급히 달려온 이제현, 이조년, 윤석, 김륜, 한종유, 전영보 등 대신들은 좌불안석인 충혜왕의 불안한 마음을 달래느라 진땀을 흘린다.

"대소신료들께서도 잘 아시겠지만 자칭 왕이라고 하는 사람이 나라나라의 사정은 헤아리지 않고 마냥 사냥과 유흥으로 국고를 탕진하고 있을 뿐만 아니라 최근에는 선왕의 부인이신 경화공주마마를 능욕하는 천인공노할 패륜을 저질렀소이다. 이런 왕의 못된 행동들을 내 어찌 한 나라의 녹을 먹는 신하로서 알고도 모른 체 할 수 있단 말입니까. 다행히 상국의 바얀 승상께서 황제 폐하께 청하여 심양왕 전하를 고려왕으로 책봉한다는 교지가 곧 도착한다 하오. 또한 지금 이 자리엔 상국의 뜻을 아는 정동행성의 관리들도 우리와 함께 힘을 모으기 위해 나와 있소이다."

조적은 여러 대소신료를 경화공주가 거처하는 영안궁으로 불러 놓고 충혜왕을 성토하면서 원나라에서 심양왕 왕고를 고려왕으로 책봉한 것을 사실인 양 일장 연설을 한다.

"조적이 영안궁에 대소신료들을 모아 놓고 심양왕 왕고를 상국의 교지가 개경에 도착하기 전에 왕으로 추대하여야 한다고 주장하고 있다고?"

"황공하옵니다. 전하! 소신이 듣기로는 영안궁에 정동행성 관리들도 많이 참석하고 있다 하옵니다."

"이것 참! 큰일났구나."

"전하! 이것은 반역이옵니다. 어서 응양군(鷹揚軍)과 용호군(龍虎軍)을 동원하여 빨리 진압하여야 할 것 이옵니다. 통촉하시옵소서."

"아니요. 과인이 좌승상을 만나보고 설득이 안 되면 그때 군을 동원해도 늦지 않을 것이오."

충혜왕은 이제현 등 긴급 비상회의에 참석한 대신들이 친위군을 동원 하자는 건의를 윤허하지 않고 고려에 귀화한 몽골족 후손인 만호(萬戶) 인승단(印承旦)과 삼사사(三司使) 전영보(全英甫) 등이 20여 기와 함께 말을 타고 직접 영안궁으로 갔으나 문이 굳게 닫혀 있어 들어가지 못하고 있다가, 조적과 오랜 친분이 있는 윤계종·구천우(丘天佑)를 영안궁으로 들여보냈으나 조적은 패륜을 저지른 왕과는 대면하고 싶지 않다고 나오지 않는다.

"소신 김주장(金注莊)! 전하를 뵈옵니다."

"……."

"전하! 소신이 대도에 있을 때 대신들로 부터 선왕의 뒤를 이어전하를 고려왕으로 계승하는 것을 허락했다는 이야기를 듣고 기쁜 소식을 아뢰고자 부랴부랴 개경으로 돌아왔나이다."

"그게 사실인가?"

"어느 안전이라고 소신이 거짓을 아뢰오리까."

"오랜만에 기쁜 소식이구나. 고맙네. 고마워!"

영안궁에서 퇴짜를 맞고 돌아온 충혜왕은 응양군과 용호군을 동원할 경우 개경에 피비린내 나는 싸움이 일어나는 것을 우려하여 머뭇거리고 있다가 김주장의 이야기를 듣고 침울한 표정이 금세 환하게 바뀐다.

"너는 지금 밀직사로 가서 상국에서 나를 고려왕으로 인정했다는 방을 전국 방방곡곡에 붙이도록 하라."

"네, 전하!"

내전 환관 최화상(崔和尙)이 밀직사로 달려가 충혜왕의 명을 전하자 밀직사 관리들은 밤새워 표문을 작성하고 다음 날 시위군들을 총동원하여 개경의 주요 거리에 방을 붙이기 시작한다.

『백성들에게 알리니 지금 왕고를 추종하는 역적 무리들이 있지도 않은 황제 폐하 교지를 있는 것처럼 혹세무민하여 조정과 만 백성을 기만하고 있다. 분명히 말하건대 상국은 과인에게 선왕의 뒤를 이어 왕위를 계승토록 하였다. 따라서 반역 무리의 거짓에 속아 왕고 측에 가담한 대소신료들은 돌아와 뉘우치고 군신의 도리를 따르면 더 이상 죄를 묻지 않겠다.』

“이건 또 무슨 소리야?”

“뭔 방이 또 붙었나?”

“저번에 붙었던 방이 가짜고 이것이 진짜라고 하네.”

“살다보니 별 해괴망측한 일도 다 있네 그려.”

개경 백성들은 서로 본인들이 고려왕이라고 주장하는 방들이 도성 안에 어지럽게 난무(亂舞)하더라도 자기들 하고는 상관없는 왕족들 간의 일이라는 듯 별 관심을 보이지 않는다.

“좌군은 연경궁으로 우군은 강안전으로 가서 왕정을 찾아라.”

“모두 공격하라.”

“와~ 와!”

무더운 여름날! 신(申)시에서 유(酉)시로 넘어가는 초저녁에 느닷없이 온 천하를 뒤흔드는 듯한 여러 무리들의 함성이 개경 왕궁 근처에서 울려 퍼진다.

1339년 8월! 조적은 충혜왕이 왕위에서 내려올 마음이 없다는 것을 알고 정동행성 관리들인 홍빈(洪彬)·신백(申伯)·황겸(黃謙)·백문거(白文擧)·왕백(王伯)·홍성(洪晟)·조렴(趙廉)·전사의(全思義)·주주(朱柱)와 고려 대소신료들인 조염휘(趙炎輝)·이휴(李休)·이영부(李英富)·이안(李安)·한승(韓昇)·장거재(張巨才)·배성경(裵成景)·민후(閔珝)·오운(吳雲) 등의 일천여 명의 군사로 반란을 일으킨다.

"전하를 보호하라."

"역적 놈들을 모조리 죽여라."

"화살을 쏴라."

처음 조적 측에 가담한 정동행성 관리 홍빈(洪彬)이 거사 전날 변절하여 밀직사에 고변(告變)하는 바람에 충혜왕은 친위군의 상장군들에게 고려의 최정예군인 응양군과 용호군을 미리 각 전각주위에 배치하여 기다리고 있다가 반란군이 왕궁 정문인 광화문(廣化門)을 통과하여 왕궁으로 진입하면 포위하여 사살하도록 명을 내린다.

"조적 이놈! 어찌 일국의 좌승상이란 자가 배은망덕하게 반란의 수괴가 되어 궁을 침입한단 말이냐?"

"시끄럽소. 그대는 고려왕이 아니니 내가 당신을 군주로 모실 필요가 없소. 오히려 그대가 물러나지 않고 계속하여 가짜 고려왕 노릇하는 것이 고려 조정에 대한 반란 아니요. 하여 나는 잘못된 것을 바로 잡으려고 거사를 한 것이오."

"여봐라! 저 조적 놈과 그 역적무리들을 한 놈도 살려 두지 말고 모조리 죽여라."

"물러나지 말아라. 너희들이 저 가짜 왕을 몰아나면 모두 다 개국공신이 되어 부귀영화를 누릴 것이다. 공격하라!"

"와~ 와. 으~악!"

연경궁 앞은 응양군, 용호군의 친위군과 붉은 헝겊을 두른 반역군과 치열한 교전으로 쌍방 간에 사상자가 속출하는 아수라장이 된다. 그러나 충혜왕이 직접 말을 타고 친위군을 진두지휘하여 반란군 진영을 공격하자 전세가 충혜왕 쪽으로 기운다.

"좌승상! 전세가 불리하니 일단 후퇴해야 합니다."

"평양에 있는 관리들과 군사들은 왕고 전하의 명을 따르고 있으니 그리 가서 전열을 재정비하여야 합니다."

반란군의 수령들이라 할 수 있는 이안(李安), 장언(張彦), 오운(吳雲)이 전세가 불리함을 깨닫고 조적에게 후퇴하여 평양으로 가기를 권한다.

"지금 이렇게 물러나면 안 된다. 일단 영안궁으로 후퇴하여 방어막을 설치하고 곧바로 평양에 연통하여 왕고 전하의 지원군이 올 때까지 결사항쟁한다."

반군의 선봉장인 이안이 후퇴하라고 외치자 반란군들은 각자 제 살길을 찾아 뿔뿔이 흩어져 왕궁 밖으로 도주한다.

"한 놈도 놓치지 말아라."

"역적 잔당 놈들을 추격하라."

조적이 이끄는 반란군이 흩어져 남교(南橋)방향으로 후퇴하자 왕궁 친위군 병사들은 여세를 몰아 도주하는 반란군 후미를 맹렬히 뒤쫓다가 남교 위에 어지럽게 쌓여 있는 많은 수레들 앞에서 잠시 공격을 멈춘다.

"뭐 하느냐? 머뭇거리지 말고 공격하라."

친위군이 다리 위에 쌓여 있는 수레들로 진격을 못하자 호위군사들과 함께 말을 타고 따라온 충혜왕이 공격을 하지 못하고 머뭇거리는 장졸들에게 호통을 친다.

"으~앗!"

"방패를 둘러 전하를 보호하라."

갑자기 조적 진영에서 날아온 화살이 마상에서 진격을 독려하고 있던 충혜왕의 팔에 박히자 왕 옆을 지키고 있던 용호군 상장군이 매우 당황하여 소리친다.

"왕정이 화살에 맞았다."

"계속 화살을 쏴라."

패퇴하여 수세에 몰린 반란군은 이안(李安)이 쏜 화살이 충혜왕을 맞히자 일순간에 사기가 올라 맹렬히 추격군을 향하여 화살을 난사한다.

"상장군! 정예병으로 선봉대를 꾸려 공격 활로를 뚫으시오."

"네, 전하! 백 중량장은 기마 선봉대를 이끌고 남교를 정면 돌파해서 반란군을 모두 주살하라."

"존명(尊名)."

화살이 빗발치는 가운데 용호군 중량장을 따르는 수십 기의 중무장 기마병들이 다리 위에 있는 수레들을 돌파하여 반란군의 전위를 공격하자 곧이어 우렁찬 함성을 지르며 수많은 보병들이 뒤를 따른다.

"막아라. 여기가 뚫리면 안 된다."

"반란군들을 주살하라."

개경에서 경치가 아름답기로 이름 난 남교 부근이 친위군과 반란군들의 지르는 함성과 치열한 공방전으로 인하여 죽은 병사들이 흘린 피로 붉게 물든다.

"좌승상! 어서 피하십시오."

"아니다! 여기를 사수하여야 한다."

"지금 이럴 때가 아닙니다. 저놈들은 소장들이 막겠사오니 어서 빨리 왕고 전하가 계신 평양으로 가셔야 합니다."

"나는 여기 남아 끝까지 싸울 테니 너희들이나 빨리 몸을 피해라."

조적이 끝까지 남아 싸우겠다고 고집을 피우자 이안 등 조적의 최측근을 제외한 일부 수령들은 평양으로 급히 말을 몰아 달아난다.

"일단 경화공주마마가 계신 영안궁으로 가서 거기 있는 병력과 합류한다."

"좌승상! 영안궁을 민후(閔珝)공이 지키고는 있다고 하나 병력수도 얼마 안 돼 우리가 가서 합류한다고 해도 저 들을 막을 수가 없습니다."

"그래도 영안궁은 경화공주마마가 있는 곳이라 저들도 마음대로 공격은 하지 못할 것이다. 왕고 전하께서 평양에 있는 대병력을 이끌고 개경에 오실 때까지 시간만 끌면 우리에게도 승산이 있다."

"왕고 전하께서 이리 오고 계십니까?"

"거사하기 전에 내가 평양에 연통을 보냈으니 지금이면 우리 소식을 듣고 이리 오고 계실 게야."

반란에 가담했던 정동행성 관리인 홍빈이 배신했는지도 모르고 개경 왕궁을 기습하면 거사에 성공할 줄 알았던 조적은 오히려 역습을 당해 태반의 병사들이 죽고 방어선이 무너지자 영안궁으로 후퇴를 결정한다.

"마마! 좌승상이 패퇴하여 이리로 오고 있다 하옵니다."

"……."

"어찌하오리까?"

"……."

경화공주를 수발하는 나인 한 명이 조적이 이끄는 반란군이 곧 영안궁으로 들이닥친다고 이야기를 해도 경화공주는 듣기만 할 뿐 묵묵부답이다.

"영안궁 정문을 빨리 닫고 담장을 넘어오는 놈들을 있으면 화살로 쏴라."

"좌승상! 화살도 얼마 남지 않았습니다. 그리고 군사들도 여기 있는 게 2~3백 명이 전부입니다. 지금이라도 늦지 않았으니 평양으로 후퇴하셔야 합니다."

영안궁을 지키고 있던 반란군의 수령 중의 한 명인 민후(閔珝)가 온몸이 피투성이가 된 채 결사항쟁을 외치는 조적을 바라보며 전세가 기울었으니 탈출하자고 재차 건의한다.

"내가 경솔해서 이런 참담한 결과를 초래했으니 얼굴을 들 수가 없구나. 저승에 가서라도 빚은 갚으마. 나는 여기서 뼈를 묻을 테니 너희들은 살길을 찾아 떠나거라."

"어찌 좌승상을 두고 도망갈 수 있겠습니까. 소장도 구차하게 살고 싶지는 않습니다. 끝까지 좌승상과 같이 하겠습니다."

"시간이 없다. 빨리 궁 뒷문으로 빠져나가라."

이미 전세가 회복불능상태가 되었음을 안 조적은 민후와 이안 등 측근들이 몇 명의 군사들과 함께 서둘러 영안궁을 빠져 나가자 반란군에 가담한 가병들과 함께 영안궁문을 굳게 닫고 최후의 결전을 준비한다.

"조적! 대세는 이미 기울었다. 이제 그만 문을 열고 항복하라."

"내 죽을지언정 가짜 왕에게는 무릎 꿇지는 않겠다."

"저 놈이 그래도 입만 살았구나. 문을 부수고 조적 놈을 잡아라!"

충혜왕과 함께 영안궁 대문 앞에 다다른 용호군 상장군이 궁 안에 있는 조적에게 항복하라고 권하자 담장 너머로 조적의 비아냥거리는 목소리가 들려온다.

"담을 뛰어 넘어라."

"담 넘는 놈들을 쏴라!"

"대문이 열렸다. 안으로 진격하라."

"저 반란군 잔당 놈들을 모조리 쓸어 버려라."

"죽을 때까지 싸워라."

계속된 친위군들의 월담으로 결국 영안궁 문이 활짝 열리자 수많은 친위군 병사들이 물밀듯이 들어가 조적과 같이 마지막까지 싸우고 있는 반란군 잔당들을 하나둘씩 도륙한다.

"조적 놈이 도망간다. 잡아라!"

"상장군! 조적이 영안궁의 경화공주마마 처소로 들어간 것 같습니다."

"뭬야? 마마 처소에?"

"내 전하께 어찌할지 여쭈어보고 올 테니 그때까지 병사들은 마마 처소를 에워싸 조적이 빠져나가지 못하도록 하라."

"네, 상장군!"

순식간에 가병들이 전멸하고 조적이 경화공주 처소 안으로 몸을 급히 피하자 영안궁 둘레를 친위군들이 사방으로 포위한다.

"경화공주마마! 조적을 내 주십시오."

"……."

"잠깐 기다리시오."

조적을 추격하여 영안궁 경화공주 처소 앞에 도착한 용호군 중랑장이 큰 소리를 지르자 영안궁 소속의 나인인 듯한 여인이 친위군 병사들이 처소 안으로 들어오는 것을 제지한다.

"여기는 선왕 전하의 비(妃)인 경화공주마마가 계시는 곳인데 어찌 그리 칼을 차고 들어온다고 무례하게 구시오."

"시끄럽다. 조적 놈은 전하께 반란을 저지른 역적 놈이다. 만약 조적을 숨기고 안 내줄 경우 너희들도 모두 역적으로 간주하여 죽여 버리겠다."

"……."

치열한 싸움으로 피가 묻은 갑옷과 투구를 쓴 눈매가 매섭게 보이는 자가 서슬이 시퍼렇게 이야기하자 영안궁 소속 나인은 한마디 말도 못하고 겁에 질려 아무 말도 하지 못한다.

"마마! 소장. 들어가겠나이다."

"……."

"나 조적이다. 나갈 테니 들어오지 마라."

"이 역적놈아. 쥐새끼처럼 영안궁에 스며들면 우리가 못 들어 갈 줄 알았느냐. 저놈을 묶어라."

"네 놈은 용호군 중랑장인 것 같은데 그만 능멸하고 빨리 죽여라."

"그렇게 쉽게 죽일 수야 없지. 전하 앞에 끌고 가서 너의 죄를 물은 다음에 고통 속에 서서히 죽여주마."

친위군들이 경화공주 처서로 막 들어가려는 순간에 조적이 방문을 열고 나오자 병사들이 우르르 달려들어 조적을 포박하여 땅바닥에 꿇어앉힌다.

"좌승상! 과인이 그대에게 허물없이 잘 대해 주었는데 어이하여 왕고의 수족이 되어 반란을 일으켜 과인의 등에 비수를 꽂는 것이오?"

"나는 상국에서 고려왕으로 인정하는 왕고 전하만을 모실 뿐이요. 패장이 되어 더 이상 무슨 할 말이 있겠소. 어서 죽이시오."

"여봐라! 조적의 목을 베어 광화문(廣化門) 앞에 잔당 놈들과 함께 효수(梟首)하고 가솔들은 노비로 삼도록 하라."

조적은 영안궁에서 포박되어 충혜왕 앞으로 끌려 나오자 체념한 듯 담담하게 죽음을 받아들인다. 충혜왕이 명을 내린 얼마 후에 조적은 망나니가 휘두르는 칼에 목이 떨어져 생을 마감한다.

"전하! 이번 반란에 가담한 정동행성 관리들과 조정 대소신료들은 어떻게 처결할지 명을 내려주시옵소서."

"모두를 순군옥에 가둬 놓고 삼사우사(三司右使) 김륜(金倫) 보고 엄히 문초토록 하시오."

"하오나 정동행성 관리들은 상국 조정에서 임명한 자들인데 조사도 하지 않고 바로 옥에 가두시면 혹여 전하께……."

"그런가? 그러면 정동행성 관리들은 일단 방면하고 나중에 상국에 고하여 합당한 죄를 주도록 하는 것이 좋겠소."

충혜왕은 아직까지 원나라 조정으로부터 정식으로 고려왕 승인을 받지 못한 처지이기 때문에 원나라가 이번 반란사태를 제대로 모르는 상태에서 정동행성 관리에게 죄를 물을 경우, 혹여 원 조정을 자극할까 봐 더 이상 문제 삼지 않는다.

"지금 평양에 있는 왕고는 어떻게 해야 할지……."

"상장군 생각은 어떻소?"

"소장 생각으로는 반란군들 중 일부가 평양으로 도주했으니 지금쯤 왕고가 조적이 패한 줄 알고 상국으로 도주할 것입니다. 빨리 추격군을 평양으로 보내 왕고가 홍화진을 지나 압록강을 넘기 전에 추포하여야 할 것입니다."

"그렇게 하시오."

충혜왕은 왕고를 잡아 개성으로 소환하여 반란의 전모를 밝히고자 전 대호군 유방세(劉方世)를 서북면 존무사(西北面 存撫使)로 임명을 하고 응방(鷹坊:매사육관청)·홀적(忽赤:왕실의 숙위(宿衛)를 담당하던 군사)과 60여 기병과 함께 평양으로 급히 보내 왕고의 무리를 쫓아가게 하였으나 이를 눈치챈 왕고가 평양을 서둘러 떠나 원나라로 들어가는 바람에 붙잡지 못하고 놓치게 된다.

"이놈들아! 마마를 놓지 못할까?"

"전하의 명이다. 저리 비키지 못할까?"

조적의 반란을 진압한 다음 날 친위군들 중 우두머리로 보이는 자가 거칠게 경화공주를 끌고 궁 밖으로 데리고 나가려고 하자 영안궁 소속 상궁과 나인들이 큰 소리를 치며 앞을 가로막는다.

"이보게들! 어디로 가는지는 말해 줄 수 있는 것 아닌가?"

"마마! 가보시면 알게 되오니 소장에게 더 이상 물어보지 마시옵소서."

"알겠네. 내 따라갈 테니 앞장서시게."

경화공주는 반란 가담자로 낙인찍혀 충혜왕의 명에 따라 당시 고려 관리 중 가렴주구(苛斂誅求)로 악명을 떨친 제주만호(萬戶) 임숙(林淑)의 집으로 옮겨 감금된다.

"고려 국인을 가지고 상국에서 사신이 온다고?"

"상국에서 전하를 고려왕으로 승인한다는 뜻이옵니다. 감축드리옵니다. 전하!"

대전 환관인 최 내관으로부터 원나라에서 사신이 국인을 가지고 고려로 떠났다는 소식을 전해 듣자 조적의 반란 때 팔에 부상을 입은 충혜왕의 초췌했던 얼굴이 금세 환해진다.

"사신이 도착하면 회경전(會慶殿)에서 연회를 베풀려고 하니 준비하도록 하고 과인이 이 나라의 진정한 왕이라는 사실을 널리 백성들에게 알리도록 하라."

"네. 전하! 밀직사에 전하의 명을 전하겠나이다."

그동안 선왕으로부터 유명을 받아 왕위를 물려받았지만 상국인 원나라로부터 고려왕으로 승인이 나지 않아 조적의 반란 같은 것이 일어났다고 생각하여 마음이 편치 않았던 충혜왕은 원나라로 부터 국인를 받아 정식으로 고려왕으로 취임한다는 것을 널리 알리도록 명한다.

“어찌하여 경화공주마마께서 영안궁에 안 계시고 어느 대감 사저(私邸)에 계시단 말입니까?”

“두린(頭麟) 대인! 그게…….”

“어허~! 폐하께서 나를 사신으로 보내시면서 공주마마께서 머나먼 땅에서 남편 잃고 홀로 계시다고 찾아뵙고 술을 드려 위문하라고 하셨는데…….”

원나라 사신들을 마중하러 나왔던 채하중, 강윤충은 정사(正使)로 온 두린(頭麟)이 개경에 도착하자마자 갑자기 충혜왕을 만나기 전에 경화공주를 뵈어야 한다는 말에 몹시 당황한다.

“대인! 마마께선 요즘 건강이 안 좋아 궁을 떠나 만호 임숙집에서 요양하고 있사오니 쾌차하실 때까지 천천히 뵙는 게 어떨는지요?”

“아니오! 병환도 살필 겸 우선 경화공주마마 계신 곳부터 먼저 들립시다.”

“전하께서 회경전(會慶殿)에서 정사께 연회를 베풀려고 기다리고 계시니 먼저 그리 가시는 것이…….”

“폐하의 명부터 먼저 처리하고 연회장에 가도 늦지 않소. 경화공주마마가 계신 곳으로 안내하시오.”

두린이 채근하자 채하중과 강윤충은 하는 수 없이 두린과 호위를 위하여 따라온 원나라 병사들을 광화문 인근에 있는 임숙 집으로 안내한다.

"밖에 누가 와 있다고?"

"대감마님! 원나라에서 온 사신인 듯한 분하고 조정 대신인 듯한 분하고 대략 이십여 명 정도로 보이는 원나라 병사들과 같이 왔사옵니다."

"뭐야? 아니 누가 무슨 일로 병사들과 함께 우리 집으로 왔단 말이냐?"

채하중이 숙 집 앞에 도착하여 집안을 향해 문을 열라고 큰 소리로 외치자 방안에 있던 임숙은 혼비백산(魂飛魄散)한다.

"대감! 어쩐 일로 이런 누옥까지 왕림하셨습니까?"

"임만호! 여기 계신 분이 상국에서 오신 정사 어른이시네. 인사드리시게."

"임숙이라 하옵니다."

"마마 병환을 돌보아 주신다고 들었소, 마마를 뵙고자 하니 안내를 좀 해 주시오."

"아…… 네."

아무런 영문도 모르는 채 임숙은 채하중의 얼굴을 보며 눈치를 살피다가 잔뜩 긴장한 얼굴로 두린을 경화공주가 있는 처소로 안내한다.

"공주마마! 폐하의 명을 받고 고려에 온 사신인 두린(頭麟)이라 하옵니다. 병중이라 들었는데 건강은 어떠하십니까?"

"먼 길 오느라 수고 많이 하셨소. 헌데 누가 내가 병중이라 말합니까?"

"저를 마중 나온 고려관리가 그렇게 이야기하더이다."

"하긴……. 제 놈들이 나를 여기에다 처박아 놓고 그렇게 말할 수밖에 없었겠지요."

"처박아 놓았다니요?"

"아무튼 어인 일로 나를 보자고 했소?"

"폐하께서 공주마마께 위로주를 하사하라고 명을 내리셔서 궁에 들어가기 전에 마마를 뵙고 전달하러 왔습니다."

"두린 정사(正使)! 단둘이 이야기하고 싶으니 다른 분들을 물리치시오."

"네, 알겠습니다. 공주마마하고 단둘이서 이야기 나누고 싶으니 두 분은 잠시 나가 계시오."

"……."

"어~허! 잠시 나가 있으라는 말을 못 들었소, 공주마마하고 잠시 이야기 나누고 곧 나가겠소이다."

"알겠습니다. 그럼 우리는 밖에서 기다리고 있겠습니다."

사신으로 온 두린은 황제가 하사한 위로주를 전달하고 경화공주로부터 단둘이서 이야기 나누고 싶다는 말을 듣고 같이 방안에 들어 왔던 채하중과 강윤충을 보고 잠시 나가 달라고 요청한다.

"정사! 이리 가까이 오시오."

"네, 마마!"

"폐하께서 나한테 위로주나 권하려고 이 먼 고려까지 보내지는 않았을 것이고……. 그대는 무슨 일로 고려에 와서 충혜왕을 만나려고 하는 것이요?"

"그동안 조정에서는 왕정의 본성이 호협방탕(豪俠放蕩)하여 주색과 사냥을 일삼고 정사를 돌보지 않아 왕으로의 자질이 없다는 논란이 많았사온데 고려를 빨리 안정시키기 위해서는 현재 고려왕 노릇을 하고 있는 왕정을 왕으로 책봉하여야 한다는 토크토아(脫脫)의 주장을 폐하께서 윤허하셔서 소신이 이번에 고려에 올 때 고려국인을 가지고 왔나이다. 하온데, 마마! 대도에서 이곳으로 출발하기 전에 보르드 추밀원부사께서 고려에 정변이 발생했으니 자세히 알아보고 오라고 말씀하던데……. 소신이 개경에 도착하니 정변이 일어난 것이 헛소문인가 봅니다."

"정사가 보기엔 정변이 헛소문처럼 보이시요?"

"네, 마마! 군사들의 이동도 없고 해서……."

"흐~윽, 흐~윽."

"마마! 어인 일로 옥루를 흘리십니까? 소신 어찌할 바를 모르겠나이다."

"내 대원(大元)의 공주로서 왕정 놈한테 차마 말 못할 치욕을 당했습니다."

채하중과 강윤충이 방안을 나가자 경화공주는 밖에서 들을까봐 낮은 목소리로 두린에게 그간 있었던 충혜왕의 패륜행위와 심양왕 왕고와 좌승상 조적이 충혜왕에게 반발하여 반란이 있었던 일들과 지금 연금된 이유를 소상하게 이야기한다.

"마마! 그것이 정녕 사실이옵니까?"

"내 창피를 무릅쓰고 정사한테 사실을 말하는 것이오."

"일개 제후국의 왕이라고 하는 자가 감히 대원 황족을 능멸하다니……."

"마마! 소신이 대도에 이 같은 사실을 폐하와 조정에 알려 명을 받아 처결하겠나이다."

"그렇게 해 주세요. 그 짐승만도 못한 놈이 왕이 되어서는 안 됩니다."

"부사(副使)! 자네는 내가 써준 통문을 정동행성 순마소(巡馬所:원나라가 고려에 둔 감찰기관)로 직접 가지고 가서 대도에 전서구(傳書鳩:통신비둘기)를 빨리 보내도록 하게."

경화공주가 아들뻘인 충혜왕에게 능욕을 당한 사실을 듣고 경악한 두린은 왕정에게 고려국인을 건네주는 것을 잠시 유보하고 이 같은 사실을 원나라 조정에 보고하여 하명을 받고자 전서구를 보내도록 부사에게 지시한다.

"두 대인! 전하께서 기다리십니다. 두 분 말씀 끝나셨으면……."

경화공주와 두린이 대화를 나누고 있는 사이에 밖에서 귀를 쫑긋하게 세워 무슨 말이 오고 갔는지 엿듣고 있었던 채하중과 강윤충은 방안에서 아무런 소리가 안 들리자 궁으로 가길 채근한다.

"기다리게 해서 미안하오. 내가 먼 길 오느라 몹시 피곤한지라 오늘 전하의 연회연에는 참석하지 못할 것 같소. 전하께 잘 말씀드려 주시오."

"전하께서 목 빠지게 기다리고 있사온데, 정사께서 전하의 용안이라도 뵈온 다음에 숙소에 가시는 것이 어떨는지요?"

"아니요! 내 여기서 곧바로 숙소(順天館:개경내 사신 숙소)로 가서 며칠 푹 쉬고 몸이 회복되면 좋은 얼굴로 전하를 뵙겠소."

"하오나……."

경화공주 처소에서 나온 두린은 채하중의 간절한 요청에도 불구하고 당초 궁으로 들어가 충혜왕을 만날 일정을 바꿔 정동행성으로 먼저 간 부사를 제외한 몽골 호위병사들과 함께 숙소인 순천관으로 발길을 돌린다.

"정사님! 대도에서 전서구가 돌아왔습니다."

"이리 가져오게."

『고려왕 왕정과 측근들을 대도로 소환하고 경화공주마마와 협의하여 이번 일을 마무리하도록 할 것.』

"음~, 일이 복잡하게 되었구먼."

"무슨 내용이 있기에 정사께서 그리 한숨을 쉬십니까?"

"귀국할 때 고려왕과 측근들을 포박하여 데리고 가야 할 것 같네."

"그래도 일국의 왕인데 포박하면 왕궁 내 시위군들과 마찰이 있을 텐데요."

"할 수 없지 않은가."

대도로부터 대답이 도착할 때까지 몸이 피곤하다는 핑계로 사신숙소에 며칠 동안 머물고 있었던 두린은 전서구에 매달려 온 통문 내용을 확인하고 고려 왕궁으로 충혜왕을 만나러 간다.

"전하! 두린이라 하옵니다. 그간 강녕하셨습니까?"

"먼 길 오느라 고생 많았소. 정사(正使)께서 피로가 많이 회복되었는지 모르겠구려."

"숙소에서 잘 먹고 잘 자면서 며칠 쉬었더니 많이 좋아졌습니다."

"다행이구려."

"오늘 제가 온 것은 전하께 고려국인을 전달하려는 폐하의 명이 있어 왔습니다만 별도로 폐하께서 전하에게 은밀하게 전하라는 말씀이 있으셔서 송구합니다만 여기 대전 안팎에 있는 대소신료들과 시위군을 잠시 물리쳐 주시면 합니다."

"알겠소! 여러 대신들과 시위군은 대전 밖으로 잠시 나가 있도록 하시오."

원나라 사신인 두린이 호위병사들을 이끌고 연경궁(延慶宮)에 도착하여 대전 안으로 들어가 대소신료들이 좌우로 도열해 있는 가운데 고려왕에 대한 예를 올리며 독대하기를 청한다.

"전하! 설마 했는데……. 그것이 사실일 줄은 꿈에도 몰랐습니다."

"정사께서 지금 무엇을 말씀하는지?"

"제가 대도에서 이곳 개경으로 출발하기 전에 심양왕으로부터 전하께서 경화공주마마를 강간했다는 말을 들었습니다만 심양왕은 옛날에도 전하의 선왕이신 충숙왕을 몇 번이나 무고한 전력이 있기 때문에 이번에도 고려왕 될 욕심에 전하를 무고한다고 생각하여 믿지를 않았습니다. 하온데……."

"그날 연회연에서 술을 너무 많이 먹어서 통 기억이……."

"전하께서도 아시겠지만 황족을 능멸하는 것은 곧 황제 폐하를 능멸하는 것으로 간주하여 구족이 멸하는 죄를 받게 되옵니다."

"아~니, 내가 폐하를 능멸하다니요! 천부당……."

"아무튼 폐하께서는 전하가 직접 오셔서 소명해 주시기를 바라고 있사오니 저희하고 같이 대도에 가셔야겠습니다."

오늘 원나라 사신으로부터 고려왕의 권한을 대내외적으로 확인할 수 있는 고려국인을 건네받으면 이제는 정식으로 고려왕으로 등극할 수 있다는 기쁨과 설렘도 잠시 두린으로부터 소환이라는 청천벽력(靑天霹靂)같은 말을 듣고 아연 긴장한다.

"폐하의 명이시요?"

"그러하옵니다. 황명(皇命)이기도 하지만 바얀 승상을 비롯한 조정대신들의 중론(衆論)이기도 합니다."

"알겠소. 소명은 직접 내가 대도에 가서 황제폐하에게 하겠소만 정사께서 가지고 온 고려국인은 어떻게 하실 요량이요?"

"제가 알아서 처리할 테니 대도에 가실 준비나 서두르시지요. 그리고 전하를 잘못 모신 간신(奸臣)들도 같이 가야 할 것입니다."

두린은 충혜왕과 독대하면서 준다는 국인은 안 주고 폐하의 명을 앞세우면서 싸늘한 얼굴로 충혜왕을 바라보며 고려 대소신료 중 충혜왕을 잘못 모신 측근들도 함께 대도로 가길 채근한다.

"내가 가서 소명하면 될 일인데 굳이 다른 대신들까지 같이 갈 필요가 있소?"

"이 또한 우리 원 조정의 뜻입니다."

"그리고 반란을 일으킨 자들까지도 포박하여 데리고 가야겠습니다."

두린이 대전 밖에 대기하고 있는 몽골 호위병사들에게 일일이 포박하여야 할 대신들의 이름을 거명하자 명을 받은 몽골 병사들은 충혜왕의 측근은 물론 정동행성 관리로서 반란에 가담한 자 와 반란수괴인 조적 의 측근들을 굴비 엮듯이 포박하여 정동행성 내 순마소로 끌고 간다.

“여러 대소신료들은 들으시오. 전하께서 대도로 소환되어 계실 동안에 이 고려국인은 경화공주마마께서 보관하고 있을 것이니 그리 아시길 바라오.”

“하오나 정사! 우리 고려가 상국의 뜻을 따라야 한다지만 고려국인을 전해 주기 위해 오신 분께서 이렇게 갑자기 전하를 소환하고 대신들을 포박하고 고려국인을 선왕의 비(妃)이신 경화공주마마에게 준다는 것은 동서고금(東西古今)에도 없었던 일이요.”

“폐하의 명이라고 말하지 않았소. 그대가 지금 폐하의 명을 거절하겠다는 말인가.”

“그런 뜻은 아니오만……. 명색이 상국의 부마국인데 너무 심하게 대하여 하는 말이요.”

두린이 대전 안에서 나와 연경궁(延慶宮) 밖에서 웅성거리고 있는 여러 대소신료들에게 당분간 고려국인을 경화공주에게 맡기겠다고 이야기하자 이제현을 비롯한 고려 대신들이 반발한다.

“이 자리에 계신 대소신료들께서도 아시겠지만 전하께서 지금 상국에 소환되어 국정이 공백 상태니 황제 폐하의 명에 따라 내가 당분간 조정의 일을 처결토록 할 것이니 그리들 아시오.”

“마마! 대비마마께서도 계시온데……. 아무리 상국의 명이라도 이것은…….”

“영해부사 김지겸(金之兼)을 권정동성(權征東省)으로 하고 첨의평리 김자(金資)를 제조도첨의사사(提調都僉議司事)로 하여 이 어려운 난국을 헤쳐 나가려 하오. 여러 대소신료들의 생각은 어떠하십니까?”

"……."

"그럼 반대하시지 않는 것으로 알고 두 분께서 임시로 국사(國史)를 처결하도록 하겠소."

"그리고 찬성사 정천기(鄭天起)를 정동행성(征東行省)의 옥에 가두고 그 죄를 논하시도록 하시오."

두린이 충혜왕을 비롯한 간신들을 모조리 포박하여 원나라로 압송하고 국인을 경화공주에게 맡김으로써 고려의 정권은 경화공주와 그를 따르는 측근들에게 넘어간다.

"전하! 소신들의 불충으로 이런 고역을 치르시니 소신들을 죽여주시옵소서."

"과인이 다 저지른 일인데 그대들이 무슨 죄가 있겠소."

충혜왕과 측근들은 대도로 소환되어 반란을 도모한 조적 일당과 같이 형부(刑部)에 갇히게 된 처량한 신세가 된다.

"고려왕께서는 나오시오."

"무슨 일 때문에 그러시오?"

"곧 추밀원에서 바얀 승상께서 친히 심문을 한다고 연통이 왔으니 그대들은 고려왕을 모시고 빨리 나오시오."

"지금 바얀 승상께서 심문한다고 하였소?"

"그러하오이다."

"알겠소! 전하께 말씀드리겠소."

형부의 형리가 충혜왕과 측근들이 갇혀 있는 옥에 다가와 옥문을 열고 고려왕에 대한 심문이 곧 있음을 알린다.

"고려왕은 어찌하여 선왕의 부인인 경화공주마마를 욕보여 이런 사단이 일어나게 하였는가?"

"내 술에 취해 그런 실수를 한 것이니 변명하지 않겠소이다."

"허면 고려왕은 그대 조정의 좌승상이었던 조적 등이 마마를 능욕하는 데에 반발하여 난이 일어나게 한 것을 인정한다는 것인가?"

"……."

"승상! 소신 고려국 삼사우사(三司右使) 김륜(金倫)이라 하옵니다. 소신에게 발언할 기회를 주시는 아량을 베풀어 주시옵소서."

"김륜 대감 아니신가? 정말 오랜만에 보는구려, 그대는 죄인 신분도 아닌데 어떻게 이리 오셨소?"

"주군께서 옥에 갇혀 있는데 어찌 신하된 자가 등을 돌리고 편히 있겠나이까."

"노(老) 대감의 성정은 옛날과 다름이 없구려, 말씀해 보시도록 하오."

"감사합니다. 승상!"

"전하께서 경화공주마마와의 일은 두 분만이 알 수 있는 일이고 소신이 자세히 알 수는 없사옵니다. 하오나 두 분 중 한 분만이라도 자세를 올바르게 가졌다면 그러한 일들은 발생되지 않았을 것입니다."

"음~."

"또한 심양왕과 그 무리들이 승상께 무슨 말로 반란의 정당성을 이야기했는지는 모르겠으나 승상께서도 잘 아시다시피 왕고 전하께서는 그간 수차례 상국 조정에 무고하여 고려국정을 어지럽혔을 뿐만 아니라 이로 인해 고려국의 안정을 바라는 황제 폐하의 기대를 저버렸나이다. 이번 반란도 왕고전하께서 충숙왕께서 서거하시자 평소 경화공주마마에 별다른 관심도 없던 자들과 함께 적당한 이유를 붙여 이때다 싶어 고려왕이 되고 자 뒤에서 조적 무리들을 배후에서 조종해서 일어 난 것이지 왕의 자질을 운운하고 경화공주마마를 위해서 거사했다는 것은 말이 안 되는 억지라 사료되옵니다. 승상께서 굽어 살펴 주시기 바랍니다."

"아닙니다. 승상! 우리들은 왕정이 온갖 패악질을 하는 것을 보고 도저히 참을 수가 없어 승상께서 인정하는 심양왕 전하를 고려의 왕으로 모시려고 했던 것이옵니다. 저 김륜이란 자가 간사한 혀를 놀리는 것에 현혹되지 마시옵소서."

"그대들은 죄인이니 내가 물어보기 전에는 입을 열지 마라."

충혜왕이 끌려올 때 따라 온 김륜(金倫)이 논리적으로 조목조목 설명하여 바얀 승상의 마음을 조금씩 움직이기 시작하자 분위기가 불리하게 돌아가는 것을 느낀 조적의 잔당들이 큰 소리로 반론을 제기한다.

"내 알았으니 저들을 다시 형부에 가두도록 하라."

비록 고려가 세계 대제국인 원나라의 힘에 굴복하여 속방이 되었다손 치더라도 일개 승상이란 자가 제후국의 왕을 심문하고 옥에 가두는 것은 그만큼 왕정이 왕의 자질이 없어 원나라 조정 대신들로부터 무시당하는 점도 있었지만 당시 원나라의 최고 권력자가 황제가 아닌 바얀 승상이기 때문에 가능한 일이었다.

"전하! 옥리가 조금 전에 조반을 주면서 이상한 말을 하더이다."

"이상한 말이라니?"

"황궁 내에서 정변이 일어난 것 같습니다."

"정변?"

"네. 전하! 금자광록대부(金紫光祿大夫)인 토크토야가 황제의 명으로 바얀 승상을 제거했다고 합니다."

"그럴 리가……."

형부의 옥에서 근 한 달 이상 갇혀 몰골이 말이 아닌 충혜왕과 측근 대신들은 바얀 승상이 제거되었다는 소식에 반신반의하면서도 이제 잘하면 풀려나갈 수 있다는 일말의 희망을 가진다.

"고려국 참문학사(參文學事) 이제현이라 하옵니다. 바쁘시겠지만 대부께 청할 것이 있어 염치불구하고 뵙고자 왔사오니 나무라지 마십시오."

"그래 무슨 일로 오셨소?"

"충혜왕 전하께서 바얀 승상의 명에 따라 근 한 달이 넘게 형부에 구금되어 있사옵니다. 저희 고려국은 대대로 상국과 장인과 사위지간으로서 본분을 다 해 오고 있고 전하께서도 그동안 많이 반성하고 있사오니 대부께서 이제 그만 전하를 방면하여 고려 국왕으로서 폐하의 황은에 보답할 수 있도록 도와주셨으면 고맙겠습니다."

"그것 참! 충혜왕은 그렇고 그런 사람 같은데 신하들은 잘 두었구려."

1340년 3월! 충혜왕이 옥에 갇혀 있는 동안 이제현, 이조년, 김륜 등이 원나라 실세로 부상한 토크토아는 물론 원나라 조정 대신들에 대하여 적극적으로 고려왕 복위 운동을 한 결과 바얀 승상의 실각 이후에 기황후의 비호와 토크토아의 주청으로 충혜왕은 석방되어 귀국길에 오른다.

"대감마님! 참지정사(參知政事)께서 오셨습니다."

"어서 안으로 모셔라."

"대감! 그간 강녕하셨습니까?"

"어서 오시게. 요즘 건강이 안 좋아 등청도 못하고 이렇게 방안에만 눌러 앉아 있네."

"빨리 건강을 회복하셔야지요."

"고맙네! 그건 그렇고……. 기비마마는 잘 계신가?"

"곧 황후가 되실 것 같다고 하옵니다."

"정말 잘 되었네, 감축하네."

"감사하옵니다. 그나저나 소식 들으셨습니까?"

"무슨 소식 말인가?"

"충혜왕이 측근들과 같이 귀국길에 올랐다고 합니다."

여동생인 기순녀가 황제 아들을 출산한 이후에 원나라로부터 정동행성 참지정사(參知政事)의 벼슬을 받고 고려 조정 내에서도 정승반열에 오른 기철이 한동안 집에서 칩거하고 있는 권겸을 만나 이런저런 이야기를 나눈다.

"전하께서 개경에 오시면 또 조정이 시끄럽겠구먼……."

"경화공주마마는 물론 그동안 국사를 맡은 김지겸 대감이나 김자대감 입장만 난처하게 생겼습니다."

"그러게 말일세."

"그래도 두 분 대감은 상국 조정에 있는 대신들과 친분이 있어서 아무리 전하라 하더라도 그리 함부로 대하지는 못할 겁니다."

"그렇기는 하네만……. 김자 대감은 나하고도 친분이 있는 사람이니 자네가 좀 살펴 주시게."

"알겠습니다."

왕으로 복위한 이후 한동안 자숙하고 있는 듯이 보이던 충혜왕은 나름대로 왕권이 확립되었다고 생각했던지 환관이나 노비 출신인 강윤충 같은 간신들과 밤낮으로 어울리면서 악행을 저지르기 시작한다.

"전하! 예천부원군(醴泉府院君) 권한공의 첩실인 강씨(康氏)가 지나가는 사람들도 한 번 다시 쳐다볼 정도로 미인이라 하옵니다."

"야, 이놈아! 여인네 말고 뭐 재미있는 것 없느냐?"

"전하! 권한공은 전하께서 상국에 끌려가셨을 때 조정의 재상·국로들께서 왕의 죄를 용서해주도록 청할 것을 의논하였는데 이를 반대했던 자이옵니다. 불충한 자이오니 첩실을 취하는 것이 뭐 그리 흠이 되오리까?"

"그 자가 그랬단 말이지? 그럼 지금 권한공 집에 가서 그 첩실 년을 데리고 와라."

침전에 틀어 박혀 국사는 측근들에게 맡기고 시간 나는 대로 똘마니들하고 사냥 아니면 수박(手搏)이나 관람하러 다니는 충혜왕은 최 내관이 권한공의 죄를 거론하자 첩실을 궁으로 데리고 오라는 명을 내린다.

"예천군! 계시오? 소장 호군(護軍) 박이라적(朴伊剌赤)이라 하옵니다."

"웬일로 초저녁에 군사들을 데리고 내 집에 왔는가?"

"다름이 아니오라 전하께서 예천군 마마님을 궁으로 모시고 오라는 명이 있어 왔나이다."

"어찌하여 전하께서 신하의 집사람을 부르시는가?"

"소장은 명을 받았을 뿐 그 연유에 대하여는 모릅니다."

"송구하오나 소장이 마님을 모시고 가야겠습니다."

"어~허! 전하께서 나를 욕보이려 작정을 하셨구나."

권한공은 호군(護軍) 박이라적(朴伊剌赤)이 시위군들과 같이 느닷없이 들이닥쳐 자기의 첩실을 내놓으라 하니 어처구니가 없어 제대로 말을 잇지 못한다.

"나리! 갑자기 아랫배가 통증이 오니 의원에게 들렸으면 합니다."

"아니 멀쩡했던 사람이 왜 갑자기 배가 아프다고 하시오? 궁에 가기 싫어 핑계를 대는 것 아니요?"

"아픈 몸으로 어떻게 전하를 뵐 수 있겠습니까?"

"하긴 그렇구먼. 그럼 의원에게 잠시 들립시다."

"나리 제가 자주 가는 의원이 있사온데 그리 가시지요."

"알겠소, 가마를 그리 돌리겠소."

권한공의 첩실인 강 씨를 가마에 태워 궁으로 오는 도중 호군(護軍) 박이라적(朴伊剌赤)은 강 씨가 통증을 호소하자 하는 수 없이 가마를 의원으로 돌린다.

"왜 이리 안 나오나?"

"혹시 도망간 것 아닐까요?"

"들어가서 확인해야겠다."

"의원! 잠시 안으로 들어가겠소."

박이라적(朴伊剌赤)이 의원이 강 씨를 치료하고 있는 방에 문을 확 열고 들어가니 의원이 강 씨 몸에 침을 계속 꽂고 있다가 화들짝 놀란다.

"밖에서 기다리시오, 아직 치료가 끝나지 않았소."

"의원님! 그냥 계시게 하세요."

"그래도 괜찮으시겠습니까?"

호군 박이라적은 아름다운 여인이 굴곡 있는 뒤태를 드러낸 채 온몸에 침을 꽂고 누워 있는 모습을 보는 것이 남세스러운지 들어온 방문 쪽으로 고개를 돌린다.

"마님! 탕약을 준비할 테니 잠시 기다리고 계시옵소서."

"의원님! 곧 궁으로 가야 되니 아무래도 여기서 탕약을 들고 가야 할 것 같습니다."

"여기서 약까지 드신다고요? 시간이 별로 없소이다."

"나리! 마님께선 치료를 끝나고 가는 것이 좋을 것 같습니다."

"할 수 없군. 그럼 빨리 탕약이나 끓이시오."

의원이 침 치료를 끝낸 이후에 탕약을 끓이려고 방을 나가자 방안에는 둘만이 남게 되어 묘한 분위기가 된다.

"소장은 밖에 나가 있을 테니 약을 드시고 빨리 나오시오."

"나리! 대장부께서 아픈 사람을 두고 나 몰라 하고 그리 방안을 나가시면……."

"그럼, 나 보고 어쩌란 말이요?"

"몸에 꽂힌 침이나 좀 뽑아주시옵소서."

"의원이 곧 들어와서 뽑을 것 아니오."

"의원이 탕약을 가지고 오려면 반 시진 정도 걸립니다."

"그대는 어찌 그리 잘 아시오?"

"저는 가끔 아랫배가 아프면 이 의원한테 와서 치료를 받습니다."

"자주 배가 아픈 모양이구려."

"어서 침 좀 뽑아 주세요."

한창 혈기 왕성한 박이라적은 젊은 여인네의 몸에 꽂혀 있는 침을 뽑을 때마다 손가락에 부딪히는 감촉과 몸을 틀 때 풍기는 살내음과 분냄새로 권한공의 첩실인 강 씨에게 순간적으로 정욕을 느낀다.

"다 됐소."

"감사합니다. 나리! 그런데 이 방은 왜 이리 덥누~."

"……."

강씨는 박이라적이 몸에 있는 침을 다 뽑자 덥다는 핑계로 맨살이 비쭉 드러나는 속치마로 부채질하는 시늉을 한다. 그동안 늙은 권한공의 첩으로 살면서 생과부 신세였던 강 씨는 잘 생기고 건장한 젊은 호군과 방안에 둘만 있자 노골적으로 유혹한다.

"여보시오~. 이리 가까이 좀 오시오."

"아이참, 나리! 서두르지 마셔요, 의원이 오려면 아직 멀었나이다."

"내 그대를 보니 오늘 당장 죽는다 해도 가만히 있을 수가 없구려."

"어머나!"

호군 박이라적은 평소 충혜왕은 난봉질 하는 것을 옆에서 지켜보았기 때문에 강 씨를 데려오라는 왕명이 무슨 뜻인지를 잘 알면서도 아름다운 여인이 유혹하는 데 참을 수가 없어 강 씨와 정을 통한다.

"호군 나리께서 뭐하고 아직 나오시지 않으시는 거지?"

"그런데 이게 무슨 소리야?"

"방 안에서 무슨 일이 있는지 자네가 한 번 슬쩍 가보시게."

"자네가 가지 왜 나보고 시키나……."

박이라적을 따라온 시위군 몇 명은 의원 치료소 밖에 기다리고 있는 도중에 치료소 안에서 들리는 여인네의 신음소리를 듣자 서로 얼굴만 쳐다보다 한 병사가 궁금한 듯 치료소 문 앞으로 슬슬 다가가 귀를 기울인다.

"아~니! 저 사람들이……."

"둘이 뭐하고 있던가?"

"이 사람아, 남녀가 둘이서 한방에 있으면 뭐하겠나?"

"전하께서 저 여인네를 데리고 오라 했는데……. 호군께서 목숨이 열 개나 되시는지 모르겠구먼."

"이보게들. 우리는 모르는 것으로 해야 하네. 자칫하면 우리들까지 불똥이 튀네."

"그래야지. 다들 입조심하게."

방 안에서 일어나고 있는 일을 눈치챈 시위군들은 서로가 모르는 것으로 입을 맞춘다.

"어서 탕약을 드시지요."

"의원님께서 내가 올 때마다 늘 이렇게 손수 데워 주시니 정말 고맙습니다. 잘 먹고 갑니다."

위원이 가져온 탕약을 다 마신 강 씨는 예정보다 한 시진이 지난 다음에 박이라적을 따라 충혜왕의 있는 침전으로 들어간다.

"네가 권한공 노친네의 첩실이냐?"

"그러하옵니다."

"이렇게 보니 제법 이쁘구나."

"……."

"그렇게 서 있지만 말고 여기 앉아 술을 좀 따르거라."

"여보게. 전하께서 하명하시지 않는가."

호군 박이라적이 사랑하는 연인을 남에게 보내는 듯 아쉬운 표정으로 강 씨를 내관에게 인계하고 돌아가자 강 씨는 내관의 안내를 받아 충혜왕이 있는 연경궁 침전으로 들어간다.

"미천한 제가 전하를 뵙게 되니 광영입니다."

"잔소리 말고 술이나 따르거라."

"네. 전하!"

강 씨가 두 손으로 공손히 술을 따르자 충혜왕은 강 씨의 예쁘장한 얼굴과 풍만한 몸을 번갈아가며 이리저리 훑어본다.

"이런 죽일 년놈들이 있나. 감히 내가 손도 만져 보기도 전에 지들끼리 통정을 했다고?"

"최내관! 너는 저번에 권한공 첩실 년을 데리고 왔던 시위군 놈이 누군가 알아보고 두 년놈들을 내 앞으로 데려와라."

"네. 전하!"

권한공 집에 강 씨를 데리러 갔던 시위군 중 한 명이 평소에 잘 아는 환관에게 무심코 호군 박이라적이 왕의 여자를 간통하는 것을 보았다고 이야기하자 소문이 꼬리에 꼬리를 물고 궁 안에 퍼져 나중에는 충혜왕의 귀에까지 들어간다.

"이놈이 궁으로 데리고 오라 했더니 오는 도중에 이년하고 통정을 해!"

"……."

"그리고 네 이년! 어찌하여 왕궁에 들어오기도 전에 이놈하고 통정하고도 뻔뻔하게 나하고 잠자리를 같이 할 마음을 가졌단 말이냐?"

"저는 이 사람을 사랑하고 있습니다. 사랑하는 사람과 잠자리를 같이 하는 것이 무슨 허물이겠습니까?"

"너 같은 창기(娼妓)가 무슨 사랑타령이냐! 여봐라, 이 년놈들을 죽을 때까지 매우 쳐라."

그동안 박이라적과 강 씨는 권한공의 눈을 피해 몰래 만나 여러 차례 육체적 관계를 맺으면서 서로 사랑하는 사이가 되었지만 천하의 난봉꾼인 충혜왕에 의하여 처참하게 몽둥이로 맞아 죽는다.

더군다나 충혜왕은 호군(護軍) 박이라적(朴伊剌赤)이 죽은 이후 늦은 밤에 최 내관과 같이 변복하여 궁을 나가 졸지에 과부가 되어 슬픔에 잠긴 박이라적의 처를 범하는 인간 이하의 짓거리를 한다.

선왕의 비(妃)들은 물론 숱한 여자들과 문란한 음행을 일삼아 온 충혜왕은 유흥비용 마련을 위하여 직접 상단(商團)을 꾸려 사무역(私貿易)으로 재화를 모으고 백성들에게 무리하게 세금을 징수하는 것까지도 모자라 귀족들의 토지와 노비를 몰수하여 왕실 재산인 보흥고(寶興庫)에 귀속하게 함으로써 기철 등을 포함한 친원파의 반발로 서서히 몰락하게 된다.

"매부! 그게 정말이요?"

"어찌 왕이란 자가 이럴 수가 있단 말이오."

"왕이 미치지 않고서야……."

"아무튼 나와 처는 미친 왕이 있는 이 나라에서 못 살겠네. 내일 아침 일찍 원나라로 갈 것이네. 내 이대로 떠나면 울화병이 날 것 같아 떠나기 전에 자네한테 이야기나 하려고 들렸네."

"내 충혜왕과 그 똘마니들을 그대로 놔두지 않겠소."

당시 여동생인 기황후 덕에 기철과 함께 권세를 누리던 기륜은 매부인 내시 전자유(田子由)로부터 이종사촌 누이인 이 씨(李氏)가 충혜왕한테 강간을 당했다는 이야기를 듣고 화를 삭이지 못한다.

"오늘 너희들 모두 나하고 같이 전번에 매부 집에 왕하고 같이 왔던 내시들의 집에 가야겠다. 채비하거라."

"네. 나리!"

기륜은 집으로 달려온 전자유 동생인 전마파(田麻頗)와 함께 가병을 이끌고 왕과 함께 이종사촌 누이를 욕보인 내시들의 집으로 몰려가 차례로 돌아다니면서 몽둥이 찜질을 한다.

"살려 주시오. 우리 같은 내시가 무슨 잘못이 있소."

"네놈이 왕한테 전자유 부인이 아름답다고 하면서 겁탈하기를 충동질하지 않았느냐?"

"이놈을 마구 쳐라."

"아이고!"

기륜과 전마파가 가병들을 동원하여 왕과 같이 전자유집에 갔던 내시들을 두들겨 패주고 있다는 소식이 금세 연경궁의 내관을 통하여 충혜왕에게 알려진다.

"기륜이 원나라에 있는 여동생의 권세만을 믿고 나를 건드린다는 말이지."

"네. 전하! 전하를 모시는 내전 내시임을 밝혔음에도 다짜고짜 집에 들어와 몽둥이를 휘둘렀다고 합니다."

"기륜이란 놈과 같이 내관들을 패주고 있다는 놈이 누구라고 했느냐?"

"전에 내전 내시였던 전자유의 동생인 전마파라 하옵니다."

"그럼 그놈부터 내가 요절을 내주마. 내가 직접 전마파란 놈의 집에 갈 테니 최 내관 너는 홀적(忽赤:왕실의 숙위(宿衛)를 담당하던 군사) 몇 명을 데리고 오너라."

내전 내시들이 기륜 등이 내시들을 구타한 것을 왕의 권위에 도전하는 식으로 침소봉대(針小棒大)하여 고해바치자 충혜왕의 얼굴이 분노로 일그러진다.

"이곳을 샅샅이 뒤져 전마파란 놈을 찾아라."

어느 날 갑자기 충혜왕이 최 내관, 홀적들과 같이 전마파집에 들이닥쳐 이곳저곳을 뒤졌지만 전마파와 부인은 온데간데없고 하인 몇 명만 남아 있는 집안은 난장판이 된다.

"전하! 아무래도 전마파란 놈이 기륜 집에 숨어 있는 것 같습니다."

"그래? 그럼 내일 기륜이 집에 가도록 하자."

충혜왕이 내시들이 구타당한 것을 마음에 품고 직접 전마파(田麻頗)의 집에 가서 그를 잡으려 하였으나 찾지 못하고 다음날 기륜의 집으로 행차하여 전마파를 잡으려 하였으나 찾지 못한다.

"기륜이 집에서 눈 도끼를 뜨고 있어 이곳저곳 뒤지기가 어렵사오니 전하께서 술 한 잔 하자고 기륜을 밖으로 불러내시면 그 사이에 제가 아는 놈들을 시켜 가택을 뒤지는 것이 어떨는지요?"

"알았다. 기륜에게 술 한 잔하자고 연통을 보내라."

다음 날 충혜왕은 개경 내에 있는 유명 주점인 춘유각(春裕閣)으로 기륜을 불러내어 오찬을 하는 사이에 최 내관이 아는 패거리들을 기륜 집으로 보내 전마파를 찾게 한다.

"전마파! 너 여기 숨어 있는 줄 알고 왔다. 빨리 나오너라."

"댁들은 여기가 어딘지 알고 와서 이렇게 행패를 부리는 것이요?"

"여기가 누구 댁인 줄은 모르겠고…… 전마파 놈이 우리 돈 떼먹고 이리 도망왔다는 소식을 들었다."

"전마파라는 사람이 누구요? 여긴 그런 분 안 계시오. 이 집은 상국 기황후 동생분인 기륜나리 집이요. 빨리 나가세요."

“종놈들은 다치지 않고 싶으면 빠져 있고, 애들아! 뒤져라!”

“네. 형님!”

얼굴 전체에 돼지털 같은 검은 수염이 더부룩하게 난 험상궂게 생긴 남자의 신호를 시작으로 방안을 못 들어가게 말리는 하인들을 밀쳐내고 온 집안을 뒤진다.

“너희들은 누군데 이렇게 다짜고짜 와서 소란을 피우는 거냐?”

“…….”

“우린 빚 받으러 온 것뿐이요.”

“누구 빚을 받으러 왔단 말이냐?”

“전마파란 놈이요.”

“그럼 전마파라는 사람 집에서 찾아야지 왜 이리 와서 난동을 피우느냐? 정녕 이 집이 누구집인 줄 모르고 이리 하는 것이냐, 너희들 목숨이 두세 개 있는 모양이구나.”

“마님! 노여워하지 마십시오. 애들이 다 뒤져도 없다고 하니 이제 그만 물러가겠습니다.”

“네 이놈들, 누구라고 이름을 밝히라고 하지 않느냐?”

“저희 같은 놈들이 무슨 이름이 있겠습니까. 그만 가겠습니다. 애들아. 가자!”

“저런~ 저런 괘씸한 놈들!”

밖에서 싸우는 듯한 시끄러운 소리가 들리자 방에서 나온 기륜 부인이 집안을 왔다 갔다 하는 낯선 무리들을 보며 크게 나무라자 무리의 우두머리인 듯한 자가 졸개들을 데리고 집을 나간다.

"이게 무슨 일이요? 집안이 왜 이리 엉망이요?"

"당신이 나가고 나서 얼마 안 되어 웬 시정잡배 같은 놈들이 갑자기 들이닥쳐 사돈을 내놓으라고 온 집을 뒤지는 통에 집안이 난장판이 되었어요."

"뭐라고? 내가 나가자마자 들이닥쳤다구요?"

"나리께서 집에 안 계실 때를 밖에서 기다리고 있었던 것 같아요."

"음~. 그렇다면 왕이 나를 밖으로 유인했다는 이야기인데……."

기륜이 충혜왕과의 오찬이 끝나고 기분 좋게 대문을 활짝 열고 집안으로 들어서자 여기저기 방문이 널 부러져 있고 졸지에 봉변을 당한 부인과 하인들은 망연자실한 표정으로 넋이 나가 있는 얼굴들이다.

"이번에 바로 잡지 못하면 자칫하다간 왕정이 이젠 우리 가문까지 우습게 알고 망나니 짓거리를 하겠구나."

기륜은 충혜왕을 그대로 놔두면 안 되겠다고 생각하고 기 씨 가문의 장자인 기철에게 달려간다.

"형님! 그간 강녕하셨습니까?"

"그래 우리 아우님께서 오늘 무슨 바람이 불어 나를 만나러 왔을꼬?"

"오셨는가? 기철 대감도 그렇지만 나도 오랜만에 자네를 보네 그려."

"안녕하셨습니까? 대감! 방 안에 다른 분들도 계셨는지 몰랐습니다."

"어서 와서 자네도 한 잔 하시게."

"네, 대감! 감사하오이다."

기륜이 사랑방 문을 열고 들어가니까 이른 시간부터 술판이 벌어졌는지 기철이 찬성사 권겸과 첨의참리(僉議參理) 김윤장과 같이 거나하게 취한 얼굴로 기륜을 바라본다.

"형님! 술을 많이 드신 것 같습니다."

"륜아! 너도 알겠지만 요즘 개경에 있는 사람들 치고 술 안 먹고 제정신으로 살 수 있는 사람이 몇 명이나 되겠느냐?"

"기 대감! 정말 무슨 이야기가 있어야 되지 않겠소. 태조 전하로부터 내려온 우리 귀족들의 토지나 노비들을 저리 무지막지하게 강탈하여 보흥고(寶興庫:왕실재산관리)인가 뭔가 하는 데에 집어넣고 그 돈으로 노상 패거리들하고 밤낮으로 유흥으로 소일하지 않나, 정말 미치고 환장하겠소."

"첨의참리가 이야기한 대로 아무래도 자네가 좀 나서 줘야겠네."

"두 분 대감께서 계시는데 이런 말하는 것이 좀 그렇습니다만 어제 전하께서 보내신 시정잡배 놈들이 저희 집에 와서 전마파를 내놓으라고 분탕질을 하고 갔습니다."

"……."

"그뿐만이 아닙니다. 전하께서 이종사촌 누이를 겁탈하여 매부께서도 이 개경에서는 살수 없다고 누이와 함께 상국으로 피하셨다고 합니다."

"이것 참! 경천동지(驚天動地)할 노릇이군."

"형님! 황후마마한테 이 일을 알려서 원 조정에서 무슨 조치를 하도록 해야 할 것 같습니다. 가만히 두 손 놓고 있다간 왕정이 우리 가문을 우습게 볼 것입니다."

"음~, 그렇겠지."

그렇지 않아도 기철도 다른 귀족들처럼 자기 소유 토지와 노비들 중 일부를 충혜왕이 관리하고 있는 보흥고에 빼앗겨 불만이 많았던 터라 권겸과 김윤장은 물론 동생인 기륜까지 충혜왕에 대한 조치 필요성을 이야기하자 결심이 선 듯 입술을 꽉 깨문다.

"형님! 상국에 무역한다고 자주 왕래한다는 장사치 말입니다."

"그 자는 왜 찾으시는가?"

"그 장사치를 시켜서 제 사신(私信)을 상국 조정이나 고려 조정 모르게 은밀하게 황후마마에게 전달했으면 합니다."

"자네 말이 무슨 뜻인지 알겠네. 자네가 글을 써 주면 내 그 자를 불러 상국에 계시는 황후마마에게 직접 전달토록 하겠네."

"아무도 눈치채지 못하도록 하셔야 합니다."

"걱정 마시게, 내 알아서 처리함세."

"기 대감! 저도 할 일을 주시지요."

"참리께서는 토지를 빼앗긴 분들을 만나 세(勢)를 규합하도록 하여 주십시오."

"알겠습니다. 여러 대소신료들은 전하께 불만들이 많아 기 대감께서 이끌어 주신다면 반드시 동참할 것입니다."

기철이 소리가 밖으로 새어 나가지 않도록 낮은 목소리로 방안에 함께 있는 권겸과 김윤장에게 앞으로 해야 할 일들을 조심스레 이야기한다.

"여러 대감들께서는 전하께서 내리신 공신 책봉록을 봤소?"

"봤습니다만 채하중, 강윤충 같은 자들이 1등 공신이라니 기가 막히오이다."

"사냥 같이 하고 예쁜 여자들을 많이 전하께 받치니까 1등 공신들 된 것 아니요?"

"1등 공신이면 어떻고 2등 공신이면 뭐합니까. 공신이라는 사람들도 선대왕께서 하사하신 토지나 몽땅 빼앗기는 판에……."

한종유(韓宗愈)·김영후(金永煦)·이몽가(李蒙哥)·이운(李雲)·박인수(朴仁壽)·안자유(安子由), 왕석(王碩)·이충(李沖) 등 고려 조정의 대소신료들이 첨의부(僉議府)의 집무실에 모여 공신 책봉과 토지의 왕실 재산인 보흥고 속에 불만을 토로한다.

"전하! 기거주(起居注:종5품) 이담(李湛)입시이옵니다."

"들어오라 해라."

"신(臣), 기거주 이담! 전하를 뵙습니다."

"웬일인가?"

"전하! 소신 오늘 목숨을 잃을 각오로 전하께 간(諫)하러 왔나이다."

"무슨 말인지 고하라?"

"태조께서 고려를 건국한 이래 역대 선왕들께서는 훈요십조(訓要十條)의 가르침을 잊지 않으시고 정사를 돌보아 왔습니다. 하온데 전하께서는 초근목피로 궁핍하게 살아가는 백성들의 어려움을 외면하시고 삼현(三峴)에 새로 궁궐을 짓는다고 하시니 이는 천부당만부당한 처사라 사료되옵니다. 소신 생각으로는……."

"기거주는 말을 삼가라. 삼현에 새로 짓는 궁궐은 국고에서 한 푼도 안 들이고 과인이 보흥고의 내탕금을 내서 지을 것이고 거기서 일하는 백성들에게는 일한 만큼 노임을 줄 것이다."

"전하! 백성들의 어려움을 생각하시여 새로 궁궐을 짓는 것을 중지하여 주시옵소서."

"저런~ 괘씸한 놈이 있나, 여봐라 저놈을 옥에 가두고 파직해라."

기거주 이담은 사관(史官)과 간관(諫官)으로서 왕의 잘못된 행동을 바로잡기 위하여 목숨을 걸고 충언을 하였으나 충혜왕은 노발대발하고 이담을 옥에 가둔다.

"이조년 참문학사(參文學事:종2품)께서 전하 뵙기를 청하고 있사옵니다."

"들어오시라고 해라."

"신 이조년! 전하께 문안인사 올립니다."

"무슨 일로 아침부터 오셨소?"

"전하! 어제 기거주 이담을 옥에 가두었다고 들었습니다."

"아~, 그 일이요!"

"전하! 기거주 이담은 자기 소임대로 간언을 한 것이온데 어찌 전하께서는 그를 옥에 가두었나이까?"

"신하란 자가 어떻게 그리 과인에게 무례하게 굴 수 있단 말이요?"

"전하! 황공하옵니다만 기거주의 소임은 좋은 말보다는 듣기 거북한 말을 자주 하는 직책이옵니다. 너무 노여워하지 마시고 전하를 위해서 한 행동으로 생각해 주시여 방면하여 주시옵소서."

"알겠소, 이 대감의 뜻이 그렇다면 과인이 곧 방면토록 하겠소."

"성은이 망극하옵니다."

충혜왕은 이담(李湛)의 충언과 이조년(李兆年) 등의 거듭된 간청에도 불구하고 왕복위 이후에도 정사는 돌보지 않은 채 계속하여 신하들의 부인들까지 범하는 등 페륜 행위를 계속하고 귀족이나 서민들 가릴 것 없이 토지를 빼앗고 세금을 무겁게 물게 하는 등 거듭되는 실정을 저질러 측근 대소신료들과도 점차 사이가 멀어지게 된다.

"흥해군(興海君)이 대도에 가 있지?"

"그러하옵니다. 전하!"

"오늘 흥해군 집에나 다녀오자."

"하온데 무슨 일로……."

"이놈아! 왕이 가자면 갈 것이지, 왜 이유를 물어 보느냐?"

"전하, 황공하옵니다. 주제넘게 그만……."

"너만 아니었으면 능지처참감이니라."

충혜왕이 어느 날 갑자기 흥해군 배전(裵佺) 집으로 행차하겠노라고 이야기하자 방탕질을 늘 함께 한 최 내관이 의아한 듯 배전 집으로 행차하는 이유를 물어보다 망나니 친구인 충혜왕으로부터 예기치 않은 질책을 받자 기겁하여 용서를 빈다.

"흥해군이 상국에 가서 고생하는데 그 부인을 위로라도 해주어야지."

"곧 채비를 준비하겠사옵니다."

그동안 궁에 틀어박혀 잠잠했던 충혜왕은 또 다시 성욕이 발동하는지 안 주인만 홀로 있는 흥해군 배전의 집으로 향한다.

"전하 아니시옵니까?"

"그동안 잘 계셨습니까?"

"하온데, 무슨 일로……."

"흥해군께서 상국에서 고생하시는데 그냥 있을 수 없어 부인을 위로차 왔습니다."

"신하로서 당연한 일을 하는 것인데 전하께서 이렇게 직접 왕림해 주시니 몸 둘 바를 모르겠나이다."

"주안상 준비하라 할 테니 잠시 기다리시옵소서."

배전의 처는 충혜왕이 여러 여자들을 강간하고 다닌다는 것을 알고 있었으나 설마 왕 복위하는데 1등 공신이고 최측근인 신하의 부인을 범하지는 않을 것이라 생각했는지 스스럼없이 반갑게 충혜왕을 맞이한다.

"왜 이리 잠이 쏟아지지……. 전하 안전인데 이게 무슨 낭패람."

"부인께서 많이 피곤하신 모양이십니다."

"전~하~, 송~구……."

충혜왕은 배전 처에게 잠이 들게 하는 미약을 탄 하사주를 먼저 먹으라고 강요하고 할 수 없이 이를 먹은 배전 처는 금방 잠에 빠져 방안에 누워버린다.

"이 나이에 이렇게 속 살결이 솜털처럼 부드럽다니……."

충혜왕은 배전 처가 잠들자 늘 하던 대로 능숙하게 속옷을 벗기고 난 이후에 음흉한 웃음을 지으며 고목처럼 누워 있는 여인네의 몸을 취한다.

"아니! 나한테 이런 금수만도 못한 짓거리를 하다니……."

"아무리 천하의 난봉꾼이라도 자기를 위하여 목숨 바쳐 일해 온 사람의 부인을 이렇게 범하다니 대감이 이를 알면 어쩜 좋아, 흑~흑!"

다음 날 아침잠에서 깬 배전 처는 충혜왕은 언제 방안에 있었냐는 듯이 온데간데없고 자기 속옷이 벗겨진 채 아랫배에 심한 통증이 오자 왕이 자기를 겁탈한 것을 알고 흐느낀다.

"요즘 소문을 들어 보니 왕의 패악질이 또 시작되는 모양이요."

"흥해군 대감 부인께서 능욕을 당해 집안에서 죽겠다고 큰 소동이 일어났답니다."

"배대감께서 귀국하여 이 사실을 알면 마음이 어떻겠소?"

"이거 정말 미친 사람 아니요."

"아무래도 우리 모두 기 대감께 말씀드려 상국에서 무슨 대책이라도 세워 달라고 해야 되는 것 아니오."

"이삼일 후에 우리 모두 기 대감 댁에 갑시다."

조익청(曺益淸), 남궁 신(南宮信), 손원(孫遠), 진교화(陳敎化) 등 이운(李芸)의 모친 회갑연에 참석한 조정 관리들이 원나라 조정에 대하여 막강한 영향력이 있는 기철에게 부탁하여 충혜왕을 처리토록 하자는 데 의견을 같이 한다.

"기 대감을 뵈옵니다."

"아니~ 퇴청해서 집에 들 가시지 않고 어찌 우리 집에 다들 우르르 몰려 왔소이까?"

"대감께 연통도 하지 않고 이렇게 불쑥 찾아온 것이 폐인 줄 압니다만 대감께서도 아시다시피 전하께서 귀족이나 백성들의 토지를 수시로 강탈하시고 선왕 전하의 후비(后妃)마마들은 물론 여염집 여인네들까지 계속하여 범하시는 전하의 실정을 그대로 가만히 지켜보고만 있을 수는 없어 대감께 실례를 무릅쓰고 온 것이니 너무 나무라지 마십시오."

"……."

"대감! 지금 대감께선 정동행성의 참지정사이신데 이참에 상국 조정에 말씀드려 상국의 다른 행성들처럼 여기 개경에도 고려를 관할하는 행성을 두게 하고 대감께서 직접 행성 주가 되시는 것이 어떨는지요?"

"……."

"왜 아무런 말씀이 없으십니까?"

전 제주안무사 조익청(曹益淸)·이운(李芸)이 주장하고 있는 것은 지금까지도 오래전에 원나라의 일본 원정을 위하여 설치된 정동행성(征東行省)이 폐지되지 않고 아무런 권한도 없이 형식적으로 운영되고 있으니 이를 폐지하고 원나라의 다른 행성들과 같은 지방행정기관으로 새로운 행성을 설치하여 기철이 행성 주가 되어 충혜왕을 왕위에서 물러나게 하자는 것이다.

"차가 준비된 모양이니 천천히 차나 드시면서 이야기 나눕시다."

"대감! 저희는 마음이 급합니다."

"일단 차부터 드십시다."

조익청 등의 이야기를 아무 말 없이 조용히 듣고 있던 기철은 하녀가 차를 가져 오자 찻잔에 차를 손수 따르며 들기를 권한다.

"여러분들께서 잘 아시다시피 그동안 세 차례나 상국에 고려의 입성(立省)을 청하였지만 그때마다 되지 않았소. 왜 그런 줄 아시오?"

"그야~ 이제현 대감 등 중신(重臣)들께서 극구 반대해서 그랬던 것 아닙니까?"

"다들 그렇게 생각하시오?"

"……."

"내 생각에는 상국에서 부마국인 우리 고려에 정동행성 말고 굳이 다른 행성을 설치하여야 할 필요성을 느끼고 있지 않기 때문이요."

"대감! 선왕들께옵서는 지금의 전하처럼 이렇게까지 실정하지는 않았습니다. 지금은 그때와는 많이 다르다고 생각합니다."

"맞습니다. 안무사 말씀대로 지금은 전하로 인해 귀족들은 물론 온 백성들까지 고통을 당하고 있어 상국에서 이를 알면 그대로만 두지는 않을 것이라 봅니다. 더군다나 대감 누이께서 상국의 황후마마 아니시옵니까?"

차를 음미하고 있던 기철이 과거의 입성책동을 거론하면서 말문을 열자 초조한 모습으로 기철을 바라보고 있던 조익청·이운은 과거와는 다른 상황이니 원나라에 입성을 요청하면 받아 드릴 것이라 주장한다.

"알았소! 요즘 황후마마께서 자정원(資政院) 일로 바쁘신 것 같으니 내 직접 황제 폐하께 주청을 올리리다."

"감사합니다. 대감! 저희들은 대감만 믿고 있겠습니다."

몇 개월 전에 기황후에게 보냈던 서신은 기륜과 충혜왕과의 갈등이 표면화되고 해결되는 방식이 서로 간의 폭행이라는 기 씨 가문의 개인적인 차원에서 이루어졌던 것에 비해, 이번에 원나라 황제에게 보내고자 하는 서신은 그 해결 방식이 행성설치나 패륜질 하는 왕의 퇴위 등의 정치적 성격을 띠고 있다는 점에서 다르다고 할 수 있다.

『황제 폐하께 고합니다. 지금 고려왕인 왕정은 상국의 황족이며 선왕의 후비이신 경화공주마마를 겁탈하고 대신들의 부인들은 물론 내시의 처까지도 범하는 등 탐음부도(貪淫不道)하기가 하늘에 닿았습니다. 폐하께서 황은(皇恩)을 베푸시어 고려에 행성을 세워 도탄에 빠진 고려 백성들을 부디 편안하게 해 주실 것을 엎드려 청하옵니다. 1343년 8월 고려국 참지정사 기철.』

고용보는 기철이 황제에게 올렸던 상소문을 가지고 3년 전에 원나라 최고 권력자인 메르키트바얀을 제거한 이후에 우승상에 오른 당시 실세인 토크토아를 만나 황제의 명을 전한다.

"우승상! 고용보 자정원사께서 정동행성 참지정사가 폐하께 올린 상소문을 가지고 오셨습니다."

"어서 이리 모시게."

"오랜만이오, 자정원사! 폐하께선 상소문을 보시고 뭐라고 하명하시던가요?"

"폐하께서는 우승상께서 상소문을 읽어 보시고 조정대신들과 협의하여 결정하시라는 명을 내리셨습니다."

"알겠습니다. 내 한번 읽어 보고 대신들과 의논하겠습니다."

고용보가 전달한 상소문을 읽은 토크토아는 어처구니없는 표정으로 중서성(中書省)의 부재상인 좌승(左丞) 티리티무르(帖裏帖木兒)에게 보고 있던 상소문을 건넨다.

"이런 미친 왕이 있나?"

"어떤 내용들이 있기에 우승상께서 그리 말씀하십니까?"

"좌승(左丞)께서도 한 번 보시구려."

"좌승은 이 일을 어떻게 처결하면 좋겠소?"

"제 생각에는 지금도 그렇고 앞으로도 해야 할 일도 많은데 부마국인 고려에까지 정동행성 말고 또 다른 행성을 설치하느라 힘을 쓸 필요는 없는 것 같사옵니다."

"또한 폐하께서도 기철의 상소문을 자정원사를 통해서 중서성으로 내린 것을 보면 패악질을 계속하는 고려왕을 바꾸라는 언질이 아닌가 생각하옵니다."

"그러면 행성은 설치하지 말고 왕이나 바꾸자는 말씀이요?"

"그러하옵니다. 우승상!"

"알았소. 그렇게 합시다."

당시 토크토아는 과거 바얀이 권력을 잡을 때 한족(漢族)의 관직 등용을 막을 목적으로 폐지되었던 과거제도를 부활하여 인재를 발굴하고 각종 정치제도를 개혁하느라 정신없이 바쁜 나날을 보내고 있어 고려에 신경 쓸 겨를이 없었다.

"우승상! 그렇지 않아도 마침 첨의평리(僉議評理) 신예(辛裔)가 자정원사(고용보)와 동지추밀원사(박불화)가 같이 고려로 들어가 기황후마마의 집안사람들에 대한 폐하의 책봉과 추존 교지를 내린다고 하니 따로 사신단을 꾸릴 것이 아니라 첨의평리가 귀국할 때 고려왕을 데리고 같이 오면 될 것 같습니다만……."

"아니요. 이번 일은 고려왕을 대도로 단순히 소환하는 것이 아니라 폐위하여 유배시키는 것이니 혹시 모를 무력충돌에 대비해 추밀원(樞密院)이 주관해서 사신단을 꾸려 이 일을 처결하는 것이 좋을 것 같소."

"알겠습니다. 추밀원에 명을 전달하겠습니다."

토크토아는 고려왕을 폐위하는 과정에서 혹시 일어날 수도 있는 불상사를 막기 위해서는 단순히 사신단을 꾸리는 것보다는 고려왕 측근들의 반발을 무력으로 제압할 수 있는 군사력이 필요하다고 판단하여 군사조직인 추밀원에게 고려왕 폐위와 유배일을 맡긴다.

"우승상께서 그리 말씀하셨다니 이번 고려왕 폐위 건은 저희 추밀원에서 맡겠습니다."

"그러면 누굴 보낼 생각이요?"

"간다면 상황 판단이 빠른 대경(大卿) 타적(朶赤)과 낭중(郎中) 별실가(別失哥)를 보낼 참입니다."

토크토아와 고려왕 처결에 대하여 협의가 끝난 후에 좌승(左丞) 티리티무르(帖裏帖木兒)는 추밀원으로 곧장 가 사신단을 가장하여 고려로 출발하라는 우승상의 뜻을 전한다.

"대경(大卿) 타치(朶赤)!, 황후마마를 뵈옵니다."

"어서 오시오. 이번에 사신으로 고려에 가신다고?"

"그러하옵니다. 황후마마!"

"듣기로는 왕정을 폐위하여 유배 보낸다고 하던데……."

"네, 황후마마! 소신이 알기로는 게양현(揭陽縣)으로 유배 보내기로 결정된 것으로 알고 있나이다."

"그런데 말이요. 한 나라에 새로 왕에 오른 사람하고 예전의 왕이었던 사람이 그대로 살아 있으면 또 나라가 옛날처럼 혼란스럽지 않겠소?"

"그러하옵니다. 황후마마!"

"대경은 어떻게 할 생각이시오?"

"소신에게 맡겨 주시옵소서. 일단 고려왕을 대도로 데려와 죄를 묻고 유배지에 가는 도중에 알아서 처결하겠나이다."

"이래저래 고생이 많겠구려."

"그러면 소신은 이제 그만……."

"아니요. 자정원사하고 동지추밀원사가 곧 이리 올 것이니까 잠깐만 기다리시오. 내 고려로 떠날 분들에게 같이 당부할 것도 있으니, 대경은 차나 들고 계시오."

당시 원나라에서 고려로 떠나는 관리들은 황제를 알현하고 기황후가 거처하는 흥성궁으로 가서 인사하는 것이 관례화되어 있었다. 그동안 기황후는 고려에서 있었던 충혜왕에게 겁탈을 당한 이종사촌 언니의 일이나 충혜왕이 기철 오라비의 재산을 강탈했던 일들을 소상히 알고 있어 때가 되면 충혜왕을 제거하겠다고 생각하고 있었다.

"황후마마! 문안드리옵니다."

"그래. 출발 준비는 다 되셨소?"

"네. 황후마마!"

"하온데 여기에 대경은 웬일로……?"

"내 같이 있을 때 부탁 좀 하려고 두 분 오실 때까지 기다리라 했소."

"아~ 네!"

황금색과 붉은색을 군데군데 수놓은 휘황찬란한 원나라 대신 복장을 한 고용보와 박불화는 고려로 떠나기 전에 인사차 흥성궁에 들어오다가 몽골족 출신인 대경 타치가 있는 것을 보고 의아해한다.

"그대들도 잘 아시겠지만 지금까지 이렇게 사신단이 둘로 나뉘어 연달아 고려에 간 적은 없었소이다. 하나는 축하 사절단이고 또 하나는 고려왕을 잡으러 가는 체포조이고……. 내 생각으로는 우리 기 씨 가문이 폐하의 황은을 받아 돌아가신 부친께서 왕으로 추존하는 경사스러운 자리에 피를 묻히면 안 될 것이오. 하여 추밀원에서 보내는 체포조는 추존식이 끝날 무렵에 고려로 들어가는 것이 좋을 듯하오. 그리고 자정원사께서는 내 선물을 내릴 테니 어머니에게 전해 주시오."

"황후마마의 명을 받들겠습니다."

기황후는 기씨 가문의 경사스러운 행사에 차질이 없도록 사절단과 체포조가 떠나는 일정을 따로 정하여 이야기하자 고용보, 박불화, 신예(辛裔)와 체포조로 떠나는 타치(朶赤), 별실가(別失哥) 등이 동시에 입을 맞춘 듯이 같은 소리로 대답한다.

"상국에서 무슨 일로 또 사신단을 보낸단 말이냐?"

"……."

"최 내관! 너는 무슨 일로 오는지 알겠느냐?"

"전하! 혹시 전번 조적의 난 때 정동행성 관리들을 문초한 것 때문에 오는 것이 아닌가 생각됩니다."

"무슨 소리냐. 전번 홍빈도 죄를 묻지 않고 방면했는데……. 그것은 아닌 것 같다."

"전하! 신 첨의평리(僉議評理) 강윤충 아뢰옵니다. 상국에서 사신단을 보내는 것은 아무래도 일부 귀족들이 보유하고 있는 토지를 보흥고에 귀속시켜 그 불만들이 상국에 전해져 이를 묻고자 오는 것 같사옵니다."

"직성군(直城君:노영서盧英瑞)은 어떻게 생각하시오?"

"소신 생각도 강평리 생각과 같사옵니다. 그동안 일부 귀족들이 상국에 아는 대소신료들을 통해 많은 불만을 토로해 온 것으로 알고 있나이다."

"보흥고에 귀속시킨 것들을 다시 돌려주면 새로운 궁궐은 무슨 돈으로 세운단 말이요?"

"전하! 상국에서 오는 사신이 누군지는 모르겠으나 오해를 풀도록 하면 될 것이옵니다. 너무 걱정하지 마시옵소서."

"과인은 강평리와 직성군만 믿겠소이다."

이제 연경궁 넓은 대전 안에는 강윤충(康允忠) 등과 같이 왕에게 아첨하는 일부 무리들만 남아 있을 뿐 충혜왕의 패악질과 실정을 바로잡기 위하여 노력했던 이조년(李兆年)·이제현(李齊賢) 등과 같이 경륜 높은 노대신(老大臣)들의 모습은 보이지 않는다.

"전하! 아뢰옵니다. 완산군(完山君:고려에서 고용보에 내린 직책)께서 이번 사신단으로 오고 있다고 합니다."

"그래! 완산군께서……. 잘 되었구먼~, 무슨 일로 온다고 하더냐?"

"의주에서 막 도착한 전령의 말로는 여러 수레에 선물이 가득 실렸다 하옵니다."

"그러면 혹시 상국 조정에서 황후마마의 친정집에 선물을 주려고 사절단을 보내 것인지 모르겠구나."

"전하! 완산군은 고려 사람이고 전하로부터 많은 도움을 받은 자이온데 전하께 폐를 끼치기나 하겠습니까?"

"최 내관! 너도 그렇게 생각하느냐?"

"네, 전하! 틀림이 없을 것이옵니다."

"그렇다면 또다시 상국에 끌려가지는 않겠구먼."

충혜왕은 난데없이 사신단이 고려에 오는 것은 혹시 자기가 저지른 실정을 상국에서 문책하기 위하여 또다시 개경에 오는 것이 아닌가 하고 의심을 품었으나 내관 최화상으로부터 평소에 공을 들였던 고용보가 선물을 가뜩 싣고 사신으로 온다는 이야기를 듣고 의심을 푼다.

"최 내관! 내가 동교로 나가 완산군을 맞이할 테니 너는 모든 대소신료들한테 동교(東郊:개경 왕궁 밖 동쪽방면 교외)쪽으로 나오도록 명을 전해라."

"전하! 지금까지 상국에서 사신단이 오더라도 전하께서 직접 궁 밖으로 나가 맞이한 전례가 없사옵니다. 그냥 궁에서 기다리시다가 입궐할 때 맞이하시지요."

"야, 이놈아! 너는 내 명만 전하면 되지 무슨 잔말이 그리 많으냐?"

"황공하옵니다. 빨리 가서 밀직사에 전하의 명을 전 하겠습니다."

충혜왕은 기황후의 최측근인 자정원사인 고용보에게 환심을 사고자 직접 대소신료들을 끌고 궁 밖으로 나가 사신단을 맞이하기 위하여 조정 대신들에게 동교로 오라는 명을 내린다.

"채 대감(蔡河中)께서 동교로 오셔서 상국 사신단을 맞이하라는 전하의 명이십시다."

"이보게! 보시다시피 나는 지금 병환 중이라서 갈 수가 없네."

"정당문학(이제현:李齊賢)께서 동교로 오셔서 상국 사신단을 맞이하라는 전하의 명이십시다."

"낭장(郎將:종6품)! 자네도 알겠지만 관직을 떠난지도 오래 되었고 기력이 없어 바깥출입도 제대로 못하는 늙은이가 어찌 막중대사에 참여할 수 있겠나, 전하께 잘 말씀드려 주시게."

밀직사 낭장이 개경 내 여러 대소신료를 두루 찾아다니면서 왕명을 전하였으나 충혜왕과 같이 유희를 즐겼던 일부 대신과 정동행성 관리들을 제외하고는 약삭빠른 채하중과 충혜왕의 패악질과 실정에 넌덜머리가 난 대부분의 대소신료들은 칭병과 사직을 이유로 선뜻 왕명을 따르지 않는다.

1343년 10월! 늦가을의 찬 바람이 불어오는 속에서 충혜왕이 탄 어가(御駕)의 행렬은 승평문을 지나 선농단이 있는 적전리(籍田里)앞에 도착하자 왕 측근의 조정 대신들과 정동행성에서 영접하러 나온 이문 윤계종(尹繼宗)과 경기의 지방관들이 차례로 정렬하여 대기하고 있었다.

"어서 오십시오, 자정원사! 원로(遠路)에 오시느라 고생이 많으셨습니다."

"아~니! 전하께서 이리 몸소 영접하려 나오시다니……."

"원사께서 직접 고려에 오시는데 내 당연히 나와서 영접하는 것이 사신단에 대한 예의가 아니겠소?"

"감사합니다. 전하! 하온데 이조년 대감과 김륜 대감이 안 보입니다."

"두 분은 연로(年老)하신데다가 요즘 몸이 안 좋아 관직을 사양하고 집에서 휴양하고 있습니다."

"그래요? 고려에 도착하면 한번 뵈려고 했는데 좀 아쉽군요."

"원사께서 원하시면 궁으로 오라고 하겠습니다."

"아니요! 병환이시면 집에서 계셔야지 밖으로 걸음 하면 되겠소?"

"그런데 자정원사께서 가져오신 저 많은 수레들은 무엇입니까?"

"이것들 말이요, 아직 전하께선 소식을 전해 듣지 못한 모양입니다."

"무슨 말씀이온지?"

"황제 폐하께서 황후마마의 부친을 영안장헌왕으로 추존하고 모친을 대부인으로 모시라는 교지를 내리셨습니다. 제가 고려에 온 것도 다 그것 때문입니다."

"미리 말씀해 주셨으면 준비를 했을 텐데……."

"이제 알았으니 지금부터라도 준비하면 될 것 아닙니까."

"당연히 그래야지요."

고용보가 이끄는 원나라 사신단이 선물을 가득 실은 수많은 수레들과 함께 적전리 선농단 부근에 도착하자 충혜왕을 비롯한 조정 대소신료들이 일제히 정중하게 예를 표하였으나 고용보는 말에서 내리지도 않고 충혜왕을 아래로 내려다보면서 만면에 웃음을 띠며 충혜왕과 이야기를 나눈다.

"아니~ 저런 건방진 놈! 아무리 환관 놈이 출세했다고 손치더라도 일국의 왕한테 마상에서 내리지도 않고 저리 무례하게 대하다니……."

영접하러 나온 고려 조정 대소신료들 대부분이 고용보가 충혜왕에게 대하는 무례를 바라다보며 속이 부글부글 끓었으나 어느 누구 하나도 고용보의 무례함을 꾸짖고자 나서는 자가 없었다.

"자정원사께서도 피곤하실 텐데 어서 숙소(順天館:개경 내 사신숙소)로 가셔서 푹 쉬시고 내일 궁에서 사신단을 위한 환영연을 하려고 하오니 꼭 참석해 주었으면 합니다."

"아니요. 내일은 기 대감 댁에 가서 대부인 마님을 뵙고 인사드리고자 하니 환영연은 천천히 하십시다."

충혜왕 옆에 있던 강윤충(康允忠)과 노영서(盧英瑞)는 고용보를 바라다보며 왕이 주관하여 궁에서 열릴 환영연 참석을 정중히 권하였으나 고용보에게 일언지하에 거절당한다.

"대부인 마님! 그간 강녕하셨습니까, 소신 고용보 오랜만에 대부인 마님을 뵈옵니다."

"소신 박불화도 같이 인사 여쭙니다."

"두 분 먼 길 오느라 수고 많이 하셨소. 폐하와 황후마마도 잘 계시지요?"

"네. 대부인 마님! 폐하와 황후마마뿐만 아니라 황자마마께서도 강녕하십니다."

"그래요! 두 분께서 우리 황후마마를 잘 보살펴 주니 그리된 것 아니겠소. 늘 고맙게 생각하고 있습니다."

"아닙니다. 황후마마한테 받은 은혜를 생각하면 저희들이 늘 감사한 마음입니다."

"그건 그렇고 대부인 마님! 어찌 기 대감께서 안 보이십니다."

"전하께서 급히 부르셔서 궁에 갔으니 조금 있으면 올 것이오. 두 분 오랜만에 고향에 왔다고 해서 내 미리 고향 음식을 준비하라고 했으니 드시고 계시지요."

"대부인 마님을 위문하고 폐하의 명을 전하기 위해 왔는데 오히려 폐만 끼치는 것 같습니다. 너무 신경 쓰지 마시옵소서."

어제 개경에 도착할 때 충혜왕과 고려 대소신료들에 도도한 모습을 보이던 고용보, 박불화는 기황후 모친을 대하며 고양이 앞에 쥐인 것처럼 쩔쩔맨다.

"대감마님께서 오십니다."

"기 대감께서 집에 온 모양이구려. 나가 봅시다."

사랑방에서 기황후 모친이 마련한 음식을 들고 있던 고용보와 박불화는 기철 집안의 하인이 밖에서 외치는 소리가 들리자 숟가락을 놓고 곧바로 방문을 열고 나온다.

"기 대감! 오랜만입니다."

"원사와 태감께서 오셨다는 이야기는 들었소. 자~, 안으로 들어갑시다."

"식사 중이였구려."

"대부인 마님께서 마련해 주신 고향 음식으로 오랜만에 포식하고 있었습니다."

"많이 드시구려."

"아닙니다. 다 먹었습니다."

충혜왕에게는 고압적인 태도를 보였던 고용보, 박불화는 기철에게는 위엄은 온데간데없이 상전을 대하듯 공손한 목소리로 이야기한다.

"그러나 저러나 무슨 일로 고려왕이 대감을 호출하셨습니까?"

"무슨 일이겠소이까. 나 보고 자정원사께 잘 봐달라고 부탁하라고 합디다."

"왕이 기대감께 그런 부탁을 하는 것을 보니 마음이 다급한 모양입니다."

"상국에서 사신단이 오는 것이 두려웠다면 국정이나 잘 보살펴야지 그렇게 패악질이나 하고 다니고 우리 기 씨 가문을 포함한 귀족들의 토지나 노비들을 빼앗는 짓거리를 했으니 불안한 것이겠지요."

"기 대감에게만 말씀드리지만 곧 충혜왕을 폐위하고 유배 보내기 위하여 사신단으로 위장한 체포조가 개경에 도착할 것입니다."

"폐위만 하면 되지 유배까지……."

"소인이 알기로는 충혜왕은 폐위되어 대도로 소환하여 폐하께 용서를 빌고 게양현(揭陽縣)으로 유배되는 것으로 알고 있습니다."

기철은 고용보가 충혜왕의 폐위와 유배에 대하여 은밀하게 알려 주자 올 것이 왔다는 담담한 표정으로 묵묵히 듣고만 있다가 밥상 위에 있는 주전자에 입을 대고 물을 벌컥벌컥 마신다.

"게양현(揭陽縣)이라면?"

"대도에서도 이만 리 떨어진 오지 중에 오지이온데 아마도 살아서는 못 나올 겁니다."

"이제 왕정의 운명도 끝났나 보구려."

"오늘 입궁하니까 전하께서 황제 폐하께서 저의 부친과 모친에게 내린 교지의 뜻을 받들고자 내일 추존식에 대신들과 함께 참석한다고 합니다."

"폐하의 교지를 발표하는 데 고려왕이 당연히 참석하여 예를 표하여야겠지요."

"아무튼 오늘은 내일 있을 행사 준비로 바쁠 테니 저희들은 이제 그만 숙소로 돌아가 있겠습니다."

"전하께서 자정원사와 태감을 궁에서 만찬이나 했으면 하고 이야기 하던데……. 그래도 아직까지는 고려왕인데 궁으로 찾아뵈어야 하는 것 아니요?"

"얼마 안 있으면 폐위되어 끌려가는 자이온데……. 기 대감께서는 모른 체 하십시오."

"알겠습니다. 가서 잘 쉬시오, 내일 뵙겠습니다."

고용보가 기황후 부친에 대한 왕 추존식 행사를 왕궁이 아닌 기철의 집으로 결정했다는 소식을 들은 충혜왕은 왕으로서 무시당하는 것 같아 자존심이 많이 상하였으나 하는 수 없이 다음날에 신하인 기철의 집으로 행차하여 추존식 행사에 참석할 수밖에 없게 된다.

"황제 폐하의 교지를 내리겠으니 참지정사(기철의 원나라 직책)와 대부인께서는 앞으로 나와 황명을 받으시오."

"망극하옵니다."

"짐이 온 천하에 알린다. 황후의 부친인 기자오(奇子敖)를 영안장헌왕(榮安莊獻王)으로 봉하고 모친을 영안왕대부인(榮安王大夫人)으로 삼노니 만 백성들은 짐을 대하듯 예를 다하라."

"폐하! 황은이 하해와 같사옵니다."

충혜왕을 비롯한 고려 조정 대소신료들이 도열한 가운데 고용보가 교지를 펼쳐 다 읽은 다음 황후 모친 이 씨와 기철에게 전하자 둘은 나란히 부복하여 황제의 명을 두 손으로 받든다.

"고려 조정 대소신료들은 들으시오. 오늘 황제 폐하로부터 황후마마의 부친께서 왕으로 추존받았으니 앞으로 그대들은 기문(奇門)을 왕족으로 존중하여 주시길 바라오."

"……."

"왜 다들 꿀 먹은 벙어리가 되었소? 아시겠소?"

"폐하의 명인데 당연히 따라야지요."

고용보, 박불화와 같이 사신단으로 왔던 원나라 첨의평리(僉議評理) 신예(辛裔)가 추존식이 끝나자마자 앞으로 나와 도열해 있는 충혜왕과 고려 조정 대소신료들을 바라보며 눈을 부릅떠 협박하듯이 큰 목소리를 지르자 추존식에 참석한 고려 대소신료들이 제대로 말도 못하고 당연하다는 듯이 고개를 끄덕인다.

"내 참 더러워서 이 짓거리도 못해 먹겠소."

"글쎄 말이요. 왕으로 추존되었으면 그걸로 되었지 우리 보고 기대감집안을 왕족처럼 모시라니요."

"저 환관 놈이 상국에서 자정원사 뭐니 하면서 이리 고향인 고려를 협박하다니……. 죽일 놈이오."

"이게 다 우리 고려가 힘이 없어 겪는 일들 아니오."

"이제 보니 전하보다 더 높은 분이 기 대감이었구려."

기철 집에 있었던 추존식이 끝나고 집으로 돌아가면서 젊은 신료들인 박양연(朴良衍)·최안의(崔安義)·김선장(金善莊) 등이 목멘 소리를 한다.

"전하! 이제 그만 드시옵소서, 너무 과음하시는 것 같사옵니다."

"상선! 고용보란 놈이 기고만장하여 과인을 무시하는 것을 보지 않았는가?"

"전하! 소신이 전하를 잘못 모셔서 그런 험한 지경까지 왔으니 죽여주시옵소서."

"상선이 무슨 잘못이 있겠는가, 다 과인이 못난 탓이지."

추존식 행사가 끝나고 연경궁으로 돌아온 충혜왕은 기분이 몹시 상해 혼자 술을 먹고 있다가 옆을 지키고 있던 상선을 바라보며 초라한 모습으로 넋두리를 한다.

"전하! 첨의평리 강윤충께서 알현을 청하고 있나이다."

"오늘은 혼자 있고 싶으니 급한 일이 아니면 내일 들라고 해라."

"첨의평리께서 급한 일이라 하옵니다."

"뭐? 급한 일이라고……?"

"전하! 소신 들어가겠나이다."

강윤충은 마음이 급했던지 내전 안에서 왕의 허락이 떨어지기도 전에 문을 열고 황급히 들어 와 취기가 오른 충혜왕을 바라보며 다급하게 아뢴다.

"전하! 상국에서 또 사신단이 개경을 향해서 떠났다 하옵니다."

"사신단?"

"네, 전하! 지금 사신단이 개경에 와 있는데 굳이 다른 사신단을 보낸다는 것이 아무래도 심상치가 않습니다."

"그런가! 상선은 어떻게 생각하는가?"

"소인도 첨의평리 생각과 같사옵니다."

"그럼 또다시 과인을 상국에 끌고 가려고 오는 것 아닌가?"

"그럴 리가 있겠사옵니까. 전번 조적의 난은 전하께서 상국에 가셔서 소명하시고 난 이후에 방면되지 않았습니까!"

"전하! 일단 칭병하여 사신단과의 만남을 미루시고 정황을 봐 가면서 대책을 마련하는 것이 좋을 듯합니다."

"그래! 상선 말대로 그리 하는 것이 좋겠구먼."

강윤충으로부터 또다른 상국의 사신단이 고려로 오고 있다는 소식을 들은 충혜왕은 잔뜩 긴장한 얼굴로 강윤충과 상선의 얼굴을 번갈아 바라보며 긴 한숨을 쉰다.

"와~와~!"

"저런~ 청군이 또 이겼군."

"전하! 정말 고려 사람들이 격구는 정말 잘 하긴 잘 합니다. 허~허!"

"완산군께서도 격구를 좋아하는 모양입니다."

"좋아하기보다는 내 오랫동안 상국에 있다 보니 고향에 돌아가면 꼭 격구 하는 것을 보고 싶었는데, 전하께서 이런 자리를 마련해 주시니 고맙습니다."

충혜왕은 고용보(高龍普)가 개경에 있는 동안 격구(擊毬)를 보고 싶다는 연락이 오자 평복 차림으로 시가의 루(樓)에 행차하여 격구(擊毬)를 함께 관람하면서 담소를 나눈다.

"아휴~ 저런 멍청이 같은 놈이 다 있나, 저걸 못 넣어, 야! 이 바보 같은 놈아!"

"자네 얼마나 걸었기에 그리 난리인가?"

"말도 말게 저런 엉터리 같은 놈들한테 은병(銀甁) 3량을 걸었다네, 내가 미친놈이지."

"아직 끝나지 않았으니 좀 더 지켜보세."

"그건 그렇고 저기 루(樓)의 상단에 앉아 있는 사람들은 누구인가?"

"돈 많은 귀족들이 아니겠는가."

"아니 이 사람아, 아무리 권문세가라 하더라도 저렇게 많은 군사들이 뒤에서 호위하는 사람은 없네."

"왕인가?"

"왕이 이런 데 왜 오나?"

"자네 못 들었나. 소문에 왕이라는 작자가 여자 후리고 유흥 즐기는 데 고려에서 따라올 사람이 없다고 하네."

"그러면 저기 원나라 관리복장을 하고 앉아 있는 놈은 누구지?"

"글쎄, 며칠 전에 원나라에서 사신이 들어왔다는데 그 사람들 아닌지 모르겠네."

"사신으로 온 놈이 밑둥이가 없는 고자(鼓子)라고 하던데……."

"말세구먼~고자가 사신으로 오다니."

"신경 쓰지 말고 격구나 보세."

평소 격구장 분위기와는 다르게 루(樓)의 상단에 원나라 관리복장을 한 자와 그 옆에 있는 사람이 많은 병사들의 호위를 받으며 관람하고 있는 것을 본 도성 백성들은 잠깐 동안 누군가 하고 호기심을 가졌으나 이내 격구에 몰입하면서 연달아 야유와 환호를 질러댄다.

"완산군께 뭐 하나 물어봐도 괜찮소?"

"물어보십시오."

"완산군께서 개경으로 출발하신 며칠 뒤에 상국에서 고려로 사신단이 또 출발했다고 하던데, 혹여 완산군께서 어떤 이유로 사신단이 오는지 알고 계신지요?"

"전하께서도 아시겠지만 그땐 제가 대도에서 출발한 때라……. 다른 사신단이 고려로 들어오고 있는 이유에 대해서는 잘 모르겠습니다."

충혜왕은 격구를 관람하는 도중에 고용보가 기분이 좋아진 것을 알고 기회를 봐서 새로 오는 사신단의 목적을 넌지시 물어본다.

"완산군! 황제 폐하나 조정에서 나를 어떻게 생각하는지……?"

"알다마다요, 전하께서 본래 성정이 호탕하시어 꽃들을 좋아하지만 상업(商業)을 크게 일으킨 공적도 있으시고, 가끔 폐하나 조정 대신들이 전하를 좋지 않게 이야기하면 제가 본 마음은 그렇지 않다는 것을 적극 알려 이해토록 했으니 그리 나쁜 편은 아닙니다. 너무 걱정하지 마십시오."

"고맙소! 완산군만 믿겠소."

고용보는 대도에서 고려로 출발하기 전에 충혜왕의 폐위와 유배가 이미 결정되었음을 알고 있었지만 충혜왕을 안심시키고자 마음에도 없는 말을 내뱉는다.

"아니, 어찌 황명으로 온 사신단을 영접하러 왕이 직접 안 나오고 그대들만 나왔단 말인가?"

"정사(正使)! 전하께서는 지금 병환 중에 있어 바깥출입을 못하시고 자리에 누워 계십니다. 병이 쾌차하면 정사를 뵈올 것입니다."

"뭐라? 병환 중이라고……?"

대경(大卿) 타적(朶赤)은 완전무장한 원나라 병사들 수십 명을 이끌고 동교 인근에 도착하자마자 영접나온 고려 관리들에게 충혜왕이 직접 영접 나오지 않은 것을 황명을 운운하며 윽박지른다.

"이렇게 황제 폐하의 황명을 가지고 온 사신단을 소홀히 대하니 늘 우리 조정에서 고려왕의 충성심을 의심하는 것이요."

"정사께선 너무 노여워하지 마시고 오늘 여기까지 오시느라 피곤하실 테니 일단 숙소로 가시지요."

"좋소! 오늘은 쉬고 내일 궁으로 가서 고려왕을 만날 테니 그리 아시오."

강윤충(康允忠)·임신(林信) 등 문관과 응양군(鷹揚軍) 중랑장 김선장(金善莊)의 휘하의 병사들이 앞장을 서서 타적 일행을 도성 안에 있는 사신숙소(순천관)로 안내한다.

"자정원사를 뵈옵니다."

"먼 길 오느라 수고들 많았소."

"황후마마께서는 저희 일행이 고려에 도착하면 자정원사님과 상의하여 고려왕에 대한 일을 처결하라고 당부하셨습니다."

"알겠소! 충혜왕은 내가 다독거려 났으니 별다른 의심 없이 대경을 맞이할 것이요."

"글쎄올시다. 우리가 고려에 온 목적을 눈치챘는지는 모르겠지만 여기 오기 전에 영접 나온 고려 관리들이 왕이 병환 중이라고 이야기 하더이다."

"병환 중이라니? 말도 안 되는 소리요. 며칠 전 격구를 볼 때만 하더라도 멀쩡했는데, 그 사이에 병에 걸렸다고?"

"그럼! 고려왕이 우리를 일부러 피하고 있다는 것이 아니오이까?"

"그런 것 같소."

"대경은 어떻게 할 작정이오?"

"저야 여기서 고려왕을 포박하자마자 바로 대도로 출발할 것입니다."

"대경께서 군사들을 데리고 왕궁으로 간다고 하더라도 고려왕이 병환 중이라는 데 만나 줄 수 있을지 모르겠구려."

"여하간 내일 왕이 병환 중이던 말건 간에 궁으로 가겠다는 이야기는 해 놓았습니다."

"신중히 처리하시오. 아무리 상국에서 사신으로 왔다 하더라도 몇 안 되는 군사들을 데리고 가서 왕을 포박하면 왕궁을 지키는 시위군들이 가만히 있겠소? 더군다나 폐하의 교지도 가져오지 않았다면서요."

"저도 고려왕을 포박하는 과정에서 고려 군사들과 충돌할까 그게 큰 걱정입니다. 하여, 제가 내일 고려왕을 만나지 못하면 자정원사께서 고려왕을 우리 원나라 군사들이 있는 정동행성으로 유인해 주시길 부탁드립니다."

"알겠소. 대경께서 내일 궁에 들어간다고 하니 충혜왕을 만나 포박하여 끌고 갈 수 있으면 그대로 하시고 그때 가서 충혜왕을 못 만나 포박이 어려우면 대경의 말대로 내 그렇게 하리다."

"감사합니다."

타치(朶赤), 별실가(別失哥)가 사신 숙소인 순천관에 도착하자 미리 기황후 부친에 대한 왕 추존식 행사로 먼저 와 있던 고용보와 박불화를 만나 충혜왕의 체포를 어떻게 할 것인가를 의논한다.

"대경! 전하께서는 지금 병환이 깊어 누구도 만나 볼 수가 없나이다."

"그대가 상선인가?"

"건방진 놈!, 황명으로 온 사신을 감히 막고 있느냐?"

왕궁에 도착한 타치는 충혜왕이 누워 있는 침전 안으로 들어가는 것을 상선이 온몸으로 막자 얼굴을 냅다 후리 갈기며 기분 나쁜 듯이 방문을 확 열어제낀다.

"전하! 폐하의 황명을 받고 고려에 온 타적이라 하옵니다."

"……."

"전하께선 지금 막 탕약을 드시고 잠이 들었사옵니다."

"무슨 병이길래 그리 사람 온 것도 몰라보는 것인가?"

"전하께서는 심신이 허약한 상태에서 추운 날씨에 오랫동안 밖에 계시다가 용안이 마비되시어 입이 돌아가는 구완와사에 걸리신 것 같사옵니다."

"구완와사라고? 그러면 치료하는 데 며칠 걸리겠는가?"

"어의 이야기로는 얼굴마비가 온몸이 마비되는 것으로 번지는 것을 막기 위해서는 발병 초기인 7일에서 15일 사이에 집중적으로 치료를 해야 한다고 합니다."

"그렇게 장기간 개경에 머물 수 없으니 가능한 빨리 치료를 마치도록 하시오."

"최선을 다해 전하의 병을 치료하도록 하겠나이다."

"상선은 전하의 병이 어느 정도 치료되면 연통하시오."

"전하께서 일어나시면 즉시 알려 드리겠습니다."

안하무인격으로 침전 안으로 들어 간 타적은 아무런 의식 없이 누워있는 충혜왕을 물그머니 쳐다보며 답답한 표정을 짓는다.

"오늘 날이 밝자마자 궁에 들어갔더니 고려왕의 병을 치료하는 데 십여 일 걸린다고 이야기합니다. 빨리 고려왕을 포박하여 대도로 끌고 가야 하는데 무작정 병이 나을 때까지 기다릴 수도 없고……. 이것 참! 난감합니다."

"자정원사께서 병문안을 핑계로 고려왕의 용태를 살펴보셨으면 합니다."

"알았소. 내 조만간 연락해서 직접 만나보리다."

사신 숙소로 돌아온 타적과 별실가(別失哥)는 며칠 후면 임무를 마치고 귀국하는 고용보, 박불화를 만나 전후사정을 이야기하고 협조를 부탁한다.

“이번에 사신으로 온 놈들은 무례하고 건방지기 이를 데가 없구나.”

“글쎄 말입니다. 아무래도 고려에 온 목적이 심상치가 않는 것 같습니다.”

“내가 안 만나주면 지까진 놈들이 별 수 있겠느냐, 얼마 안 있어 돌아가겠지.”

“그건 그렇고 내 며칠 동안 환자 흉내를 내느라 술 한 잔 못했으니 너는 춘유각으로 가서 예쁘장한 기녀를 골라 술 시중을 들게 해라.”

“전하, 혹시 춘유각에 마음에 드는 계집이 따로 있사옵니까?”

“최 내관 네가 알아서 골라 오너라.”

“네, 전하!”

며칠 동안 침전 밖으로 나가지 못하고 방안에만 틀어 박혀 있던 충혜왕은 하고 싶은 주색잡기를 못 해서 몸이 근질근질했던지 내관 최화상이에게 술상과 기녀를 마련하라고 이야기한다.

“전하! 설향이 인사올립니다.”

“오~ 그래! 전번에 보았던 그 애 아니냐?”

“보고 싶었사옵니다. 전하! 호~호.”

“이리 와서 술 한 잔 따르거라.”

오랜만에 분 냄새 풀풀 풍기는 기녀가 요염한 자태로 술을 따르자 충혜왕은 기분이 좋은지 연거푸 술 석 잔을 내리 마신다. 왕의 침전 안에서는 교태스러운 여인네의 간들어진 애교의 목소리와 왕의 웃음이 연달아 들려온다.

"전하! 지금 자정원사께서 오셔서 전하 뵙기를 청하고 있사옵니다."

"뭐야! 완산군이? 이것 큰일 났구나."

"전~하~!"

"알겠느니라. 잠시 기다리시라 해라."

"너는 저 병풍 뒤로 숨어 있어라. 빨리!"

개경 제일의 장안 기녀를 끼고 하룻밤 회포를 풀려고 했던 충혜왕은 늦은 밤 예기치 않게 고용보가 침전 바로 앞에 도착하여 자기를 만나려고 한다는 내관의 소리를 듣고 당황하여 어쩔 줄을 모른다.

"술상 있는 것을 보니 전하께서 그간 용태가 많이 좋아지신 모양입니다."

"어서 오시오. 이 늦은 밤에 웬일이시오?"

"전하께서 병환 중이라 들어서 대도로 출발하기 전에 병문안 겸 출국 인사도 드릴 겸해서 늦게라도 전하를 뵙고자 찾아왔습니다."

"고맙소. 완산군!"

"전하! 뭐 한 가지 물어봐도 되겠습니까?"

"말씀하시지요."

"전하께선 어찌 이번에 온 사신단을 회피하시는 것이옵니까?"

"그렇지 않아도 완산군께 이미 개경에 와 계시는데 왜 별도의 사신단들이 왔는지 궁금해서 물어 보려고 하였소."

"저도 그게 알고 싶어 타적이 내가 있는 곳으로 인사하러 왔길래 한번 물어 보았습니다."

"뭐라고 말하더이까?"

"대사령(大赦令)일로 왔다고 합니다."

"대사령이라니요? 그게 무슨 말씀이온지?"

"황후마마 부친께서 이번에 황은을 입어 영안장헌왕(榮安莊獻王)으로 추존되셨으니 전하께서 감옥에 있는 모든 죄수들을 방면하라는 폐하의 교지를 받들고 왔다고 하더이다."

"그게 정말이요?"

"정말이다마다요. 내일 대경 타적이 우선 정동행성 내에 있는 순마소의 형옥(刑獄)에 갇혀 있는 죄수들부터 방면한다고 하니 저하고 같이 정동행성에 가서 대경을 만나 폐하의 교지를 받으시지요."

"알겠습니다. 당연히 대소신료들과 함께 정동행성으로 가서 폐하의 교지를 받아야지요. 허~허."

충혜왕은 고용보로부터 대경 타적이 다른 일이 아닌 대사령의 일로 고려에 왔다는 이야기를 듣고 내일 정동행성으로 가 타적을 만나 황제의 교지를 받들겠다고 약속한다.

"병사들은 저 고려왕을 포박하라."

"아~니, 이놈들아, 이게 무슨 짓거리냐?"

"뭐 하고 있느냐? 빨리 묶어라."

"놔라! 이놈들아."

"좀 가만히 있으시오."

충혜왕이 측근 대소신료들과 친위대인 응양군의 수십 명의 병사들과 함께 정동행성의 정문을 통과하자마자 기다렸다는 듯이 포승줄을 가진 원나라 병사들이 우르르 충혜왕에게 달려든다.

"완산군! 지금 이게 무슨 일이요, 말씀 좀 하시구려."

"……."

"대사령으로 왔다고 하더니……. 완산군이 나를 속인 것이요?"

"고려왕이 아직도 정신을 못 차렸구나."

충혜왕이 고용보를 바라보며 도움을 청했으나 고개를 돌려 먼 곳을 바라볼 뿐 묵묵부답이다. 계속하여 충혜왕이 큰 고함과 함께 몸을 틀며 저항하자 타적이 냅다 충혜왕의 정강이를 걷어찬다.

"그래도 명색이 상국 황족의 사위이고 한 나라의 왕인데 그게 뭐 하는 짓들이오."

"어서 빨리 응양군은 전하의 포승줄을 풀어라."

"고려군은 들어라, 지금 황제 폐하의 명에 따라 그대들의 왕의 죄를 묻기 위하여 포박하여 황궁으로 압송하는 것이니 경거망동하지 말길 바란다."

"그렇다면 폐하의 교지를 보여 주시오."

"죄인을 압송하는 데 무슨 폐하의 교지냐?"

"교지가 없다고? 황명을 가장한 상국의 간신배 무리들이다. 공격하라."

타적이 저항하는 충혜왕을 구타하자 이를 목격한 직성군(直城君:노영서 盧英瑞)이 큰 소리로 항의하고 황명을 빙자한 정적의 무리들로 판단한 중랑장 김선장(金善莊)이 공격명령을 내리자 왕을 호위하러 같이 갔던 응양군 수십 명이 일제히 칼을 빼고 원나라 체포조를 공격한다.

"고려군을 막아라."

"전하를 보호해라."

정동행성 안에서 원나라 군사와 응양군이 칼부림을 하여 사상자가 속출하자 충혜왕과 같이 동행했던 강윤충(康允忠), 박양연(朴良衍)·최안의(崔安義)·임신(林信) 등 고려 조정 관리들은 왕의 안위는 내팽겨진 채 싸움판을 피해 도망간다.

"이 고려군 놈들도 전부 묶어 순마소 형옥에 가두거라."

"너는 고려왕을 싣고 갈 수레하고 말을 빨리 가지고 오너라."

고려의 최정예군이라던 응양군도 타적과 같이 온 원나라 병사들의 무술 실력을 당해 내지 못해 추풍낙엽처럼 쓰러지고 살아남은 고려병사들은 충혜왕 옆을 지키고 있던 노영서 등 고려 조정 관리들과 함께 원군에 포로로 사로잡혀 옥에 갇힌다.

"별실가! 사태가 악화되기 전에 빨리 개경을 빠져나가야 한다. 서둘러라."

"그리고 자정원사께서는 저희가 출발하면 뒷일을 마무리해 주십시오."

"알겠소, 어서 출발하시오."

"대도에서 뵙겠습니다."

타적은 고려 지원군이 도착하면 상황이 어려워진다는 것을 생각해서 마음이 급했던지 고용보에게 뒤처리를 부탁하고 충혜왕을 두 마리 말이 이끄는 수레 속에 감금하고 서둘러 정동행성을 떠난다.

"전하께서 상국으로 끌려가셨다고?"

"그러합니다. 어찌하면 좋을지 모르겠습니다."

"어서 조정대신들을 회경전(會慶殿:고려 정전)으로 불러 모으시게."

"네, 대감!"

정동행성에서 간신히 도망친 최안의(崔安義)·임신(林信) 등이 온몸에 땀이 범벅이 된 채 삼사우사(三司右使) 김륜(金倫)집으로 달려가 충혜왕이 포박당하여 끌려가고 응양군과 원나라 군사들 간에 충돌 과정에서 사상자들이 속출했던 급박한 상황을 전한다.

"전하께서 느닷없이 원나라 군사에 포박당하여 지금 대도로 압송 중에 있다고 합니다. 여러 대신들께서는 어찌하면 좋겠소. 의견이 있으면 말씀을 해 주시오."

"우사대감! 듣자니 이번에 온 자칭 사신이라고 하는 타적이 황제 폐하의 교지도 없이 전하를 무력으로 포박하여 압송하고 있다고 하던데……. 아무런 권한도 없는 자가 황제 폐하의 황명을 사칭하여 제후국의 왕을 포박하여 데리고 갔다면 이는 상국에서도 중죄가 아니오이까?"

"상국 조정의 어떤 무리들이 협잡을 해서 전하를 데리고 갔는지는 모르겠으니 빨리 응양군, 용호군 군사들을 보내 전하를 모셔 와야 합니다."

"첨의평리(강윤충)가 군사를 동원해서 전하를 구출하자는 데 여러 대신들의 의견은 어떻소?

"일단 전하를 모시고 온 다음에 황명의 진위를 가리는 것이 좋을 듯합니다."

"그렇게 하는 것이 좋겠습니다."

밀직부사의 연통을 받고 부랴부랴 회경전에 모인 충혜왕 측근들은 노대신(老大臣)인 김륜이 정동행성에서 도망 나온 관리들로부터 들은 내용을 전하자 대부분의 대소신료들은 당장 군사를 동원해서라도 압송되는 것을 막아야 한다고 주장한다.

"상호군(上護軍:金日元)은 어찌 안 보이는가?"

"……."

"전하께서 지금 상국으로 끌려가고 있는 마당에 장군이란 자가 어디에 있는 줄도 모른다는 말인가?"

"이러고 있을 때가 아닙니다. 양계에 있는 흥화진(興化鎭:의주) 주진군(州鎭軍)에 전서구를 띄우던가 아니면 파발을 빨리 보내야 합니다."

"그런데, 저기~ 들어오는 사람이 완산군 아니요?"

회경전에 모인 대소신료들이 군사동원을 어떻게 할 것인가 대하여 설왕설래 하고 있을 때 고용보가 수십 명의 원나라 병사들과 함께 위엄 있게 대전으로 들어온다.

"우사대감! 오랜만입니다."

"원사께서 오셨다는 소리는 들었소만 늙은이라 이곳저곳 몸이 불편하여 바깥출입을 자주 못해 인사가 늦었소이다."

"별 말씀을 다하십니다. 그렇지 않아도 제가 여러 대소신료들을 모이게 해서 말씀을 드리려고 했는데 잘 되었습니다."

타적과 함께 개경을 떠난 것으로 알았던 고용보가 원나라 군사들의 호위를 받으며 박불화와 첨의평리(僉議評理) 신예(辛裔)와 같이 대전으로 들어와 삼우우사 김륜 등 여러 고려 조정 대소신료들의 얼굴을 한 사람씩 뜯어 보다 하고자 하는 말이 있다는 듯이 앞으로 나선다.

"왕정은 수차례 황제 폐하께서 황은을 베풀어 고려왕으로 복위시킨 이후에도 신하들의 부인들까지 욕보이는 탐음부도(貪淫不道)한 짓거리를 계속하여 오고 있을 뿐만 아니라 삼현(강원도 양구군 방산면)에 신궁(新宮)이라는 것을 축조한답시고 수많은 백성들에게 많은 고통을 주었소이다. 이에 황제 폐하께선 고려국의 조정을 바로잡고 백성들의 고통을 헤아려 실정한 왕정을 소환하여 죄를 묻겠다고 하셨으니 여기 있는 대소신료들께서는 더 이상 왈가왈부하지 말고 황명을 따르도록 하시오."

"……."

"그리고 고려왕이 새로 책봉될 때까지 당분간 고려 조정의 대소사는 참지정사(기철)과 이문(理問:홍빈)이 처결할 것이니 그리들 아시오."

"……."

고용보가 충혜왕의 실정을 조목조목 거론하면서 이야기를 하자 대전 안에 있던 고려 조정 대소신료들을 꿀 먹은 벙어리처럼 입을 굳게 다문 채 아무런 대꾸 없이 고개를 숙이고 장승처럼 서 있다.

"또한 왕정의 잘못된 행동을 바로 잡지 못하고 부하뇌동한 자들도 죄가 없다고는 못 할 테니 내가 귀국할 때 같이 데려가 엄히 죄를 물을 것이오."

"여기 있는 박양연(朴良衍)·최안의(崔安義)·김선장(金善莊)·임신(林信)을 순마소 옥에 가두도록 하라."

"명 받들겠습니다."

고용보가 왕정의 수하들을 차례로 호명하고 포박하라는 명을 내리자 고용보를 호위하러 궁에 같이 들어왔던 원나라 병사들이 순식간에 이들을 제압하여 온몸을 밧줄로 꽁꽁 묶으니 순식간에 대전 안은 살벌한 분위기에 휩싸인다.

"이 늙은이가 완산군께 한 말씀드려도 되겠습니까?"

"물론입니다. 말씀하시지요."

"지금까지 고려가 완산군께 잘해 준 것이 없다 하더라도 고려는 대대로 완산군 집안의 선조들께서 뼈를 묻은 고향 아닙니까. 비록 전하께서 잘못된 일을 많이 하셨지만 그래도 고려의 왕이니 부디 대도에 가시면 폐하께 잘 말씀드려 선처하도록 부탁드립니다."

"허~! 이렇게 김륜 대감 같이 충직한 분들도 많이 계시는데 어찌하여 왕정은 김륜 대감은 물론 이조년 대감, 이제현 대감 같은 분들의 충언을 내팽개치고 그리 패악무도 한 짓을 했단 말이요? 내 김 대감의 마음을 충분히 알았으니 폐하를 알현하면 선처할 수 있도록 말씀 올리리다."

"감사하오이다, 완산군!"

김륜이 완곡하게 부탁을 하자 고용보는 이미 충혜왕의 운명이 결정된 것을 알고 있었지만 육십이 넘은 그를 원나라의 관리들조차도 백수재상이라고 부르는 노대신의 부탁을 면전에서 거절하기 어려워 노력해 보겠다는 대답을 한다.

"임신이 이놈은 어디 있느냐?"

"기 대인! 여기는 들어오시면 안 됩니다."

"네 이놈들! 내가 누군지 알면서도 감히 나를 막아서느냐?"

"저……."

정동행성 내 순마소를 찾아 온 기륜이 옥에 갇힌 임신의 소재를 살피려고 순마소 형옥에 들어가려고 하자 입구를 지키고 있는 옥리(獄吏)들이 이를 제지하자 큰 소리로 다그친다.

"아니 이게 누굽니까, 기륜 대인 아니시오. 저 이문(理問) 홍빈이외다."

"홍이문(洪 理問), 오랜만이요. 내 오늘 임신이라는 놈이 순마소 옥에 갇혔다고 해서 이리 왔소이다."

"임신이요?"

"네. 그러하오이다. 그놈은 우리 가문을 능멸한 놈이요. 이문께서 그 놈 얼굴 좀 보게 해 주시오."

"알았소. 여봐라. 기 대인을 임신이 갇혀 있는 옥으로 모시고 가라."

"기대인! 소인을 따라 오시지요."

기륜이 순마소 옥리를 크게 나무라고 있을 때 마침 형옥 앞을 지나가던 홍빈이 기륜을 보고 반갑게 인사한다. 홍빈의 인사를 받는 둥 마는 둥 하던 기륜은 기고만장한 표정으로 임신이 갇혀 있는 어두컴컴한 형옥으로 냉큼 들어간다.

"야. 임신 이놈! 왕정 놈 애첩의 아버지라고 까불더니 꼴좋다."

"기공(奇公) 아니시오? 여긴 웬 일이요?"

"네놈한테 빚진 것 갚으러 왔다."

"……."

"우리 기 씨 가문이 너 같은 놈한테 수모를 당한 것을 생각하면 지금이라도 네놈을 몽둥이로 죽도록 패주고 싶다."

"내가 무슨 잘못을 그리했길래 기공께서 그리 험하게 말씀하시오?"

"우리 이종사촌 누이가 왕정 놈한테 욕을 당하고 매부와 함께 상국으로 피할 때 네놈이 누이를 내놓으라고 우리 집을 엉망진창으로 만들어 놓고 말리는 내 얼굴을 친 것을 기억 못하느냐?"

"그땐 왕명으로 그리 한 것 아니요?"

"왕명 같은 소릴 하고 있네, 네놈이 황제 폐하께서 왕으로 추존한 우리 기문(奇門)을 능멸한 죄를 아직까지 모르고 있구나."

"……."

"네놈은 여기 옥에 갇혀 있는 놈들과 같이 상국으로 끌려 가 노비처럼 살 것이다."

"네놈이 끌려가면 홀로 남은 너의 마누라는 내가 돌볼 테니 걱정말거라."

"아~니, 저 자가……."

기륜은 며칠 동안 옥에 갇혀 몰골이 말이 아닌 임신을 바라보며 비웃으며 악담을 하자 바로 옆의 옥에 있던 박양연(朴良衍)·최안의(崔安義)가 기륜이 하는 짓을 바라보며 혀를 끌끌 찬다.

"여봐라! 날씨가 몹시 추우니 이불 좀 가지고 오너라."

"죄인에게 줄 이불은 없소이다."

"뭐야! 네 이놈, 일개 고을 수령(守令)인 놈이 감히 과인의 명을 어기느냐?"

"상국 사신에게 죄인한테 이불을 줄 수 있느냐 여쭤 보고 오겠소."

충혜왕을 압송하고 있는 타적 일행이 고려와 원나라 국경 인근 마을에 있는 여각(旅閣)에 늦은 밤에 도착하니 11월의 북방의 찬 기운이 온몸에 스며든다. 유독 추위를 잘 타는 충혜왕은 타적을 마중 나온 고을 수령 안균(安鈞)에게 이불을 하나 더 달라고 했지만 거절당하는 수모를 겪는다.

"대경께 아뢰옵니다."

"누군가?"

"숙주(肅州) 수령인 안균이라 하옵니다."

"왜 왔느냐?"

"죄인이 이불 하나 더 달라고 합니다."

"이불 하나 더 달라고 하면 가져다주면 될 것 아니냐?"

"죄인이 황음무도한 죄를 얻어 상국에 끌려가 고신(拷訊) 당하는 처지일 텐데 무슨 이불을 준단 말입니까?"

"네. 이놈! 네놈이 이 고을 수령으로 봉한 사람이 지금 여기 있는 너희 왕이 아니더냐. 비록 네가 모시는 왕이 잘못하여 끌려가는 처지라 하더라고 어찌 신하된 놈이 이불 하나 못 주겠다고 나한테 와서 이야기하느냐? 군신(君臣) 간에 충(忠)도 모르는 이런 배은망덕(背恩忘德)놈은 그냥 둘 수 없다. 군사들은 이놈이 정신차릴 때까지 매우 쳐라!"

타적이 여각 안으로 들어가 막 휴식을 취하려고 할 때 자기를 영접하러 나왔던 안균이 충혜왕에게 이불을 주는 것에 대하여 물어 보자 크게 노해 호위병사들에게 수령이 정신이 들도록 매타작을 하라고 명을 내린다.

"이제 하루 쉬었으니 빨리 길을 떠납시다."

"몸이 좀 안 좋으니 하루만 더 머물고 가는 것이 어떻소?"

"안 됩니다. 폐하께서 기다리고 계십니다."

"폐하께선 나를 어떻게 할 것인지 대경께선 아시오?"

"폐하를 알현하면 그때 알 것 아니요?"

"이런저런 이야기할 시간이 없으니 어서 수레에 오르시오."

충혜왕은 정동행성에서 원나라 병사들에 의하여 납치하듯 급작스럽게 끌려왔기 때문에 옆에 시종을 드는 환관, 궁녀 없이 홀로 짐을 꾸려 수레에 오른다.

"고려왕. 왕정! 폐하를 뵈옵니다."

"그대는 짐이 한 번 용서하고 복위를 시켰는데도 어찌하여 또다시 짐의 기대를 저버리고 국사를 어지럽게 하고 그대의 백성들을 괴롭혔느냐?"

"폐하! 억울합니다. 소신을 고려 왕위에서 끌어 내리는 자들의 모함입니다."

"그대의 죄상은 추밀원에서 짐에게 올린 보고서에도 나와 있고 여기 고려에 사신으로 다녀온 자정원사도 그대의 죄상을 짐에게 확인하여 주었는데……. 이것들이 다 모함이란 말이냐?"

"……."

"짐이 그대의 죄를 당장 참형으로 다스리고 싶지만 손에 피를 묻히기도 싫고 황족인 덕녕공주(德寧公主:忠惠王妃)를 생각해서 폐위하고 유배 보내는 것이니 유배지에서 남은 생 동안에 참회하고 살도록 하라."

"폐하! 한 번 만 더 기회를 주시옵소서."

"시위군은 뭐 하느냐, 죄인을 끌로 가라."

"폐하~폐하~!"

황제인 토곤테무르가 대명전 앞마당에 꿇어앉은 왕정의 죄를 꾸짖고 게양현(揭陽縣)으로 유배하라는 명을 내리자 황궁 내 시위 군들이 왕정을 질질 끌고 어디론가 사라진다.

"흥해군(배전:裵佺) 아니시오?"

"……."

"자정원사한테 잘 말씀드려 과인 좀 꺼내 주시오."

"내 다시는 얼굴 보고 싶지 않았지만 누가 부탁해서 옷 한 벌 가지고 왔소이다."

"흥해군! 우린 어려운 시절 같이했던 사람들 아니요. 제발 좀 꺼내주시오."

"어려운 시절에 같이 했다고 하셨소이까? 그래서 내가 여기 대도에 있는 동안 내 안사람을 겁탈하여 욕정을 채웠소이까?"

"누가 그럽니까? 아니요, 그건 헛소문이요."

"그만하십시다. 곧 먼 곳으로 떠날 테니 이 옷이나 잘 입고 가시오."

사신으로 와서 수개월 동안 원나라 대도에 머물던 배전은 원자(元子)의 부탁을 받고 형부(刑部)의 옥으로 찾아가 충혜왕 왕정을 만나 옷 한 벌을 던져 주고 휙 나간다.

"여보시오~. 더 이상 못 견디겠소."

"이제 곧 악양현(岳陽縣)이니 좀 참으시오."

근 한 달 동안을 형부의 옥에 갇혀 있어 거지와 다름없는 몰골이 된 충혜왕은 원나라 역참(驛站)에서 운용하는 수레에 실려 정월 초에 북방의 매서운 칼바람을 맞으며 수일 동안을 달려와 몸이 쇠약할 대로 쇠약해져 호송하는 원나라 병졸에게 쉬어 가자고 하소연을 한다.

"이보게. 이렇게 추운 날씨에 저 고려왕이란 자를 데리고 게양(揭陽)까지 가야 되나?"

"그렇지 않아도 게양으로 출발하기 전에 대경(타적)께서 나를 불러 이 약을 주면서 적당하게 처리하고 오라는 밀명을 내리셨다네."

"그러면 여기서 처리하고 돌아가세, 자네 무슨 방도라도 있나?"

"오랫동안 달려와서 배가 고플테니 음식이나 먹는 물에 이 약을 타면 끝날 것 아닌가?"

"눈치가 빠른 사람이니 조심해서 처리하시게."

"알아서 할 테니 걱정 말게."

호송 병사들은 악양현 외곽에 있는 역참에 도착하여 주점에 들어가기 전에 서로 고려왕을 어떻게 처리할 것인가에 대하여 밀담을 나눈다.

"배가 고플테니 여기 음식이나 드시오. 우린 다른 데서 먹을 테니……. 도망갈 생각은 아예 마시오."

"고맙소. 고마워~."

병사들이 역참 안쪽에 있는 전령들이 머무는 곳으로 들어가자 충혜왕은 게걸스럽게 음식을 손으로 정신없이 집어먹는다.

"이게 무슨 꼴인가, 내 죽어서도 선왕들을 볼 낯이 없구나."

"궁에서 먹는 좋은 음식보다 배고플 때 먹는 음식이 이렇게 맛이 있구나."

"그런데, 몸이 왜 이러지, 아~니, 이놈들이……."

1344년 1월! 충혜왕은 유배길에 고생이 매우 심하였는데, 유배지인 게양(揭陽)에 도착하지도 못하고 기황후로부터 밀명을 받은 타적의 지시대로 호송 병졸이 독을 탄 음식을 먹고 악양현(岳陽縣)에서 서른 살인 젊은 나이에 훙거하였다.

충혜왕이 악양현에서 훙거했다는 부음을 들은 고려 백성들은 이를 듣고도 슬퍼하는 자는 없었다. 심지어 기뻐서 날뛰는 자들은 악양에서 죽는 어려움이여, 오늘 가면 언제 돌아올 것인가(岳陽亡故之難,阿也麻古之那)라고 기뻐하였다.

"황후마마! 왕정이 악양현에서 죽었다는 전갈입니다."

"유배지에 도착해도 죽은 것과 매 한가지인데, 어차피 죽을 바에야 욕을 당하면서 살기보다는 이렇게 갑자기 저 세상 가는 것도 그렇게 나쁘지만은 않을 것 같소."

"그런데 황후마마. 이제 왕정도 죽었으니 누구를 고려왕으로 생각하고 계신지요?"

"내가 토크토야 승상을 만나 누구를 고려왕으로 책봉할 것인가를 협의하고 폐하의 윤허를 받을 테니까 자정원사와 태감(太監: 박불화)은 그때까지 어느 누구한테도 이야기하지 마시오."

"네. 황후마마!"

고려 역사상 최악의 왕인 충혜왕 왕정이 원나라 변방에서 쓸쓸히 죽음을 맞이하자 수십 년 동안 백성들에게 고통만 안겨 주었던 어둠의 왕국이 드디어 막을 내린다.

무지개를 삼킨 푸른늑대
만월대에 지다

가문의 영광

가문의 영광

하루 종일 내린 눈이 달빛에 반사되어 환하게 비치는 정월 초저녁! 화려한 가마 하나와 가마를 호위하는 듯한 십수 명의 한 무리가 도성 내 광화문 십자로 인근에 있는 기철의 집 앞에 도착한다.

"대감마님! 밖으로 잠시 나와 보셔야겠습니다."

"무슨 일인가?"

"궁에서 온 사람들이 대감마님을 뵙고자 합니다."

"왕후마마 아니시옵니까?"

"덕성 부원군! 오랜만입니다. 그간 잘 계셨습니까?"

"추운 날씨에 소신을 궁으로 부르시면 될 일을 이렇게 몸소 찾아 오셨나이까?"

"부원군께서나 저나 이젠 다 같은 황족인데 누가 먼저 오면 어떻습니까?"

"영안대부인께선 안 계시는 모양입니다."

“어머니께선 황자마마 생일로 지금 상국에 계십니다.”

“아~그래요? 그러고 보니 황자마마 생일도 며칠 남지 않았군요.”

“왕후마마께선 어찌 우리 황자마마 생일까지 기억하고 계십니까?”

“앞으로 대제국을 이끌어 나갈 실 분인데 우리 같은 사람들이야 당연히 알고 있어야지요.”

기철이 의복을 갖춰 입고 별채에 있는 방안으로 들어가자 폐위당한 충혜왕의 왕후인 덕녕공주가 황급히 일어나 기철을 맞이한다. 덕녕공주는 며칠 전 남편인 왕정이 비명횡사한 것에 대하여 아는지 모르는지 슬픈 표정은 온데간데없고 어느 때와 다름없이 평안한 얼굴이다.

“왕후마마! 전하께서 갑자기 훙거하셔서…….”

“부원군! 그 이야기는 나중에 하시지요.”

“그러시지요. 오늘 어인 일로 소신의 집에 행차하셨는지요?”

“내 오늘 부원군께 목숨 맡기려고 왔습니다.”

“마마! 농이 좀 심하십시다.”

“농이라니요~, 저도 전하 못지않은 죄인입니다.”

“마마께서는 이런저런 일로 전하로부터 마음고생이 많았던 것을 소신이 아는데 죄인이라니요? 당치 않습니다.”

“부원군께서 그리 생각해 주신다니 정말 감읍할 따름입니다.”

기철이 자기를 이해하는 듯한 태도를 보이자 덕녕공주는 눈물을 글썽거리면서 기철의 얼굴을 애원하듯이 바라본다.

"전하께서 폐위되었으니 왕후였던 저도 폐위되는 것이야 당연하겠으나 제 아들인 왕흔(王昕)은 어찌되는지요?"

"……."

"부원군! 지금 이런 형편에 제가 무슨 말씀인들 못 드리겠습니까. 부원군께서도 아시겠지만 그동안 전하께서 직접 별도의 상단을 꾸려 마련한 재물과 판사재시사(判司宰寺事) 이인길(李仁吉)휘하에 있는 벽란도(碧瀾渡) 무역상단을 부원군께 드리고자 하오니 부디 저와 제 아들을 긍휼히 여기시어 상국에 계시는 황후마마에게 잘 말씀드려 주었으면 이 은혜는 죽을 때까지 잊지 않겠습니다."

"왕후마마께서 이리 당부하시니 소신 뭐라고 이야기하여야 할지 모르겠습니다."

"부원군께서 도와 주셔서 제 아들이 고려의 왕이 되면 황후마마 집안을 내 친정사람 대하듯 평생 동안 잘 모시겠습니다."

기철이 여동생인 기순녀가 원 황제의 비가 된 이후부터 남동생인 기륜과 함께 갖은 모략과 협박으로 지방에 있는 일부 귀족들의 토지와 노비 등과 도성 내 백성들의 재산을 끌어 모았으나, 덕녕공주가 바치고자 하는 상단과 재물에 비하면 조족지혈(鳥足之血)에 불과한 금액이었다.

"음~. 소신에게 생각할 겨를을 주십시오."

"우리 모자는 부원군만 믿고 기다리겠습니다."

"조만간 찾아뵙고 말씀드리겠습니다."

기철은 충혜왕 왕정이 재위 기간에 모은 엄청난 재물과 벽란도 상권이 자귀에 들어오면 막대한 재물과 이권을 통하여 원나라 조정과 고려 조정의 대기 손아소신료들을 금전으로 좌지우지 할 수 있다고 생각하고 덕녕공주의 은밀한 제안대로 왕흔(王昕)을 보위에 올릴 작정을 한다.

"왕정이 폐위되어 유배 길에 죽었는데 다음 보위는 누구로 하면 좋겠습니까?"

"부원군! 왕정이 폐위되어 그 아들인 왕흔은 보위에 오를 수는 없으니 선왕의 차남인 강릉대군(江陵大君)께서 보위에 올라야 되지 않겠습니까?"

"그런가요?"

"노 대감의 생각은 강릉대군을 보위에 올려야 한다고 하는데 형님께선 어찌 생각하시는지요?"

"어차피 상국에서 결정할 일인데 여기서 우리가 결정한다고 될 것도 아닌 것 같네만……."

"그렇다 하더라도 여기서 우리가 정하여 상국에 주청 드려야지요. 그걸 이야기하자고 부원군께서 우릴 부른 것 아니겠습니까?"

기철의 갑작스러운 연락을 받고 기철 집에 모인 권겸, 노책 등이 다음 고려왕을 누구로 할 것인가를 가지고 여러 의견을 주고받는다.

"내 생각으로는 황제 폐하께서 누구를 고려왕으로 내심 생각하고 계신지 부원군이 알아보고 난 이후에 그에 따라 우리들이 왕을 추대하여 폐하께 주청하는 형식으로 하는 것이 좋을 것 같네."

"그것 참 좋은 생각입니다. 부원군께서는 어찌 생각하시는지요?"

"두 분께서는 저한테 자꾸만 짐만 지라고 하십니까? 허~허."

"지금 우리 조정에서 부원군만한 분이 누가 있겠소?"

"알겠습니다. 그러면 내 상국에 연통하여 폐하께서 어떤 생각을 가지고 계신지 알아보겠습니다."

"고려 조정에 부원군 같은 분이 버티고 계시니 마음이 든든합니다."

눈치 빠른 권겸이 조정에서 공식적으로 다음 보위에 대한 대소신료들의 논의 없이 기철이 갑자기 자기 집에 개인적으로 불러 들여 고려왕을 누구로 할 것인가에 대하여 물어보는 뜻을 간파하고 기철에게 상국과 협의하여 처리하면 좋겠다는 의사를 표시한다.

"머리 아픈 국사는 그만 이야기하고 오랜만에 두 분 대감과 같이 만났으니 술이나 하십시다."

"그래야지요! 부원군 댁에서 나오는 술이 고려에서 제일 맛있다는 소문이 파다합니다. 하~하."

"맛있는 술 안 내어 놓으면 이거 큰일 나겠소이다, 그~려!"

"하~하!"

어제부터 계속 내리기 시작한 눈이 널찍한 마당과 벌거벗은 나무사이에 수북이 내려 앉아 쌓이고 희미한 달빛 아래 절간과 같이 조용한 집안에 고려 조정을 막후에서 좌지우지하는 세 사람들이 웃는 소리만이 겨울밤의 스산한 바람소리 속에 묻혀 간간이 들려온다.

“황후마마! 부원군께서 인편으로 서찰을 보내셨습니다.”

“오라버니께서? 이리 가져오시게.”

“네. 황후마마!”

『황후마마, 그간 강녕하셨습니까. 황자마마께서 며칠 뒤에 생일이 지나시면 벌써 보령이 다섯 살이 되시온데 외삼촌이란 사람이 국정에 매여 얼굴 한 번 제대로 못 보는 것을 널리 혜량하여 주시면 감사하겠습니다.

오늘 황후마마께 서찰을 올린 것은 다름이 아니라 고려왕 책봉 때문이옵니다. 근간에 왕정이 죽고 난 이후에 고려 조정은 왕의 부재로 인하여 혼란이 가중되어 있사오니 황후마마께서 하루 빨리 폐하께 진언하시어 후임 고려왕 책봉을 서둘렀으면 합니다.

소신 생각으로는 왕정과 상국 황족인 덕령 공주 사이에 태어 난 왕흔(王昕)에게 보위를 물려주시는 것이 우리 가문의 번영이나 고려의 안위를 위해서라도 좋을 듯합니다. 폐위된 왕의 자식을 고려왕으로 책봉하려면 상국의 조정 내에서도 많은 논란이 있을 것 같사오니 황후마마께서 진력하여 주시길 엎드려 바라옵니다. 참지정사 기철.』

"김 상궁! 밖에 있는가?"

"네, 황후마마! 찾아 계시옵니까?"

"김 상궁이 자정원에 가서 은밀하게 고 원사를 만나 오늘 유시(酉時)에 별궁 안채에서 내가 좀 보자고 하게."

"그리 하겠사옵니다."

탱기스 반란 진압 이후부터 흥성궁에서 기황후를 수발하는 고려 공녀 출신 김 상궁이 기황후의 명을 받고 남의 눈을 피해 고용보를 만나 기황후의 명을 전한다.

"알겠네, 내 자정원 업무가 끝나자마자 바로 그리 가겠네."

"그러면 황후마마께 그리 전하겠습니다."

"우리를 보는 눈이 많으니 조심해서 가시게."

기황후의 최측근인 고용보는 대도 인근의 3개 현(縣)과 2개 주(州)의 21만여 호에서 거둔 조세로 황실 재산관리는 물론 기황후가 정국을 장악하도록 정치자금을 원 조정 대소신료들에게 배분하는 일로 매일 분주한 나날을 보내고 있어 가끔 기황후가 불러 밀명을 내릴 때를 제외하고는 흥성궁에 있는 기황후를 자주 보지 못한다.

"자정원사 고용보! 황후마마를 뵈옵니다."

"어서오시오. 원사! 수고가 많으시지요?"

"그간 바쁘다는 핑계로 황후마마께 자주 뵙지를 못하였습니다. 용서하여 주시옵소서."

"무슨 말씀이요? 원사께서 이런 저런 일로 바쁘시다는 것은 내가 잘 알고 있는데……."

"이리 와서 앉으세요."

"망극하옵니다. 황후마마!"

기황후는 흥성궁 별채로 찾아와 정중히 예를 표하는 고용보를 바라보며 만면에 웃음을 띠고 맞이한다.

"요즘 무슨 일로 그리 바쁘셨소?"

"황후마마께서 하명하신 대로 사천행성 주의 여식 혼사에 보낼 여러 물목을 정리하느라 좀 바빴습니다."

"그랬구려."

"황후마마! 오늘 무슨 일로 소신을 부르신 것인지요?

"원사! 오라비께서 서찰을 보내왔는데……."

"참지정사께서요?"

"오라버니께서는 유배 가다가 죽은 왕정의 후임 고려왕으로 덕녕공주 아들인 왕흔을 책봉하였으면 하고 바라고 있는 것 같습니다."

"참지정사께서 그리 말씀하셨다면 달리 뜻이 있어서 그리 말씀드리는 것 아니겠습니까?"

"그런 것 같습니다만 왕흔이 폐위된 왕정의 아들이라 고려왕으로 책봉해 달라고 폐하께 주청하자고 하면 조정에서 말하기를 좋아하는 대신들의 반대도 만만치는 않을 거라 생각됩니다."

"걱정 마십시오. 황후마마! 고려 일이라면 반대만을 일삼는 몇몇 대소신료들에게는 그동안 정사를 돌보는데 쓰라는 명목으로 은밀하게 돈과 재물을 전달하고 예쁜 고려 여인들을 후첩으로 보내 주었으니 황후마마께서 폐하의 윤허만 받아 내신다면 조정 내에서 반대는 하지 않을 것이옵니다."

"그게 좋겠습니다. 내가 폐하께 윤허를 받아 낼 테니 원사께서는 조정에서 여러 소리가 안 나오도록 미리 단속토록 하여 주시오."

"알겠사옵니다. 황후마마!"

기황후가 가장 신임하는 최측근답게 고용보는 기황후가 하고 자 하는 일에 걸림돌이 있을 경우 발 벗고 치워주는 해결사로서 역할을 수행할 뿐만 아니라 기 씨 가문의 집사 같은 일도 마다하지 않는다.

"폐하! 신첩이옵니다."

"황후! 그간 보고 싶어도 통 보기가 힘들었소. 짐이 융복궁(제1황후 바얀후투그의 거주하는 궁)에 자주 간다고 토라진 것이요?"

"그럴 리가 있겠습니까. 폐하께서 좋아하는 것이면 신첩은 그걸로 만족하옵니다."

"그렇게 생각해 준다니 고맙소. 그건 그렇고 오늘 어찌 짐을 보자고 이리 행차하셨소?"

"폐하께서 윤허하셔야 할 일이오나 신첩 고향인 고려의 일인지라 몇 말씀 올리려 왔습니다."

"짐과 황후 사이에 무슨 말을 못하겠소. 그리 뜸만 들이지 말고 이야기하시구려."

"최근에 고려왕이었던 왕정이 유배길에 훙거하여 지금 고려에는 왕이 없어 정국이 혼란스러운 듯하여 자칫하면 고려 문제로 폐하께 심려를 끼쳐 드리는 것 같아 민망하기 짝이 없나이다."

"조만간 고려왕을 임명하면 해결될 일 아니오."

"신첩이 듣기로는 지금 개경에서는 고려왕의 책봉에 대하여 여러 가지 소문이 난무하다고 들었나이다."

"그래요? 그럼 황후께서는 소문에 떠도는 사람 중에 누가 적임자라고 생각하시오?"

"신첩 생각으로는 비록 왕흔의 아비인 왕정이 폐위되었다 하더라도 고려 여인 사이에서 태어난 강릉대군(江陵大君:왕기,공민왕)과 경창부원군(慶昌府院君, 왕저, 충정왕)보다는 몽골 황족인 덕녕공주의 아들인 왕흔을 고려왕으로 하는 것이 좋을 것이라 생각합니다."

"고려 여인이 낳은 것보다 우리 황족 여인네가 낳은 사람을 고려왕으로 책봉하는 것이 당연한 일 아니오?"

"폐하께선 왕정의 장자인 왕흔을 고려왕으로 책봉하실 마음이 있다는 것이옵니까?"

"그래야 하지 않겠소? 그러나 왕흔을 고려왕으로 책봉하기 전에 먼저 한 번 만나서 제후국의 왕 자질이 있는지 알아보고 결정하리다."

“얼마 안 있으면 조정 회의에서 고려왕 책봉에 대한 논의가 있을 것이온데 폐하께서 중신들에게 고려왕 책봉과 관련된 황의(皇意)를 하교하여 주시옵소서.”

“그리하리다.”

“폐하께 드릴 말씀은 다 했으니 신첩은 이만 돌아가겠나이다.”

“황후! 오시자마자 가시는 게요?”

“네, 폐하! 다음에 또 들리겠나이다.”

“…….”

기황후는 황제로부터 별다른 결격사유가 없으면 왕흔을 고려왕으로 책봉할 의사가 있음을 확인하고 대명전을 나선다.

“신 자정원사 고용보! 폐하를 뵈옵니다.”

“경(卿)이 데리고 온 사내아이는 누구인가?”

“폐위된 왕정의 큰 아들인 왕흔(王昕) 저하이시옵니다.”

“이렇게 보니 아직 나이가 어리구나, 지금 몇 살인고?”

“여덟 살이옵니다. 폐하!”

“어리더라도 제법 패기도 있고 총기가 있구나. 짐이 너한테 뭐하나 물어 볼 테니 솔직하게 대답토록 하여라.”

“네. 폐하!”

"너는 부모 중에 누굴 닮고 배우고 싶으냐?"

"저는 어머니를 닮고 싶습니다."

"아니 일국의 왕이 될 자가 어머니 치마폭에 숨기를 바란다는 말이냐?"

"그것이 아니옵니다. 폐하! 아바마마의 광폭한 것보다 어머니의 인자함을 닮고 싶어서 그리 말씀드린 것이옵니다."

"나이가 어린데도 제법 어른 같은 소리를 하는구나."

"나이가 너무 어려 그것이 흠이다만, 이제 그만하면 되었으니 물러가도록 하라. 원사는 이 아이를 데리고 나가도록 하시오."

"황은이 망극하옵니다."

왕흔(王昕)은 모친인 덕녕공주 곁을 떠나 여덟 살이 될 동안 원(元)에 볼모로 끌려와 있었는데 어린 나이에 낯설고 물 설은 타국에 와서 여러 사람들의 눈치를 보는 데 익숙해서인지 황제 앞에서도 조심스럽게 행동한다.

어느 때와는 다르게 권겸이 왕 즉위식에서나 입는 예복을 입고 행차할 준비를 하자 권혜원이 궁금한 듯 물어본다.

"아버지! 오늘 어디 가세요?"

"아비야 늘 조정 일로 외출하는 것이 일상사인데 새삼스럽게 그걸 왜 물어보느냐?"

"예복을 곱게 차려입으셔서요."

"이 옷 때문에 네가 그리 말하는구나. 허~허."

"혜원아! 아버지께서 오늘 바쁘시니 그만 놓아 드리거라."

"네, 어머니!"

"소하야! 대감마님 나가시면 네가 혜원이 하고 같이 봄나들이나 다녀오렴."

"네, 마님!"

"어머니, 정말 소하하고 같이 개경 구경하러 나갔다 와도 됩니까?"

"그래, 조심하고……."

"감사합니다. 어머니! 소하야 우리 빨리 준비하고 나가자."

이제 곧 열두 살이 되어 제법 여자의 티가 나는 권혜원은 늘 집안에서 갇혀 있다가 오랜만에 소하와 함께 봄나들이 하러 집 밖을 나가 개경도심 내 여러 곳을 구경할 생각을 하니 마음이 콩닥콩닥 뛴다.

"소하야! 이 옷 어떠니?"

"이쁘네요. 아씨하고 잘 어울리네요."

"네가 이 옷 입어라."

"아닙니다. 저는 이 옷 그대로 입고 가겠습니다."

"이 옷 입으래두~ 내가 너 주는 거야."

"마님께서 아시면 혼나실 텐데요."

"아니야. 어머니도 너하고는 자매처럼 지내라고 했으니 뭐라고 하시지는 않을 거야."

"아무리 그래도 귀천(貴賤)의 신분이 따로 있는데……."

"너는 가끔 이상한 소리하더라. 나는 더 좋은 옷이 있으니 이 옷 그냥 가지고 가서 입고 와."

비록 소하가 몰락한 관리 집안 출신이라 비천한 노비 신분은 아니라 하더라도 어렸을 적부터 부모와 함께 권겸 집에 들어 와 어머니가 하인처럼 권 대감 집안일 하는 것을 보면서 자랐기 때문에 한 살 적은 권혜은을 늘 상전처럼 대한다.

"소하야! 저기 사람들이 많이 모여 있는 데 그리 가 보자."

"광대들이 산대놀이(山臺雜劇)를 하는 것 같네요."

"재미있겠구나. 빨리 가자!"

권혜은이 소하와 함께 많은 사람들을 헤집고 웃음소리가 넘치고 악자지껄하게 떠드는 곳에 도착하니 악공들의 신명나는 음악소리와 함께 한창 남자 광대가 장대타기 묘기를 부리고 있고 여기(女妓)는 주의를 빙빙 돌며 향악무(鄕樂舞)를 열심히 추고 있다.

"저~ 도둑놈, 잡아라!"

"야~, 이 도둑놈아 거기 서라!"

광대의 묘기에 여기저기서 환호성을 지르고 있는 가운데 느닷없이 군중 속에 한 사람이 다급한 듯 큰 소리로 외치자 광대들의 묘기를 보고 있던 대다수의 군중들이 소리 나는 곳으로 눈길을 일제히 돌린다.

"저렇게 따라가면 도둑놈 잡겠니?"

"글쎄요. 제가 보더라도 뒤따라가는 사람의 발걸음이 너무 늦어 도둑놈 잡기는 어려울 것 같네요."

"너도 그렇게 보이지, 흦~흦!"

"아씨 옷이……."

"내 옷이 왜?

권혜은과 소하가 다른 구경꾼들과 마찬가지로 어떤 사람이 도둑놈을 뒤 쫓아 가는데 주의를 돌리는 사이에 구경꾼 속에 있던 다른 놈이 권혜원의 치마 안쪽에 있던 돈과 저고리의 노리개를 감쪽같이 털어 슬그머니 달아난다.

"이놈도 도아(소매치기)치는 것을 보니 도둑놈이 분명하구나."

"아이구~나리, 팔 좀 놓아 주십시오."

"이놈! 여기서 훔친 것들 다 내놓지 않으면 관으로 끌고가 물고(物故)를 내겠다."

"훔친 것들 다 내놓겠습니다. 살려 주십시오. 나리!"

광대놀이를 구경하던 처자가 도둑놈을 잡으라 소리치고 따라가는 사람에게 한 눈을 파는 사이에 구경꾼 속에 섞여 기회를 노리고 있던 다른 도둑놈 하나가 처자의 주머니에서 슬쩍 돈을 훔쳐 막 달아나려는 것을 본 젊은 사람이 재빨리 발을 걸어 도둑놈을 쓰러뜨리고 팔을 비튼다.

"여기 훔친 재물이 있으니 다들 잃은 것이 있는지 보시오."

"언제 내 주머니가 찢어졌지?"

"여기 있소, 가져가시오."

"이 옥으로 만든 나비모양 노리개는 누구 것이요? 임자 없소?"

"제 것이옵니다."

"낭자 것이 맞소?"

"여보시오. 이 분이 누구인지 알고 그리 의심하시오?"

"임자인지 아닌지 확인하려고 물어 보는 것이니 너무 기분 나빠 하지 마시오."

"이 분은 권대……."

"되었다. 소하야."

"그 노리개는 분명 제 것이오니 돌려 줄 마음이 있으면 돌려 주셨으면 합니다."

"알았소. 여기 있습니다."

"어느 댁 자제인 줄은 모르겠으나 잃어버린 노리개를 찾아 주어서 고맙습니다."

"별 말씀을……. 고맙다는 인사말 들으려 한 것은 아니니 괘념치 마세요."

도둑놈으로부터 훔친 돈과 재물을 임자에게 돌려주고 있던 젊은 사람은 생면부지의 처자가 자기가 잃어버린 노리개임을 주장하자 처음에는 의심을 했으나 처자와 같이 온 하녀인 듯한 여자애가 한마디 거들자 순순히 노리개를 돌려준다.

"여기는 아씨가 있을 곳이 못 되는 것 같으니 이제 그만 집으로 돌아가시는 것이 좋겠어요."

"아직도 다 구경 못했는데, 벌써 집에 가면 어떡하니?"

"모두 다 무지막지한 사람들로 보이는데 아씨한테 무슨 일 생기면 제가 마님한테 혼나요."

"알았어. 가자꾸나."

권혜원이 힐끔 젊은 남자를 쳐다보며 고개를 숙여 인사를 한 뒤에 소하와 같이 집 방향으로 발길을 돌린다.

"권겸 대감 아니시오?"

"오랜만입니다. 생게(桑哥) 대인! 전하를 모시고 오시느라 수고 많이 하셨습니다."

“권 대감께서도 그동안 잘 계셨소이까?”

“저야 폐하의 황은과 상국 조정의 배려로 분에 넘치게 살고 있습니다.”

“전하께선……?”

“피곤했던지 도착하자마자 쓰러져 안채에서 주무시고 계십니다.”

“전하께서 깨어나실 때까지 대인하고 차나 들면서 이야기나 나눕시다.”

“그러시지요.”

권겸은 고려왕으로 내정된 왕흔에게 국인(國印)을 받치고자 정동행성에 도착하여 휴식을 취하고 있던 생게 등 평소 잘 알고 지냈던 원국 사신들을 만나 반갑게 인사한다.

“대비마마께서 지금 방금 도착하여 이리 오고 계십니다.”

“덕녕공주께서?”

“대인! 마마께서 이리 오고 계시다니까 저와 같이 나가서 영접하시지요.”

“마마께선 우리 원의 황족이신데 당연히 그래야지요.”

권겸과 마주 앉아 고려산 녹차를 들며 담소를 나누고 있던 원 사신 생게는 덕령 공주가 정동행성에 도착했다는 소리를 듣고 권겸과 같이 영접하러 밖으로 나간다.

“마마! 어서 오십시오. 이번에 황제 폐하의 명을 받고 왕흔 전하를 모시고 온 생게라 하옵니다.”

"원로에 오시느라 노고가 많으셨소."

"신 권겸! 마마를 뵈옵니다."

"권 대감께서도 와 계셨구려."

"네. 마마! 소신이 마마께서 요즘 건강이 안 좋으시다고 들었는데 이렇게 몸소 행차하셨습니까?"

"몇 년 동안을 보고 싶어도 보지 못한 아들이 왔는데 궁에서 가만히 앉아서 기다릴 수만 없어서 내 이리 온 것입니다."

"전하께선 잠시 주무시고 계십니다. 가서 깨우리까?"

"아니요! 어린 나이에 먼 거리를 왔으니 얼마나 피곤하겠소. 그냥 깰 때까지 놔두시오."

"하오면 그때까지 소신들과 같이 차나 하면서 기다리시지요."

"그렇게 하십시다."

덕령 공주는 자기 아들이 정동행성에 도착했다는 소식을 듣자마자 보고 싶은 마음에 서둘러 정동행성으로 달려와 미리 와 있던 권겸과 사신으로 온 셍게를 만난다.

"폐하께선 옥체 강령하시지요?"

"네. 마마!"

"성급한 말인지는 모르겠으나 이번에 대인께서 폐하의 책봉 교지를 받들고 왔는지 물어봐도 되겠소?"

"마마! 소신이 이번에 온 것은 전하를 안전하게 호위하고 폐하께서 내린 조서를 고려 조정과 백성들에게 알리고자 온 것입니다. 소신이 알기로는 왕흔 전하의 고려왕 책봉 교지는 곧 도착할 것으로 알고 있습니다."

"황제 폐하의 황은에 어떻게 보답하여야 할지 모르겠소."

"소신이 고려로 오기 전에 자정원사로부터 듣기로는 황후마마께서 폐하께 적극적으로 주청하여 그리 되었다고 들었습니다."

"물론 그리 하셨겠지요. 저도 며칠 전에 부원군을 통하여 내 아들이 고려왕으로 책봉되리라는 언질을 받았습니다. 폐하와 황후마마의 고마움을 내 어찌 죽을 때까지 잊을 수가 있겠습니까?"

"마마! 얼마 안 있으면 곧 폐하 교지가 당도한다고 하니까 너무 걱정하지 마시옵소서."

"걱정하다니요, 당치 않은 말씀입니다."

이번에 자기 아들을 따라온 사신단 일행이 고려왕 책봉 교지를 가져오지 않았다는 것을 안 덕녕공주는 순간적으로 당황했으나 권겸과 생게의 말을 듣고 마음을 진정한다.

"대인! 고려왕께서 깨어나셨습니다."

"모시고 오게."

"저도 가서 전하를 알현하고 이리 같이 모시고 오겠습니다."

"그렇게 하시지요."

"신하된 자가 먼저 전하를 뵈야지요."

"고려는 예의지국이라 내 이래서 고려를 좋아합니다. 허~허!"

덕녕공주와 권겸, 그리고 원 사신 생게가 이런저런 이야기를 나누고 있을 때 밖에서 정동행성 관리가 왕흔이 잠에서 깨어 일어났다고 알리자 권겸은 왕이 있는 침소로 가려고 자리에서 벌떡 일어난다.

"신 찬성사 권겸! 전하를 뵈옵니다."

"……."

"전하! 안채에 대비마마가 기다리고 계십니다. 어서 가시옵소서."

방금 잠에서 깨어난 왕흔은 아직도 피곤했는지 연신 눈을 깜박거리다가 권겸이 예를 표하며 인사를 하자 멀뚱멀뚱하게 쳐다보다 모친이 오랫동안 기다리고 있다는 이야기를 듣고 권겸을 따라나선다.

"주상! 오시느라 많이 피곤했던 모양이구려."

"……."

"전하! 대비마마이시옵니다."

"주상! 어미요. 어미~, 오랫동안 못 봐서 내가 누군지도 몰라보는 게요?"

"어마마마!"

"오~, 주상!"

덕녕공주는 꿈에서라도 보고 싶었던 자기 아들이 권겸을 따라 안채로 들어오는 모습을 보자 감격하듯이 눈물을 글썽거리고 있다가 자기 품으로 달려드는 왕흔을 꼭 껴안아 준다.

"대비마마! 오늘 중에 전하의 거처를 연경궁으로 옮기시는 것이 어떨는지요?"

"그렇게 하는 것이 좋을지 모르겠습니다."

"권 대감 말씀대로 그리하시지요."

"그리해도 되겠소?"

"마마. 소신도 내일 모레 중에 궁에 들려 고려 대소신료들이 모인 가운데 폐하의 조서를 하교하고자 하오니 그리하시지요."

"고맙소, 셍게 대인!"

권겸이 고려왕이 정동행성에 계속 머무는 것이 모양이 안 좋다고 생각하는지 조속히 왕흔의 환궁을 건의하자 덕녕공주는 함께 있는 원국 사신 셍게의 눈치를 본다.

"전하! 환국을 경하드리옵니다."

"……."

"전하께서 오랫동안 상국에 계셔서 고려 말을 잘 못하니 당분간 내가 전하를 대신하여 국사를 처결할 테니 여기 계신 여러 대소신료들께서는 그리 아셨으면 합니다. 그리고 오늘 이 자리에는 황제 폐하의 교지를 모시고 온 상국 사신이 와 계시니 모든 대소신료들은 폐하의 명을 받들도록 하시오."

"네. 마마!"

며칠 뒤 회경전의 대전 안의 어좌에는 고려왕에 오른 왕흔이 앉아 있고 모친인 덕녕공주가 그 옆에 나란히 서 있는 가운데 고려 조정 대소신료들이 도열하여 새로운 왕에 대하여 군신의 예를 마치자 대비인 덕녕공주가 당분간 섭정하겠다는 뜻을 밝히고 원나라 사신에게 하교하기를 청한다.

"폐하께서는 이번 왕흔 전하의 등극을 계기로 이전에 고려국에서 있었던 잘못된 것을 바로 잡으라고 명하셨소. 이에 황제 폐하의 조서를 낭독하겠으니 다시는 잘못된 일이 일어나지 않도록 황명을 받들도록 하시오."

"황명을 받들겠나이다."

덕녕공주가 상국 사신으로부터 황명을 받들라고 하자 맨 앞줄에 있던 셍게가 황금색으로 포장된 교지 하나를 들고 정 중앙에 서자 왕과 덕녕공주를 포함한 모든 고려 조정 대소신료들이 그 앞쪽으로 나와 일제히 부복한다.

"예전에 위대한 대칸의 후손인 우리 조종(祖宗)이 하늘의 명을 받아 천하를 지배하여 밖으로는 사해(四海)까지 이르러 그대들의 나라 고려(高麗)는 천명에 따라 순종하는 뜻을 바치었으므로, 동국(東國)이라 명하여 이를 자손 대대로 제후의 자리를 지키게 하였노라. 그럼에도 불구하고 근래에 고려 국왕(高麗國王) 보탑실리(寶塔實里, 부다시리, 충혜왕)는 황명을 거스르고 패악무도(悖惡無道)한 짓을 마음대로 하여 그대 고려국의 백성들이 고통을 참지 못하여 경사(京師:수도)에 와서까지 호소할 줄은 생각지도 않았다.

이제 짐이 그 죄를 바로 잡아 보탑실리를 폐위하고 영표(嶺表)로 유배를 보냈으니 다시는 이런 일이 없도록 경계를 삼도록 하라. 또한, 어여삐 생각하건대, 그대들 고려국은 선왕들 때부터 대대로 황제들을 섬겨 충심의 마음이 두터웠는데 하루 아침에 후사를 계승하지 못하여 대대로 내려오던 제후국왕의 작위를 잃는 것을 보고 어찌 짐의 마음이 가볍다고 할 수 있겠는가.

이에 비록 보탑실리가 고려 왕위에서 폐위되었지만 그 아들인 팔독마타아지(八禿麻朶兒只, 바스마도르지)에게 정동행성 좌승상 고려국왕(征東行省左丞相 高麗國王)을 그대로 계승토록 하여 짐의 덕을 펴 고려 백성들을 편안하게 하고자 한다. 고려의 후왕은 보탑실리가 행한 잘못된 국정은 모두 개혁하고, 하루빨리 각 지역에 있는 관리들에게 명을 내려 학정에 시달려 산속으로 도망간 백성들을 불러내어 위로하고 농사에 힘쓰게 하여 생업을 보존토록 하고 학문에 정진토록 하라."

"이상이요."

"황은이 망극하옵니다."

생계가 황제의 교지를 펼치며 대전 안이 울리는 듯한 큰 소리로 장황하게 읽고 나자 부복한 모든 사람들이 약속이나 한 듯이 일제히 한 목소리를 내며 예를 표한다.

"대인! 수고 많으셨습니다. 오늘 사신단을 위해서 연회를 베풀고자 하오니 모두 참석해 주셨으면 합니다."

"우리도 이제 소임을 다하여 홀가분한 마음이니 그리하리다."

미리 덕녕공주의 명을 받은 동지밀직(同知密直) 김상기(金上琦)가 정중히 연회에 참석해 줄 것을 생계에게 청하자 흔쾌히 수락을 한다.

이날 생계를 위하여 군신경회연(君臣慶會宴)이란 이름의 연회가 경회루에서 왕흔과 덕녕공주 및 많은 대소신료가 참석한 가운데 열렸는데 어린 왕은 어리둥절한 모습으로 앉아 있고, 연회에 참석한 조정 대소신료들은 기생들을 불러 머리에 꽃을 꽂게 한 뒤에 사신단과 자기들 옆자리에 앉게 하고 저마다 음악에 맞추어 유흥을 즐긴다.

"소신이 한 말씀해도 괜찮겠소?"

"원 대인께서 연회를 즐겁게 하려고 재미난 이야기를 해 주시려는 모양입니다. 그리 해 주시오. 하~하!"

"예부터 부모가 돌아가시면 위로는 천자로부터 아래로는 서인(庶人)에 이르기까지 삼년상을 치러 키워 준 은혜를 갚는 것인데 아무리 잘못하여 폐위되고 유배당했던 왕이라 하더라도 왕비마마의 부군이고 지금 전하의 아버지이며 한때나마 그대들의 주군이었는데 악양(岳陽)에 있는 상여가 아직 이 나라에 돌아오지도 않았음에도 기생과 음악을 사용하고 백관으로 하여금 꽃을 꽂게 하고 유흥을 즐기고 있으니 이런 것들이 고려에서 행해지는 예법이요?"

"……."

"그대는 누구길래 이렇게 군신 간에 흥을 깨는가?"

"이번에 온 사신단(使臣團)의 부사(副使) 원송수(元松壽)라 하오이다."

"여보시게. 나 기철이 오늘 여기 왕흔 전하와 황족이신 덕녕공주를 모시고 그대들을 위문하려고 했던 것인데 어찌하여 이렇게 호의를 무시하시는가?"

"부사! 술이 너무 과하셨소. 빨리 참지정사께 사과하시오."

"……."

원나라 사신단의 부사가 뼈 있는 이야기를 하자 이를 못마땅하게 생각한 기철이 원송수를 나무라자 일순간 경회루 분위기가 얼어붙고 곧 얼마 되지 않아 어수선한 가운데에서 연회가 끝난다.

"책봉 교지를 가지고 사신단이 곧 고려로 출발한다고?"

"네, 심양(왕고) 전하!"

"누가 사신단으로 간다 하던가?"

"아직 잘 모르겠습니다."

"음~. 그러면 자네는 지금 유성표국(有盛鏢局)에 가서 오늘 유(酉)시에 금화루(金華樓)에서 표국주를 만나고 싶다고 전하게."

"전하! 백 표국주를 말하는 것이옵니까?"

"그렇네. 남들 눈에 안 띄게 조심해서 만나게."

조적의 거사가 실패로 돌아갈 무렵, 응양군의 추격을 피해 간신히 개경을 빠져 나와 평양에 있던 왕고와 합류하여 원나라로 도망해 온 민후(閔珝)가 왕고의 지시를 받아 대도 안에 있는 유성표국으로 발길을 조심스레 옮긴다.

"백 국주! 그간 잘 계셨소? 바쁘실 텐데 와 주셔서 고맙소이다."

"저와 같은 미천한 사람이 이렇게 심양왕 전하를 뵈오니 광영이옵니다."

"금화루엔 진귀한 술들이 많다고 하니 여기 앉아서 천천히 술이나 들며 이야기 나눕시다."

"감사하옵니다."

민후의 연통을 받고 대도에서 유명한 주점인 금화루의 별실에 도착한 유성표국주 백군혁이 정중하게 포권지례를 하자 왕고가 자리에 앉기를 권한다.

"백 국주!"

"말씀하시옵소서. 전하!"

"오늘 어려운 부탁 하나 좀 하려고 백국주를 보자고 했소."

"우리 표국에서 하는 일이라면 무슨 일이라도 전하께서 시키시면 목숨 걸고 하겠습니다."

"……."

"전하! 전해 줄 물표(物標)가 무엇인지요?"

"물표라기보다는 신표(信標:편지)라고 해야 될 것 같소."

"신표를 전달하는 것은 그리 어려운 일이 아닙니다. 하~하!"

"백 국주! 신표를 전달하는 것이 아니라 뺏어 오는 것이오."

"네? 뺏어 오는 것이라고요?"

왕고와 서로 술을 주고받다 취기가 오른 유성 표국주 백군혁은 왕고가 부탁하는 것이 신표를 전달하는 것이 아니라 뺏어 오는 것이라는 말을 듣고 화들짝 놀란다.

"그것도 보통 신표가 아니라 폐하께서 내리신 고려왕 책봉 교지를 뺏어와 달라는 부탁이요."

"아이고~ 전하! 폐하께서 내리신 교지를 강탈했다가 잘못되면 우리 유성표국은 물론 온 가족이 멸문지화(滅門之禍)를 당합니다."

"그러니 오늘 내가 백국주와 상의하기 위하여 이렇게 은밀하게 부른 것 아니오."

"전하! 우리 표국이 요즘 사정이 어려워도 멸문지화를 당할 줄도 모르는 일을 아무리 국주라 하더라도 마음대로 결정할 수가 없사옵니다."

왕고로부터 뺏어야 할 신표가 황제의 교지라는 것을 들은 유성표국주는 경악하여 입을 닫지 못하고 있다가 면전에서 거절하기가 곤란했던지 국주 혼자 결정할 수 없다는 핑계를 대며 빠져 나오려고 한다.

"밖에 이공(李公)있으면 그것 좀 가지고 들어오게."

"네, 전하!"

"이것이 무엇입니까? 전하!"

"백 국주에게 드리려고 미리 준비한 것이오."

왕고는 유성표국주가 말을 돌려 거절의 의사를 밝히자 별실 밖을 지키고 있던 이안(李安)에게 미리 준비한 선물을 가져오라 한다.

"이 정도면 유성표국 식구들이 몇 년 동안은 일하지 않아도 먹고 살만할 것이오."

"아니 이것은 금괴가 아닙니까? 무슨 금이 이리 많습니까?"

"그렇소! 그대들 식구들의 목숨 값으로 생각하면 될 것 같소만……."

"그래도……."

"여기에서 일을 벌이라는 것도 아니고 사신들이 고려 땅에 발을 디디면 그 때 산적으로 위장해서 교지만 뺏어 오기만 하면 아무도 모를 것 아니겠소."

평생 만져 보지도 못한 엄청난 금괴를 본 유성 표국주의 눈동자가 흔들리는 것을 본 왕고는 구체적으로 책봉 교지를 탈취할 방법을 언급한다.

"고려 내에서요?"

"그렇소! 사신이 국경을 넘어 고려 개경으로 들어가는 동안 여러 지역을 지날 때 적당한 곳에 매복하고 있다가 산적이 출몰하여 재물을 강탈하는 것으로 하면 그 누가 이를 알겠소?"

"하오면……?"

"내가 알고 있기로는 표국을 꾸려 나가자면 녹림(綠林:산적)들과 거래 없이는 어렵다고 들었소."

"그렇기는 합니다만……."

"백 국주께서 알고 있는 고려 국경 인근에 있는 녹림들과 미리 연통하여 처리하면 될 것 아니요?"

"알겠습니다. 전하! 다만 이 일이 잘못되어도 소인은 모르는 일로 해 주셨으면 합니다."

"이르다 뿐이요. 이 일이 밝혀지면 나도 목숨 부지하기가 어렵지 않겠소. 백 국주께서 잘 처리해 주리라 믿겠소이다."

"잘 알겠습니다. 전하! 소인은 이제 그만 돌아가겠나이다."

그동안 원나라의 권문세가가 밀어 주는 신생 표국들한테 밀려 점차 세가 약해져 가고 있는 유성표국의 국주로서 늘 능력이 부족함을 자책하고 있었던 백군혁은 왕고가 시키는 일이 비록 정상적인 표국의 일상 업무는 아니였지만, 이번 기회에 근 백 명에 달하는 표두(鏢頭)와 표사(鏢士)들의 궁핍한 사정을 일거에 해소하여 국주로서 위상이 다시 설 수 있다고 판단하여 왕고의 부탁을 수락한다.

"밀직제학(密直提學:종2품) 대감! 상국에서 책봉 교지를 가지고 사신단이 출발했다고 들었는데, 지금 어디까지 왔는지 아시오?"

"마마! 소신이 듣기로는 아직까지 흥화진(興化鎭:평북 의주군 일대)에는 이르지 못했다는 전갈입니다."

"전번에 왔던 셍게 정사가 떠난지가 언제인데 곧 도착한다는 책봉 사신들이 왜 이리 더디게 오는지 모르겠소."

"너무 노심초사(勞心焦思)하지 마시옵소서. 흥화진 방어사(防禦使)에게 사신단 일행이 도착하면 바로 전서구를 보내 즉시 연통하라고 일러 놓았습니다."

이제나저제나 원나라에서 책봉 교지 오기만을 초조하게 기다리고 있던 덕녕공주는 며칠 전에 대도에서 사신단이 출발했다는 소식을 들었으나 아직까지 고려로 들어왔다고 전해지는 소식이 없자 밀직제학 장항(張沆)을 불러 다시 한 번 사신단이 어디 오고 있는가를 물어본다.

"장 대감! 마냥 기다릴 것이 아니라 사람을 흥화진으로 보내 사신단을 마중하고 길을 독촉해서 빨리 개경에 도착하도록 했으면 하오."

"마마! 소신이 다녀오겠나이다."

"그렇게 해 주시겠소? 가실 때 말을 타고 가시는 것이 좋을 것이오."

"네, 마마!"

덕녕공주의 초조함을 옆에서 지켜볼 수만 없었던 밀직제학 장항은 직접 말을 몰아 흥화진으로 달려가겠다고 이야기하고 연경궁을 나가자마자 응양군의 상장군 집무실로 곧바로 향하여 나간다.

"상장군을 뵈려 왔소이다."

"오랜만입니다. 밀직제학 대감! 대감께서 소장을 찾는 것을 보니 무슨 일이라도 있는 모양입니다."

"왕비마마께서 이번 황제 폐하의 책봉 교지를 가지고 오는 사신단이 고려에 들어오면 바로 영접해서 빨리 개경에 이르도록 저한테 부탁하셨소이다."

"하오면 소장이 어떻게 도와 드리면 되겠습니까?"

"저하고 호위병사가 타고 갈 군마(軍馬)를 부탁드립니다."

"한 20기(騎)면 되겠습니까?"

"그 정도면 충분할 것 같습니다."

"언제 떠나실 작정이십니까?"

"내일 새벽 일찍 출발해야 할 것 같습니다."

"준비하도록 하겠습니다."

본래 응양군의 궐 밖 동원은 왕의 윤허 없이는 불가능하나 상장군도 덕녕공주가 왕을 대신하여 섭정하는 터라 장항이 덕녕공주의 부탁임을 들먹이며 병력지원을 요청하자 군소리 없이 응한다.

"네 놈이 겁이 없는 모양이구나. 여기가 어딘 줄 알고 혼자 찾아와서 두령을 찾느냐?"

"너희들 하고 노닥거릴 시간이 없으니 빨리 너희 두령에게 안내해라."

"이놈이 건방지게……."

"으~악!"

봄기운이 완연한 4월인데도 아직도 곳곳에 잔설이 아직도 남아 있는 낭림산맥(狼林山脈)의 깊고 깊은 계곡의 정막을 깨고 검은 무복에 얼굴을 가릴 정도의 챙이 넓은 모자를 쓴 한 명과 털모자와 털목도리를 몸에 둘러 산적으로 보이는 십여 명이 한바탕 난전을 벌인다.

"나는 유성표국에서 일하는 모용진이라 한다. 너희들 하고 힘을 겨루려고 온 것이 아니니 어서 너희들 두령이 있는 산채로 안내해라."

"모표두 아니십니까?"

"그렇다."

"어쩐지 무공이 예사롭지 않다 했습니다. 몰라 뵈어서 죄송합니다. 표두께선 저희를 따라 오십시오."

순식간에 칼을 빼지도 않고 손과 발을 몇 번 가볍게 움직이는 초식으로 산적 열 명을 가볍게 제압한 유성표국의 표두는 타격으로 인해 얼굴에 퉁퉁 부어올라 몰골이 엉망이 된 산적들을 따라 산채로 향한다.

"모표두 대인께서 무슨 일로 이렇게 누추한 곳에 왕림하셨습니까?"

"둥기야(佟佳) 두령! 얼굴빛이 좋아 보이는 구려."

"나야 늘 그렇지만 미리 연통도 없이 갑자기 웬일로 오셨소?"

"내 둥기야 두령에게 긴히 일 하나 처리해 달라고 부탁하러 왔소."

"우리 같은 무지렁이들한테 유성표국에서 부탁한다니 영광입니다. 하~하!"

"괜히 허풍떨지 마시고 심부름값은 섭섭하지 않게 준비해 왔소이다."

"아니~무슨 일이기에 이렇게 많은……."

"당분간 산채에서 배고파하는 일은 없을 것 같소만……."

"감사합니다. 우리가 무엇을 할지 모표두께서 말씀만 해 주십시오."

건주 여진(建洲女眞)의 탈알령(脫斡怜) 부족 추장의 아들인 둥기야는 원나라와 고려가 잇따라 압록강 부근에 있는 마을을 공격하여 쑥대밭을 만들자 어쩔 수 없이 부족민들을 이끌고 낭림산맥 깊은 곳에 숨어들어

국경을 넘나드는 상인들이나 도성으로 올라가는 재물들을 털어 생계를 이어 가고 있었다.

“원국에 있는 대신 한 사람이 마음에 드는 고려 여인을 후처로 들이기 위해 예물과 신표를 보내려고 하는데, 우리 표국들의 목줄을 쥐고 있는 관청의 고위 관리께서 그 여인을 늙은 대신한테 빼앗길 수 없다고 해서 우리 표국에선 할 수 없이 둥기야 두령한테 부탁하려는 것이오.”

“허~참! 고려 여인네를 놔두고 서로 싸운다니 고려 여인네가 이쁘긴 이쁜가 보오.”

“해서 두령께선 지금까지 했던 대로 고려로 청혼하러 가는 일행들의 재물과 신표를 빼앗아 재물은 그대들이 가지고 신표만 저한테 주면 됩니다.”

“이번 일은 꿩 먹고 알 먹는 격입니다. 그려~.”

“이번 일이 끝날 때까지 나도 같이 있겠소.”

“저희야 모표두와 같은 무림의 절정 고수께서 같이 동행하시면 더욱 힘이 되지요.”

모표두는 표국주로부터 황제의 교지를 탈취한다는 것을 들어 알고 있었으나 산적 두령인 둥기야한테는 한 고려 여인을 둘러싼 개인적인 치정 문제로 둘러서 이야기를 한다.

"저기 보이는 철석현(鐵石峴)의 언덕만 넘으면 용천계(龍川界)입니다."

"그런가?"

"그건 그렇고, 이보게! 어제 너무 많이 먹어서 그런지 속이 별로 안 좋네. 어디 좀 쉴 곳이 없겠는가?"

"정사(正使)께서 말을 타고 계속 가시니까 울렁거려서 그런 것 같사옵니다. 저 언덕 넘으면 잠시 쉬었다 가시지요."

"그렇게 하도록 하세."

압록강을 넘은 원국 사신단은 흥화진에 도착하여 방어사(防禦使)로부터 융숭한 대접을 받고 하룻밤을 묶은 뒤에 개경을 향하여 가다가 사신단의 우두머리인 정사가 복통을 일으키자 나지막한 고개를 넘어 넓은 장소가 나타나자 잠시 쉬어 가기로 한다.

"이놈들! 게 섰거라!"

"어떤 놈들이 감히 우리들한테 큰 소리를 치느냐?"

"아마도 도성 가는 놈들인 모양인데, 거기 있는 것 다 내려놓고 가면 목숨만은 살려 주마."

"호위병들은 뭐 하느냐? 저놈들을 막아라."

"고작 십여 명으로 우리하고 싸우자는 말이냐, 건방진 놈들."

"애들아! 혼 좀 내줘라."

"와~와!"

사신단과 사신단을 따라 개경으로 가는 대도 상단의 긴 행렬이 산길 고개를 넘어 제법 쉴만한 장소가 나오자 휴식을 위하여 어깨에 짐을 풀고 말에서 내려 잠시 숨을 돌리고 있을 때 산 위에서 갑자기 우레와 같은 함성과 함께 수십 명의 산적들이 우르르 달려든다.

"억~, 으~악!"

"죽여라!"

"저기 앉아 있는 놈이 원나라 관리이다. 저 놈을 잡아라."

원 사신의 호위병과 산적들의 피 튕기는 혼전으로 순식간에 조용했던 산길이 외마디 비명과 함께 여기저기서 부상을 입어 땅에 뒹구는 병사들과 산적들의 신음소리로 가득하다.

"상단 놈들의 수레에 있는 물건부터 챙겨라."

"저기 관리 놈이 가지고 있는 것도 몽땅 가져오너라."

"안 된다. 이 산적 놈들아! 이것이 무엇인지 알고 이런 짓거리를 하는 것이냐?"

"시끄럽다. 백성들 등골 빼먹는 더러운 몽골 놈아."

매일 무술을 단련한 황궁 소속의 호위병들이라도 수적으로 우세한 산적을 당해 낼 수가 없어 반 수 이상이 죽고 반 수 이상이 부상당하여 저항을 할 수 없는 상태가 되자, 상단 사람들과 부상당한 호위병, 사신단의 정·부사(正副使)들이 꼼짝없이 산적들에게 잡힐 수밖에 없는 절체절명의 위기가 찾아온다.

"이 놈들을 모두 묶어라."

"휙~휙, 으~ 악, 으~악!"

"어디서 날아오는 화살들이냐?"

"저~기, 고려 기마병들이 화살을 쏘면서 몰려오고 있습니다."

"둥기야 두령! 나는 이 신표를 가지고 갈 테니 알아서 피하시오."

"여긴 우리에게 맡기고 빨리 말에 오르시오."

"여봐라! 저기 혼자 말을 타고 도망가는 놈을 집중적으로 쏴라."

사신단 관리들과 상단의 상인들이 몽땅 산적들에게 포박당할 다급한 순간, 맞은편에서 말을 타고 급하게 달려오는 고려 기마병들이 쏘는 화살이 여러 산적들의 가슴과 다리에 꽂히자 이제는 상황이 완전히 역전된다.

유성표국의 모표두는 사신들을 호위하고 있는 호위병사와 산적들이 칼부림으로 혼란스러울 때 재빨리 사신단의 우두머리로 보이는 자로부터 황금색 비단으로 둘둘 말은 뭉치를 탈취하여 말을 몰고 도주하는 찰나, 어디선가 날아오는 화살이 정확히 손등에 박히자 손에 쥐고 있던 비단뭉치를 땅에 떨어뜨리고 혼자 도주한다.

"우리가 조금 늦었더라면 큰일 날 뻔 했습니다."

"그대들은 어디서 온 군사들이요?"

"저는 밀직제학 장항(張沆)이라 하온데 왕비마마의 명을 받고 상국 사신단을 호위하여 모셔 오라는 명을 받고 병사들과 같이 이리로 오고 있던 중이었습니다."

"십년감수 했소이다."

"어디 다치신 데는 없습니까?"

"산적 놈들 중에 큰 모자 쓴 놈이 내가 가지고 있던 폐하의 교지를 뺏으려고 갑자기 손등을 찍는 바람에 손이 좀 부은 것 같소."

"그럼 폐하의 교지를 빼앗겼다는 말씀입니까?"

"아니요. 누가 쏜 화살인지는 모르겠으나 정확히 화살이 그 자의 손등에 꽂혀 말 타고 도주할 때 떨어뜨려 폐하의 교지는 다시 되찾았소이다."

"어~휴! 다행입니다. 정말 다행입니다."

밀직제학 장항은 사신단 정사로부터 하마터면 황제의 책봉 교지를 산적들에게 잃어버릴 뻔했다는 이야기를 듣고 가슴을 쓸어내린다.

"이 중랑장! 자네의 활 솜씨가 응양군이나 용호군 중에 최고라고 하던데 여하간 자네가 고려를 구했네."

"대감께서 너무 과찬하시니 몸 둘 바를 모르겠습니다."

"너무 겸손해도 안 좋은 것이네."

"그대의 이름이 뭐요?"

"소장 이완(李琓)이라 하옵니다."

"우리 원국에서도 보기 드문 신기(神技)에 가까운 활 솜씨요. 고려에 그대와 같은 장수가 있다니 정말 대단하오."

산적들이 도주 한 이후에 여기저기 흩어진 재물들을 다시 수레에 싣고 싸움 도중 죽은 시신들을 수습하는 등 혼란했던 사태가 어느 정도 진정이 되자 원국 사신단 일행의 우두머리로 보이는 관리가 거듭 이 중량장의 신기에 가까운 활솜씨에 감탄을 하자 장항이 중량장의 어깨를 다독거리며 치하를 한다.

"그런데 장 대감! 좀 이상한 것이 있소."

"그게 무엇입니까?"

"보통 산적이면 재물만 털고 도망갈 텐데 산적 중 한 놈이 상단의 재물은 관심도 없고 유달리 내가 가지고 있는 교지만을 탈취하려고만 했단 말이요. 뭔가 수상하지 않소?"

"정사 말씀을 들어 보니 정말 이상하군요."

"그리고 그 자는 예사 산적 같지가 않았소이다."

"산적 같지 않다면……."

"높은 수준의 무술을 익힌 고수인 것 같소."

"어떤 놈들인지는 모르겠으나 감히 황제 폐하의 교지를 탈취하려고 했다니……. 간이 부은 놈들인 모양입니다."

"정사! 여하간 이제 마음 놓으시고 대비마마께서 기다리고 계시니 가는 길을 재촉해야겠습니다."

"그렇게 합시다."

복통으로 휴식을 취하다가 느닷없이 산적들의 기습 공격을 당하여 한동안 정신을 차리지 못한 사신단의 정사는 장항과 나란히 말을 타고 가다가 불현듯 생각이 나는 조금 전에 있었던 이상했던 상황을 설명한다.

"대비마마! 신 밀직제학 장항(張沆)! 소임을 마치고 돌아왔나이다."

"수고하셨소. 내 흥화진 방어사로부터 상국 사신들이 고려로 들어왔다는 소식을 이미 전해 들었소. 지금 사신들은 어디에 있소?"

"순천관에서 휴식을 취하고 있습니다. 아마 조만간 부상당한 몸이 회복이 되면 마마를 뵈러 올 것입니다."

"부상을 당하다니요?"

"마마! 조금만 소신이 늦었더라면 산적놈들한테 황제폐하의 교지를 강탈당할 뻔 했습니다."

"뭐~라! 황제 폐하의 책봉 교지를 강탈당할 뻔 했다구요?"

"그러하옵니다. 마마! 소신 생각으로는 산적놈들인지 아닌지는 모르겠으나 누군가로부터 사주를 받고 사신단 일행을 기다리고 있다가 공격한 것 같습니다."

"음~, 대감 생각이 맞는다면 누가 그렇게 사주했는지 대충 짐작이 갑니다."

"……."

"그건 그렇고 어찌 되었든 간에 이제 책봉 교지도 도착했으니 조정대신들과 상의하여 전하의 즉위식에 차질이 없도록 하여 주시오."

개경에 도착한 다음 날 장항은 곧바로 연경궁으로 가 원국의 사신단이 정체불명의 산적으로부터 공격을 당해 황제의 책봉 교지를 빼앗길 뻔 했던 위기의 순간들을 덕녕공주에게 소상히 알린다.

"좌정하시오. 상국 사신들께서 곧 당도하다는 전갈입니다."

"저번 사신이 올 때 전하의 책봉까지 한꺼번에 처리하면 될 일을 충혜왕의 폐위를 밝힌다는 교지를 전하고 이번에는 전하의 고려왕 책봉을 허락한다는 교지를 전하고, 허~참, 사신 풍년이요."

"글쎄 말입니다. 뭔 놈의 사신단을 그렇게 시도 때도 없이 자주 보낸답니까?"

"고려에 가면 융숭한 대접을 받으니까 그런 것 아니겠소."

원나라에서 사신단을 맞이하려고 왕과 덕녕공주와 함께 회경전에 도열하고 있던 대소신료들 중 뒷줄에 서 있는 일부 젊은 신료들이 낮은 목소리로 불만을 토로한다.

"상국 사신단 입시이옵니다."

"전하! 그간 강녕하셨습니까? 황제 폐하의 책봉 교지를 받들고 온 이휴(李庥)라고 합니다."

"……."

"오시다가 험한 일을 당하셨다는 소식을 들었소. 몸은 좀 어떠하시오?"

"마마께서 보내 주신 어의(御醫)가 밤낮으로 극진하게 치료해 주어서 그런지 많이 좋아졌습니다."

"다행이구려."

"이제 전하께서는 어좌에서 내려오셔서 황제 폐하의 책봉 교지를 받으시옵소서."

1344년 5월! 왕흔은 원(元)에서 온 이휴(李庥), 진근(秦瑾) 등이 가져온 황제의 책봉 교지에 따라 정식적으로 개부의동삼사 정동행중서성좌승상 상주국 고려 국왕(開府儀同三司 征東行中書省左丞相 上柱國 高麗國王)에 오른다.

"황제 폐하! 만세, 만세, 만만세!"

"전하! 천세, 천세, 천천세!"

왕흔이 부복하여 양손으로 책봉 교지를 받들자 덕녕공주를 비롯한 고려 조정 대소신료들은 대전 안이 떠나 갈 듯한 함성을 지른다.

"대소신료들은 들으시오. 오늘 황제 폐하의 황은으로 전하께서 고려 국왕으로 등극하셨습니다. 앞으로 여기 있는 대소신료들께서는 전하에게 충심을 다하여 보필하여 주길 바라오. 그리고 선왕이 잘못된 행동을 할 때 제대로 보필하지 않고 부화뇌동(附和雷同)하여 조정을 어지럽히고 백성들에게 고통을 준 환관 최화상(崔和尙)과 임신(林信)과 박양연(朴良衍)·민환(閔渙)·김첨수(金添壽)·임이도(林以道)·남궁신(南宮信)·왕석(王碩)은 관직을 삭탈하고, 한범(韓范)·장송(張松)·심노개(沈奴介)·전두걸불화(田豆乞不花) 등과 정천기(鄭天起)·소경부(蘇敬夫)·조성주(趙成柱) 등도 삭탈관직하여 섬이나 먼 시골로 유배 보내도록 하시오."

"명 받들겠나이다."

왕흔의 고려왕 책봉식 자리에서 덕녕공주는 어린 아들이 정식으로 보위에 오르자마자 섭정을 이유로 고려 조정을 좌지우지하기 시작한다.

"여보시게. 자네 혹시 들었는가?"

"무엇을 말인가?"

"임신은 성질이 괄괄해서 그렇지 선왕의 실정과는 무관한 사람인데 옛날 기륜을 폭행해서 이번에 유배 명단에 포함되었다고 하네."

"대비마마께서 부원군과 만나 미리 협의하고 결정한 것 아니겠소?"

"그렇다고 봐야 될 것 같소. 이젠 우리들도 부원군하고 찬성사 권 대감의 눈치를 봐야 될 세상이 온 것 같소."

"이제 그만 이야기하고 각자 헤어집시다."

책봉식이 끝나고 회경전을 나서는 젊은 신료들이 고려 조정의 막후 실세인 기철과 권겸에 대한 이야기를 나누다가 삼삼오오로 흩어진다.

"형님! 새해도 얼마 남지 않았으니 이번에 폐하와 황후마마께 하례도 드리고 겸사겸사해서 상국에 다녀오려고 합니다."

"그런가! 덕성부원군(德成府院君:기철)만 노상 다녀오지 말고 나도 언제 상국에 가서 황후마마를 좀 뵙게 해 주시게. 황후마마를 뵌 지도 꽤 오래 돼서 말일세."

"형님께선 내년에 폐하 생일 때나 성절사(聖節使)로 한 번 다녀오시지요."

"그리해주면 고맙겠네. 그건 그렇고 자네 집에 올 때 빈손으로 오기가 좀 그래서 내 조그마한 정성을 가지고 왔으니 자네가 황후마마를 뵐 때 전해 주시게나."

"매번 상국에 갈 때마다 형님께 부담만 안기는 것 같습니다."

"뭔 소리인가. 이 사람아! 자네와 나 사이에……."

왕흔이 등극한지 얼마 안 되어 찬성사에 오른 권겸은 기철이 원나라에 신년하례 사절로 간다는 것을 듣고 기철의 집으로 찾아가 가지고 온 보석함을 기황후에게 전해주기를 부탁한다.

기철은 원나라에서도 영안왕(기자오) 후손인 왕족으로 대접하는 등 원나라나 고려 조정 내의 권세가 하늘 높은지 모르고 치솟자 옛날 하급 관리직에 있을 때 대감님이라고 높이 부르던 권겸을 이젠 형님으로 스스럼없이 부른다.

기철이 신년 하례사절로 원나라로 출발한지 사흘이 지날 무렵 심왕(瀋王) 왕고(王暠)가 아무런 연통도 없이 측근 몇 명하고 고려에 들어오자 고려 조정은 벌집 쑤신 듯이 난리가 난다.

"신(臣) 사공(司空:정1품 재상직)! 강호례(姜好禮), 대비마마를 뵈옵니다."

"사공 대감! 왕고가 아무런 연통도 없이 개경으로 들어왔다는 것이 무슨 이야기입니까?"

"소신이 듣기로는 심왕께서 병환이 깊어 살 날이 얼마 남지 않으니까 무작정 고향으로 돌아오셨다고 들었습니다."

"정말 후안무치(厚顔無恥)의 인간이요. 자기 때문에 피 흘린 사람들이 얼마나 많소이까?"

"……."

"그리고 확실한 물증은 없으나 지난 번 사신단이 올 때 폐하 교지를 강탈하라고 사주했던 사람도 왕고가 아닌가 생각하오."

"소신도 마마와 마찬가지로 당장 왕고를 잡아 옥에 가두고 문초라도 하고 싶습니다만 비록 지금 아무런 실권 없는 껍데기 왕이라도 황제 폐하께서 임명한 엄연한 제후국의 왕이오니 물증 없이 함부로 대할 수는 없사옵니다."

"그러니까 내가 답답한 것 아닙니까!"

"아무튼 왕고가 개경에 돌아왔다고 하니 사공께서 정당문학(政堂文學:鄭乙輔)대감하고 왕고에 대한 조정의 공론을 모아 주시오."

"알겠사옵니다."

덕녕공주는 어린 아들이 왕에 오르자 삼십도 채 안된 젊은 나이에 대비가 되어 섭정을 하고 있는 중에 왕고가 개경에 돌아왔다는 소식을 접하고 측근인 강호례를 연경궁으로 불러 대책을 세우라고 지시한다.

"왕고 전하! 전하께서 건강이 안 좋다고 들었는데 먼 곳에서 엄동설한에 오시느라 병환이 더 깊어지셨는지 모르겠습니다."

"정말 오랜만이요. 예천부원군(醴泉府院君:權漢功)!"

"소신! 나이 들어 이렇게 병환 중에 있는 전하를 뵈오니 참담한 심정입니다."

"이게 다 세월이 흘러 몸도 마음도 늙은 탓이 아니겠소. 허~허!"

"전~하! 소신……."

왕고가 측근들 몇 명하고 개경 집에 도착했다는 소식을 들은 권한공은 아무도 찾지 않는 쓸쓸한 집에서 중병으로 병석에 누운 옛 주군인 왕고를 보더니 눈물을 흘린다.

"하온데 전하! 상국으로 끌려간 유청신과 오잠은 어떻게 되었습니까?"

"못난 나를 따라 다닌 죄로 어디인지도 모르는 변방 유배지에서 한 많은 생을 마쳤다고 들었소."

"……."

"전하! 아무쪼록 이제 고향에 오셨으니까 마음을 내려놓으시고 편안하게 지내십시오."

"고맙소. 그런데 부원군께서 이런 데 찾아오면 덕녕공주나 지금의 조정 대소신료들의 눈 밖에 날 텐데……. 내 부원군이 다시 찾아오지 않아도 의(義)를 저버린 사람으로 여기지 않을 것이오."

"별 말씀을 다하십니다. 전하!"

"다시는 나로 인하여 피해를 보는 사람들이 나오지 않기를 바라는 마음이니 부디 부원군께서도 나의 뜻을 따라 주셨으면 하오."

"소신 명 받잡기가 민망하옵니다."

병색이 완연한 왕고는 간신히 자리에서 일어나 앉아 지난 세월 자기로 인하여 많은 사람들이 죽거나 유배 간 것에 대하여 회환이 드는지 엷은 한숨을 쉬며 힘없이 권한공을 바라본다.

한 때, 고려 조정은 왕고의 무단 귀국으로 시끄러웠으나 왕고가 생이 얼마 남지 않은 중병에 걸려 자택에서 병을 치료한다는 이야기를 듣고 난 이후에는 점차 평온을 되찾아간다.

"어머니! 이번에 아버지께서 상국에 가신다면서요?"

"그래! 이제 곧 성절사(聖節使)로 가신다고 하더구나. 그런데 네가 그것을 왜 물어보느냐?"

"아버지가 상국에 다녀오시려면 고생하실 것 같아 걱정돼서요."

"우리 혜원이가 아버지를 걱정하는 것을 보니 이제 다 컸구나."

"참! 어머니도……."

권겸 부인은 지금까지 어리다고 생각했던 딸이 어느덧 자기도 모르는 사이에 열세 살 처녀로 자라나 부친을 걱정하는 모습을 보니 그동안 키운 보람이 있는 듯 대견한 표정으로 권혜원을 다정스럽게 바라본다.

“어머니! 아버지께서 무사히 잘 다녀오시라고 절에 불공드리러 가요.”

“불공을?”

“네, 어머니!”

“그렇게 하자꾸나. 우리 딸하고 오랜만에 불공드리려 같이 가니 이 어미도 좋구나!”

“소하도 같이 가요?”

“그럼! 너 가는데 소하도 같이 가야지”

“어머니! 이번에도 현화사로 가실 건가요?”

“그럼!”

독실한 불교신자인 권겸 부인은 시간이 나는 대로 혼자서 개경 인근에 있는 현화사에서 자식들의 행복과 부군의 승차를 위하여 불공을 드리곤 했는데 이번엔 딸인 권혜원이 같이 가길 청하자 흔쾌히 허락한다.

“아씨! 이제 곧 봄인데 절 옆 계곡에는 아직도 눈이 남아 있네요.”

“그러게~, 봄이 오려면 좀 더 있어야 하나 봐.”

“혜원이 하고 소하는 무슨 말을 하느라 그리 속닥거리느냐?”

“아직 날씨가 쌀쌀해서 그런지 눈이 녹지 않고 있어서요.”

“글쎄 말이다. 북쪽에는 아직도 추울 텐데 네 아버지께서 고생 좀 하시겠구나.”

"그러니까 어머니하고 아버지께서 고생하지 마시라고 불공드리려 온 것 아니에요."

"그래~."

"어서 오시옵소서, 마님! 소승 빈허라 하옵니다."

권겸 부인과 권혜원이 소하를 대동하고 현화사 경내에 들어오자 작년 가을에 입적(入寂)한 자정국존 미수(慈淨國尊 彌授)의 뒤를 이어 주지스님에 오른 빈허가 대웅전 앞에서 마중한다.

"마님께서 오신다기에 미리 대웅전 상단(上壇)에 초하고 향을 준비해 놓았으니 가셔서 참배만 하시면 되옵니다."

"고맙습니다. 스님!"

보통 신도들은 큰 스님들이 드나드는 법당의 중앙문으로 출입하지 않고 양쪽 옆에 있는 작은 문으로 들어가 불공을 드리는 것이 일반적이나 권겸 집안이 현화사에게 매년 막대한 재물을 시주(施主)하여 권겸 부인이 불공을 드리러 올 때마다 현화사 주지스님은 법당의 중앙문으로 들어가 불공을 드릴 수 있도록 배려한다.

"부처님! 우리 집안이 늘 평온하게 해 주시고 이번에 바깥주인이 성절사로 머나먼 나라에 가오니 무사히 다녀올 수 있도록 자비를 베풀어 주시옵소서."

"아버지께서 건강히 다녀오시도록 비나이다."

"아비의 장사가 잘 되도록 축원하옵나이다."

대웅전의 웅장한 부처님 상(象) 앞에 촛불과 향이 은은히 타는 가운데 권겸 부인과 권혜원, 소하가 앞뒤에서 저마다 바라는 바를 축원하면서 여러 번 참배를 하며 정성을 들인다.

"마님! 수고하셨습니다. 소승이 차를 마련했사오니 드시고 가시면 합니다."

"감사합니다."

불공이 끝난 후에 주지스님이 이끄는 대로 권겸 부인이 앞장서서 가고 권혜원과 소하는 둘이서 깔깔거리며 뒤따라 대웅전 앞 넓은 마당을 가로 질러 선방(禪房) 쪽으로 향한다.

"어~ 아씨! 저 사람은……!"

"소하야. 누구를 말하는 거냐?"

"작년에 봄나들이 갔다가 광대놀이 보던 도중 아씨가 도아 당해서 잃어버렸던 노리개를 찾아 주었던 사람 같은데요?"

"그러고 보니 그 사람 같구나. 소하야 너는 참 기억력이 좋구나."

선방으로 가는 도중 대웅전 앞으로 다가오는 어떤 중년의 여인과 같이 불공을 드리려 가는 젊은 남자를 본 소하가 기억을 되살려 권혜원에게 이야기하자 자기도 어렴풋이 생각이 나는 양 고개를 끄덕인다.

"작년에 개경 시전에서 보았던 그 처자들 아니시오?"

"……."

"저를 기억 못하시는가 봅니다."

"우리 아씨께서는 아무나 모르는 남정네를 기억하는 분이 아닙니다."

"그래요? 여기 아씨라는 분의 옷 걸음에 달린 이 나비모양의 옥 노리개는 내가 찾아준 것 같은데……."

"……."

"공자님! 그때 고맙다고 인사했으면 된 것 아닌가요?"

"소하야! 가만 좀 있거라."

"소녀 오늘 공자께 다시 한 번 고맙다는 말씀을 드리겠습니다."

"낭자! 그 말을 들으려고 아는 체 한 것은 아니요. 여하간 오늘 이렇게 잠시라도 얼굴을 뵙게 돼서 반가웠습니다. 인연이 있으면 또 만납시다."

"완아! 뭐하고 있느냐? 빨리 아버지 제사 지내러 가야지."

"네, 어머니!"

대웅전에서 선방으로 가는 길에서 서로 마주친 두 젊은 남녀가 일년 전의 기억을 되새기며 잠시 동안 대화를 나누자 공자와 같이 온 중년 여인이 갈 길을 재촉한다.

"오늘 저 집 제삿날인가 봐요."

"그런 모양이구나."

"오늘 밝은 대낮에 보니 남자답게 잘 생겼네요."

"그렇구나."

"아씨! 빨리 가요. 마님께서 선방에 들어가셨나 봐요."

잠시 공자와 짧은 대화를 나누고 있는 사이 어머니가 안 보이자 소하가 빨리 가자고 재촉하면서 앞서 나가자 권혜원이 몰래 고개를 뒤로 돌려 멀어져 가는 공자의 뒷모습을 힐끗 쳐다본다.

"이제 절에서 나올 때가 되었으니 실수가 없도록 잘 하거라."

"행수님! 그까짓 여자들 하나 처리 못하겠습니까!"

"인질을 삼을 권문세가의 여자들이니 다치지 않도록 하고……."

"고이 모셔서 가마로 옮겨 말씀하신 곳으로 데려가겠습니다."

"그럼 나는 거기서 기다리고 있겠네."

"여기는 저희에게 맡기고 행수 어른께선 먼저 가십시오."

기나긴 겨울 동안 헐벗었던 산하가 봄의 기운을 받아 점차 녹색의 어린 새싹으로 채색되어 가고 있는 현화사의 풍경과는 어울리지 않게 정체불명의 대여섯 명의 불량기가 있는 건장한 무리들이 누군가의 지시를 받고 음모를 꾸미고 있다.

"스님! 차 잘 마셨습니다. 이제 그만 돌아가야겠습니다."

"그렇게 하시게요?"

"준비할 것도 있고 해서요."

"소승이 절 앞까지 배웅해 드리겠습니다."

"괜찮습니다. 경내도 구경하면서 갈 테니 스님께선 신경 쓰지 마세요."

"그러면, 소승 여기서 인사드리겠습니다."

선방으로 들어 간 권겸 부인이 절에서 마련한 차를 마시면서 빈허 스님과 이런저런 이야기를 나누다가 시간이 많이 흘렀다고 생각되는지 자리에서 일어나 그만 집으로 돌아가겠다고 하자 빈허 스님이 따라 나와 권겸 부인 일행을 정중히 배웅하려고 한다.

"저 여자들인 모양이요."

"그런 것 같다."

"저 종년은 없애 버리고 마님으로 보이는 여자하고 그 옆에 딸년하고 포대기를 씌워 가마에 태워서 데리고 가자."

"알겠소. 형님!"

절 밖의 먼 발치에서 현화사 정문 입구를 계속하여 바라보고 있던 정체불명의 무리들이 권겸 부인과 그 일행들이 나오자 가마를 들고 행동을 개시한다.

"저기 또 누가 가마를 타고 오는 것을 보니 오늘따라 절을 찾는 사람들이 많나 보구나."

"그러게요. 오늘이 불공드리는 데 좋은 날인가 봐요."

"아씨! 그런데 가마꾼들의 생김새가 꼭 산적 놈들처럼 인상이 험상궂네요. 호~호!"

권겸 부인과 권혜원 그리고 소하가 현화사에서 나와 큰 길로 접어들 무렵 반대편에서 가마를 든 네 명과 가마 앞에서 걷는 건장한 사람이 앞만을 주시하면서 묵묵히 다가오고 있었다.

반대편에 오는 가마가 권겸 부인 인근에서 갑자기 멈추더니 가마꾼들이 가마를 놓고 권겸 부인과 권혜원에게 강압적으로 포대기를 씌우려고 하자 큰 소리를 지르는 소하를 납치범 중 한 놈이 냅다 몽둥이로 내리친다.

"아니~! 이놈들이 지금 뭐하는 짓거리냐!"

"죽고 싶지 않으면 가만히 있으슈."

"야 이놈들아!"

"사람 살려요~!"

"이 종년이."

"퍽! 윽!"

"야! 이놈들아 죄 없는 사람을 왜 치느냐?"

"빨리 가마에 태워라."

"네 이놈들! 벌건 대낮에 무슨 원한이 있기에 지나가는 여인네들을 납치하려는 것이냐?"

"어느 집 공자인 듯한데 남의 일에 신경 쓰지 말고 그냥 지나가시오."

"완아! 괜히 끼어들지 말고 그냥 가자꾸나."

"아닙니다. 어머니! 이 놈들 용모를 보니 그리 착한 놈들은 아닌 것 같습니다."

"이거 안 되겠구먼. 애들아! 손 좀 봐줘라."

"얍~!"

"아이구."

이완은 어머니의 만류에도 불구하고 응양군에서도 손꼽는 수박(手搏)의 고수답게 날렵한 동작으로 여인네들을 납치하려고 했던 정체불명의 무리들을 순식간에 제압한다.

"어머니, 소하가…… 소하가……."

"소하야~, 소하야~ 정신 좀 차리거라."

"어머니, 빨리 의원에 데리고 가야겠어요."

"의원에 가기 전에 정신을 차려야 되니까 제가 물을 떠오겠습니다."

이완이 가마 속에 포대기를 뒤집어쓰고 있던 권겸 부인과 권혜원을 끄집어낸다. 권혜원이 소하가 몽둥이에 맞아 머리에 피를 흘린 채 땅에 쓰러져 있는 모습을 보고 다급하게 외치자 이완이 산길 바로 아래로 흐르는 개천에서 물을 떠 오려고 내려간다.

"소하야, 정신이 드느냐?"

"마님, 아씨 괜찮으십니까?"

"빨리 의원에 가자꾸나."

"저는 괜찮아요."

"괜찮기는, 이렇게 머리에 피가 철철 흐르는데……."

이완이 물을 길러 산길 밑에 있는 개천으로 내려가자 정체불명의 무리들은 땅바닥에 뒹굴다 일어나 도주한다. 잠시 후에 이완으로부터 물을 건네받은 권혜원이 손에 물을 묻혀 소하의 얼굴을 계속하여 두드리자 잠시 후에 정신이 드는지 힘없이 눈을 뜬다.

"하마터면 큰일 날 뻔 하셨습니다."

"오늘 댁의 아드님께 크나 큰 신세를 졌습니다. 부인께선 어디에 사시는 뉘신지요?"

"구재동에 사는 이 씨 집안사람입니다."

"이 씨 집안이라면?"

"충렬왕 전하 때 지어사대사(知御史臺事:종4품)를 지낸 이분성(李汾成)께서 이 아이의 조부가 되십니다."

"아! 그렇군요."

"제 아들은 용호군 중랑장으로 있는 이완이라 합니다. 그런데 마님께서는 무슨 일로 그런 흉측한 일을……."

"저는 찬성사 권겸 대감의 안 사람이온데, 어찌하여 이런 일이 벌어졌는지 모르겠습니다."

권겸 부인이 나중에 은혜를 갚으려는지 자기의 신분을 밝히고 젊은 남자와 같이 있는 중년 부인에게 어디 사는 누군지 물어본다.

"낭자! 지금은 괜찮은 것 같지만 머리에 골절이 남아 있으면 통증이 올 수 있으니 빨리 이 하녀를 의원으로 옮겨서 치료받아야 할 것입니다."

"감사합니다. 공자님! 하온데 여기 있는 소하는 하녀가 아니고 저희 집에서 같이 사는 자매와 같은 아이입니다."

"그런가요? 몰랐습니다. 제가 무례를 저지른 것 같군요."

이완은 비단 옷을 입은 권겸 부인과 권혜원이와는 다르게 개경의 일반 백성들이 입는 평범한 옷을 입은 소하를 보고 어느 대감 댁의 몸종으로 생각하였으나 권혜원으로부터 하녀가 아니라는 말을 듣고 피가 흘러 상의가 피로 물들은 소하에게 사과하는 듯한 눈인사를 보낸다.

"우리 모자는 이제 그만 가야겠습니다."

"오늘 정말 고마웠습니다. 내 조만간 연통하여 집으로 초대할 테니 거절하지 마십시오."

"우리 아들이 나라의 녹봉을 먹고 있는 관리로서 당연히 해야 할 일인데 마님께서 그리 부담을 가지시지 않으셔도 됩니다. 처자께서 빨리 쾌차하길 바랍니다."

이완은 모친과 같이 권겸 부인에게 인사하고 헤어질 때 다시 한 번 눈길이 권혜원이 부축하고 있는 소하로 향한다.

"완아! 찬성사 대감댁 따님이 참 곱기도 하지?"

"……."

"너도 이제 혼인할 나이가 되었으니 저와 같은 처자를 집안에 며느리로 들였으면 얼마나 좋겠니?"

"……."

"어머니! 아버지 제사 때문에 힘들었을 텐데 집에 가서 푹 쉬세요."

"그러마."

이완은 작년 봄나들이 때 소하를 주인집 딸인 권혜원을 모시고 다니는 하녀인 줄로만 알았으나 우연한 기회에 소하가 귀족 집안은 아니라도 평범한 집안의 딸인 것을 알게 된다.

"무엇이라! 대체 어떤 놈들이 그런 짓거리를 했단 말이요?"

"대감! 진정하세요."

"내가 지금 진정하게 되었소. 당신도 당신이지만 우리 혜원이가 납치될 뻔하지 않았소."

"대감! 이번에 소하하고 응양군 중랑장이라는 사람 아니었으면 큰일 날 뻔 했습니다."

"소하의 몸 상태는 어떻소?"

"별채에 의원을 부르고 평산댁이 돌보고 있으니 곧 괜찮아질 것입니다."

"내 상국에 다녀온 이후에 이번 일을 꾸민 놈들을 찾아 내 가만 두지 않을 것이오."

"여기 걱정은 하지 마시고 상국에나 잘 다녀오세요."

권겸 부인은 곧 상국으로 떠나는 권겸에게 마음의 부담이 될까 봐 이번 일을 알리지 않으려고 했으나 의원이 소하네가 머물고 있는 별채에 들락날락거리는 것을 본 권겸이 이를 물어보자 할 수 없이 현화사 인근에서 벌어졌던 일들을 실토한다.

"이 머저리 같은 놈들아, 힘없는 여자 하나 데려 오지도 못하느냐?"

"행수님, 그게……."

"그래 가지고 왈짜패 노릇하면서 밥이나 빌어먹겠느냐?"

"갑자기 어떤 이상한 놈이 나타나는 바람에……."

"시끄럽다. 이 놈들아! 앞으로는 너희들 하고 같이 일을 할 수 없을 것 같구나."

"행수님! 다시 한 번 기회를 주십시오."

"너희들은 상단주이신 손기(孫琦) 나리께서 아시면 그날로 죽은 목숨이니 내가 준 돈 가지고 조용히 처박혀 있는 것이 좋을 것이야."

"권 대감이 원나라에 가면 당분간 조용하겠지만 귀국하면 아마도 이 일을 캐려고 할 테니 너희들은 그때까지 벽란도엔 얼씬도 하지 말아라. 알겠느냐?"

"네. 행수 어른!"

예성강 포구에 있는 허름한 기와집의 희미한 촛불 아래서 어느 상단의 높은 지위에 있는 듯한 자가 여기저기 부상을 입은 무리들을 호되게 꾸짖으며 지시를 한다.

"전하, 신 찬성사 권겸! 전하의 명을 받고 성절사로 상국에 다녀오겠나이다."

"……."

"찬성사 대감! 부디 몸조심하시고 잘 다녀오시오."

"망극하옵니다. 대비마마!"

대전 안에 여러 대소신료들이 도열한 가운데 권겸이 공손히 예를 올리며 출국 보고를 하자 어좌에 우두커니 앉아 있는 어린 충목왕을 대신하여 대비마마인 덕녕공주가 성절사로 가는 권겸에게 덕담을 한다.

"형님! 내일 출발하신다고요?"

"그렇다네. 상국에서 황후마마를 뵈올 생각을 하니 벌써부터 흥분이 되네, 그려~."

"형님도 참! 작년에 제가 대도에 갔을 때 황후마마께서도 형님을 뵙고 싶다고 말씀합디다."

"정말인가?"

"정말이구 말고요. 그동안 우리 집안이나 황후마마가 어려울 때 형님한테 얼마나 신세를 많이 졌습니까? 저나 황후마마나 형님의 고마움을 늘 잊지 않고 있습니다."

"그렇게 생각해 준다니 고맙네."

"형님! 내일 가신다니까 오늘은 술이나 실컷 듭시다."

"그러세."

출국 보고를 마친 이후에 남은 일을 처리하고 저녁 늦게 왕궁을 나온 권겸은 환송을 위한 기철의 초대를 받고 개경 내 유명주점의 하나인 춘유각 별실에서 둘이 마주 앉아 담소를 나눈다.

"덕성 부원군! 내 상국에 가기 전에 뭐하나 부탁 좀 하세."

"우리끼리 무엇을 그리 망설이고 계십니까. 말씀하십시오."

"어제 안 사람이 불공드리고 집으로 돌아올 때 어떤 놈들이 안사람하고 딸을 납치하려고 했던 일이 있었네."

"뭐라고요? 아니, 어떤 놈들이 감히 그런 짓을 했단 말입니까?"

"내가 상국에서 돌아오면 한두 달 시일이 걸릴 테니 그때까지 어떤 놈들이 그런 짓거리를 했는지 조사 좀 해 주시게."

"당연하지요. 형님 집안의 일이 우리 집안의 일인데. 내 감찰사(監察司)와 형부(刑部) 관리들을 다 풀어서라도 그 범인을 꼭 잡아 놓을 테니 형님은 걱정마시고 상국에나 잘 다녀오십시오."

"고맙네."

둘이 밤늦도록 술을 주거니 받거니 하다 불쑥 권겸이 부인과 딸이 정체불명의 무리들로부터 납치될 뻔했던 이야기를 꺼내자 기철이 당시 고려 조정의 최고 실세라는 것을 증명이라도 하듯이 어사대, 형부 등 감찰기관을 총동원해서라도 범인을 잡겠다고 호언장담을 한다.

"여보게, 그동안 자릿세다 보호세다 하며 상인들한테 돈을 뜯고 행패 부리던 왈짜패 녀석들이 갑자기 어디로 사라졌는지 코빼기도 볼 수 없다고 하네."

"잘 되었지 않은가? 덕분에 우리와 같은 사람들도 마음 놓고 장사할 수 있게 돼서."

"아휴. 말도 마슈. 그놈들 안 보이니까 태평성대가 따로 없소."

벽란도 나루터 인근에 있는 주막의 평상에서 등짐장사꾼으로 보이는 사람들이 평민복 차림의 두 명의 남자가 엿듣고 있는 줄도 모르고 주모가 가져다 준 조그만한 항아리에 술을 퍼먹으며 왈짜패들을 안주 삼아 왁자지껄하게 떠든다.

"주모! 여기 술 좀 가져 오시오."

"알았습니다. 갑니다."

"여기 음식 맛이 좋으니 사람들이 많이 오는 모양입니다."

"손맛은 내가 최고지요, 호~호."

"그런데 저기 있는 장사꾼인 듯 보이는 사람들이 조금 전에 왈짜패라고 하면서 뭐라고 하던데, 그게 무슨 말입니까?"

"아~, 그거요? 여기 벽란도에 행인들이나 상인들 뜯어 먹고사는 엄보라는 왈짜패 놈이 있었는데 관청에 붙잡혀 갔는지 다른 곳으로 갔는지 요즘엔 얼굴을 볼 수가 없다고 그리 이야기했을 겁니다."

"그놈 참 나쁜 놈이군요."

"나쁘다마다요. 그놈들 때문에 그동안 골치께나 아팠습니다."

"주모가 이야기하는 그 엄보라는 놈이 왈짜패 대장인 모양입니다?"

"엄보 놈이 그 순진한 강상포목점 아들까지 꼬셔서 패거리를 만들어 지가 두목 행세하고 다녔지요."

"어느 곳이든지 그런 놈들이 다 있지요. 여하간 잘 먹고 갑니다. 돈은 여기 놔두고 가오."

"감사합니다. 또 오세요."

장사꾼들의 맞은 편 평상에 앉아 있던 평민 복장의 사람들이 궁금하듯이 지나가는 말로 주모에게 왈짜패에 대하여 물어보더니 아무런 일이 없었다는 듯이 사라진다.

"여보게. 강상포목점이라는 데 가서 그 아들놈이 어디 있는지 한번 알아보세."

"그렇게 하는 것이 좋을 것 같구먼."

평민 복장을 입고 행인으로 위장한 두 명의 감찰사 관원들은 주모의 이야기를 듣고 강상포목점으로 이동하여 상점 안에 있는 주인인 듯한 자를 계속 주시한다.

"이놈아! 무슨 죄를 저질렀기에 밤고양이처럼 매일 밤에만 집에 기어 들어와 밥만 처먹고 다니느냐?"

"저는 잘못한 것이 없어요. 다른 상단 놈들이 먼저 시비를 걸어 싸운 것뿐입니다."

"그런데 왜 피해 다녀?"

"그놈들이 저한테 해코지 할까봐 그렇죠."

"아휴~, 저것도 아들이라고……. 임자! 아들이라는 놈이 왔으니 상이나 채려주구려."

포목점 주인이 장사가 끝나 집으로 향하자 뒤를 은밀하게 미행한 감찰사 관원들은 골목에서 집안을 계속 지켜보던 중에 어둠속에 한 사람이 재빨리 집으로 들어가는 것을 보고 뒤따라서 흙벽으로 된 담장을 손도 되지 않은 채 훌쩍 넘어 집안으로 들어간다.

"네 놈이 엄보놈 패거리이지?"

"누구… 입니까?"

"그건 알 것 없고 우리하고 같이 가야겠다."

"에잇~!"

"이놈이……."

포목점 주인 아들은 밥상이 들어오자 허겁지겁 밥을 먹다가 갑자기 건장한 두 사람이 느닷없이 방문을 박차고 방안으로 들어오자 숟가락을 든 채 멍하니 앉아 있다가 재빨리 도망가려고 벌떡 일어나려다 방안으로 들어 온 두 사람에게 순식간에 제압당한다.

"아니 누구이시오?"

"주인장! 우린 감찰사 관원들이오. 그대 아들을 감찰사로 데리고 가야겠소."

"우리 아들이 무슨 잘못을 했기에 이러십니까, 나리!"

"감찰사에 가서 문초하면 밝혀질 것이오. 저리 비키시오!"

자기 아들이 낯선 사람들에게 꼼짝없이 포박당하는 것을 본 포목점 주인은 낯선 사람들이 감찰사 관원임을 알고 얼굴이 창백해진다.

"누구 사주를 받고 찬성사 대감 부인을 납치하려고 했느냐?"

"저는 모르는 일입니다."

"네놈이 감찰사 문초가 어떤 것인지 아직 잘 모르는 모양이구나."

"나~리! 저는 정말 죄가 없습니다."

여기저기서 비명소리가 들리는 음산한 감찰사의 취조실에 꼼짝없이 끌려오게 된 포목점 아들은 문초하는 감찰사 관원들에게 자기는 모르는 일이라고 강하게 부인한다.

"이 놈을 형틀에 매달아라."

"나리! 살려 주십시오."

"살고 싶으면 이실직고하면 될 것 아니냐?"

"소인은 정말 모릅니다."

"모른다고? 우리는 엄보라는 놈과 네놈이 작당해서 현화사 인근에서 찬성사 대감부인을 납치하려고 했던 것을 잘 알고 있으니 누가 사주했는지 이야기하면 된다."

"……."

"안 되겠다. 이놈이 바른말 할 때까지 매우 쳐라!"

"퍽~퍽!"

"억~억!"

포목점 아들이 계속하여 부인하자 잔뜩 화가 난 감찰사 관원은 형리에게 몽둥이찜질을 하라고 지시한다.

"이놈이 혼절했습니다."

"물을 끼얹어 깨워라."

"음~, 나리! 살려 주십시오. 소인은 형님이 다른 패거리들하고 싸웠으니 잠시 피해있으라 해서 피해있었던 것입니다. 정말 누구를 납치하지는 않았습니다."

"그래. 그러면 네 형님이라는 엄보놈은 지금 어디에 있느냐?"

"덕암봉 인근에 있는 쌍둥이네 과부집으로 간 것 같습니다."

"만약 다녀와서 거짓이면 네놈은 너는 여기서 송장으로 나갈 것이야."

한참 동안 몽둥이 찜질을 당하여 혼절했던 포목점 아들은 형리가 얼굴에 물을 뿌리자 깨어나 감찰사 관원에게 왈짜패 두목 격인 엄보의 은신처를 알려 준다.

"저기 모퉁이 왼쪽에 있는 초가집이 쌍둥이네라고 합니다."

"집을 앞뒤로 포위해서 도망 못 가도록 해라."

"네, 감찰시(監察侍, 종6품) 어른!"

포목점 아들이 알려 준 대로 감찰사 관원은 용호군 소속 병사들과 함께 개경도심에서 남동쪽 이십여 리에 있는 덕암봉 인근 마을로 이동하여 엄보가 은신하고 있는 쌍둥이네 과부 집을 사방에서 포위한다.

"엄보! 거기 있는 줄 알고 있다. 순순히 나와 포박을 받아라."

"……."

"안 나오면 들어가겠다."

"내 곧 나가겠소."

"내가 엄보요."

"이 놈을 포박하라."

쌍둥이네 과부와 방안에 같이 누워 있던 엄보는 밖에서 소리가 들리자 주섬주섬 옷을 입고 나가 본인임을 밝히고 순순히 포박당한다.

"저기 있는 너의 패거리 애가 네놈이 찬성사 대감 부인을 납치하려 했다고 다 불었으니 숨김없이 이야기해라."

"……."

"네놈도 저놈처럼 되어야 순순히 자백하겠느냐?"

"아닙니다, 나리!"

"누가 네놈한테 찬성사 대감 부인을 납치하려고 사주했느냐?"

"태흥(太興) 상단의 행수로부터 부탁받았습니다."

"태흥상단 행수?"

"그렇습니다."

"태흥상단이라면 첨의평리(僉議評理, 종2품)를 지내신 손기 대감께서 상단주로 계시는 상단 아니냐?"

"소인 같은 놈들은 자세한 것은 모르지만 벽란도에 있는 사람들은 모두 다 그런 것으로 알고 있습니다."

"틀림없는 사실이렸다?"

"지금 여기까지 와서 무엇을 숨기겠습니까?"

"알겠다."

감찰사에 끌려 온 엄보는 옥안에 피투성이가 된 채 쓰려져 있는 왈짜패거리인 포목점 아들을 보면서 모든 것이 탄로난 것으로 짐작하고 순순히 권겸 부인을 납치하라고 사주한 자를 실토한다.

"감찰대부(監察大夫, 정3품)! 무엇 좀 알아냈소?"

"부원군 대감!, 전번에 대감께서 알아보려고 한 일에 대하여 저희 감찰사에서 계속 조사를 하고 있었는데, 그것이……."

"뭘 그리 망설이시오, 누가 한 짓인지는 알고 있는 것이오?"

"권 대감 부인을 납치하려고 했던 놈이 태흥상단이라고 자백을 하기는 했습니다만 손 대감께서 직접 지시한 것인지 상단의 행수놈이 단독으로 지시해서 그리 한 것인지는 아직 밝혀 내지 못하였습니다."

"손기 대감이……."

"어떻게 하오리까. 부원군 대감"

"내 알아서 할 테니 감찰대부는 당분간 조사를 멈추고 밖으로 이야기가 새어 나가지 않도록 관원들의 입단속이나 잘 하시오."

"알겠사옵니다."

감찰대부로부터 납치사건의 전말을 보고받은 기철은 잠시 동안 무엇을 생각하는지 뜸을 드리다가 감찰대부에게 사건 내용이 외부에 발설되지 않도록 부탁한다.

"황후마마! 소신 권겸이옵니다. 오랜만에 황후마마를 뵈옵니다."

"먼 길 오시느라 고생 많으셨소."

"망극하옵니다, 황후마마!"

근 수십 일이 걸려 원나라 대도에 도착한 권겸은 원행(遠行)의 피로함도 잊은 채 다음 날에 황궁으로 들어가 기황후를 만난다.

"찬성사 대감께서 성절사로 오신다는 이야기는 예전에 들었소만 이렇게 뵈니 정말 반갑구려."

"소신! 황후마마께서 이리 강녕한 모습을 보니 감읍할 따름입니다."

"그래, 요즘 고려 사정은 어떻소?"

"황후마마께서 돌보아 주신 덕택에 조정이나 백성들 모두 평온하옵니다."

"그동안 왕정(충혜왕)때문에 시끄러웠는데 모두 평온하다 하니 다행이구려."

"작년에 어머니와 오라버니를 뵙긴 했는데 요즘 제가 하는 일이 많아 그동안 소식을 못 전했습니다. 다들 잘 계신가요?"

"네. 황후마마! 영안대부인께서는 노령이신데도 정정하시고 부원군과 다른 가족분들도 잘 계십니다."

"앞으로도 계속해서 권 대감 집안과 우리 집안이 돈독하게 우의를 나누었으면 하오."

"우리 가문의 광영이옵니다, 황후마마!"

"황궁 밖에서는 며칠 후면 황하(黃河)의 물이 맑아져 봄 농사 준비를 한다는 청명절(淸明節) 행사로 시끌시끌한 모양이던데 대감께서 청명절 행사가 끝나고 고려로 돌아가시기 전에 자정원사(고용보)나 추밀원 밀직사(박불화)를 한 번 만나보고 가세요."

"그렇게 하겠나이다."

기황후는 재인 시절에 권겸으로부터 물심양면으로 많은 도움을 받은 터라 권겸이 오랜만에 흥성궁(興聖宮)에 입궁하자 다과상을 마련하는 등 극진하게 대접한다.

기황후를 만난 이후에 웬만한 궁궐처럼 웅장한 자정원에 들어선 권겸은 이곳저곳을 휘휘 둘러보다 영접 나온 환관을 따라 자정원사 집무실에 들어가자 황금색과 붉은색 관리복을 입은 고용보가 활짝 웃으며 권겸을 맞이한다.

"찬성사 대감 아니시오?"

"자정원사! 그간 잘 계셨소이까?"

"저야 황후마마를 모시고 잘 있습니다만 어찌 대감얼굴이 핼쑥해 보입니다."

"음식이 입에 잘 맞지 않아서 그런 가 봅니다."

"권 대감께서야 고려에서도 소문난 미식가 아니요, 허허!"

"내일이나 모레쯤에 고려로 돌아가려고 합니다만 황후마마께서 귀국하기 전에 원사를 한 번 뵙고 가라고 하셔서 이렇게 왔소이다."

"다름이 아니라 황후마마께서는 대감과 사돈맺기를 원하고 계신 것 같소이다."

"원사께서 농이 좀 심하십니다."

"농이라니요? 어찌 찬성사 대감께서는 황자마마가 마음에 안 드시는 모양입니다."

"아이고~ 자정원사! 너무나 놀라서 그런 것 아니요. 우리 권 씨 가문이 황자마마와 인연을 맺을 수만 있다면 더 이상 그런 광영이 어디 있겠소?"

고용보로부터 기황후가 자기 딸인 권혜원이를 며느릿감으로 생각하고 있다는 말을 들은 권겸은 황망하여 고용보를 똑바로 쳐다보지도 못하고 말까지 더듬거린다.

"그리고 황후마마께서 찬성사께 선물을 주라 하셔서 내 따로 마련했으니 귀국하실 때 가져 가셨으면 합니다."

"그렇지 않아도 황후마마께 많은 은혜를 받고 있는데 선물이라니요?"

"황후마마께서 어려울 때 도와준 것에 비하면 하잘 것 없으나 마음이라고 생각하고 찬성사 대감께 주라고 하셨습니다."

"황후마마의 고마움을 어떻게 말씀드려야 할지……."

고용보가 권유한 차를 마시며 한동안 이런저런 이야기로 담소를 나누던 중 권겸은 고용보로부터 기황후가 선물을 하사하라고 했던 이야기를 듣고 감격한다.

"대감마님! 떠나실 준비가 다 끝났습니다."

"그럼, 이제 출발하세."

원나라에 같이 따라온 윤 집사가 자정원에 가져다준 선물을 수레에 싣고 떠날 준비가 끝나 고려로 출발하기를 청하자 권겸은 뒤를 돌아 기황후가 있는 방향에 고개를 숙여 인사를 하더니 발길을 옮긴다.

"대감마님! 밖에 덕성 부원군께서 오셨습니다."

"뭐라? 부원군께서? 빨리 안채로 모셔라."

해가 서산에 질 무렵 난데없는 기철의 방문을 받은 손기는 하인한테 안채로 모시라고 황급하게 지시한다.

"부원군! 어찌 관직을 다 내려놓고 초야에 묻혀있는 이 사람 집을 다 방문하셨습니까?"

"첨의평리께서 사직하고 나서 잘 사시는지 궁금해서 왔소이다."

"저야 조정에서 나온 이래로 보시다시피 이렇게 은인자중하면서 살고 있습니다."

"그래요? 은인자중하신다면서 죄 없는 사람을 납치하라고 시키신 것입니까?"

"사람을 납치하다니요? 부원군께서 무슨 말씀을 하신지 도통 모르겠습니다."

"손 대감! 그 납치하려고 했던 사람이 누구인 줄 아시오?"

한때 충혜왕의 후원을 받아 벽란도의 상권을 장악하여 원나라와 일본 등과 무역업을 하여 막대한 재력을 쌓고 왕의 신임을 받아 조정관리가 되어 관(官)의 권력까지도 틀어 쥐고 고려 조정을 쥐락펴락 하는 등 잘 나갔던 손기는 이제는 끈도 떨어진 신세가 되어 신흥세력인 기철에게 추궁당하는 처지가 된다.

"찬성사 권 대감 부인과 그 여식이 하마터면 손 대감 상단에게 납치당할 뻔 했소이다."

"대체 그게 무슨 말씀이온지?"

"정말 모른 체 하실 겁니까?"

"부원군께서 뭔가 단단히 오해가 있으신 모양입니다."

"지금 오해라고 하셨소이까?"

"조정에서 녹을 먹었던 내가 무슨 원한이 있어 찬성사 대감 부인을 납치해 오라고 시켰겠소."

"최근 감찰사에서 찬성사 대감 부인을 납치하려 했던 범인을 잡아 문초하니 태흥상단에서 시킨 일이라 자백했소이다. 태흥상단이면 손 대감께서 만드신 상단 아니요?"

"그렇긴 합니다만 지금도 마찬가지이지만 제가 관직에 오른 이후부터 상단의 모든 일을 지 행수가 알아서 처결해 오고 있소이다."

"그럼 손 대감은 이 일과 상관없다는 말씀이오?"

"부원군과 저하고 지 행수와 삼자대면하면 금방 알 수 있을 것 아니겠습니까?"

"……."

손기는 어렸을 적부터 벽란도에서 오랫동안 장사를 해 온 노련한 상인 출신답게 태흥상단과 관련된 모든 일을 행수에게 책임을 돌리며 기철의 추궁을 구렁이 담 넘어 가듯이 피해 나간다.

"부원군! 벌써 가시려고 합니까. 차라도 드시고 가시지요!"

"아니요. 내 오늘 밤 또 다른 할 일이 있어 일어나야겠소."

기철은 태흥상단 행수를 붙잡아 자백을 받지 않고서는 손기를 납치 사건의 주동자로 얽매일 수가 없다고 생각되었는지 손기를 더 이상 추궁하지 않고 자리에서 일어난다.

"대감마님! 궁에서 오신 감찰사 나리께서 대감마님을 직접 찾아뵙고 급히 말씀드릴 것이 있다면서 밖에서 기다리고 계십니다."

"알았다! 내 별채로 갈 테니 그리 모셔라."

"네, 대감마님!"

한 식경(食頃)후에 기철이 별채로 행차하여 방문을 열고 들어가자 기다리고 있던 평복 차림의 감찰대부 민사평(閔思平)이 자리에서 일어나 공손하게 인사한다.

"그간 강녕하셨습니까?"

"이 늦은 시간에 무슨 일로 나를 급히 보자고 했는가?"

"태흥상단 행수 놈을 해주(海州)에서 잡아서 감옥에 가둬 놓고 문초를 했는데, 끝까지 권 대감 부인 납치는 전적으로 자기가 시킨 일이라고 주장합니다. 어찌하면 좋을지……."

"그 행수 놈이 손기 대감과는 아무런 관련이 없고 자기가 시킨 일이라고 하더란 말인가?"

"여러 번 문초를 했는데 끝까지 그리 이야기합니다."

"알겠네. 내일 조정에 등청할 때 감찰사에 잠깐 들려 그 행수 놈을 만날 테니 지금 있었던 이야기는 누구한테도 말하지 말게나."

"그래서 제가 부원군의 의견을 듣고자 찾아온 것입니다."

"고맙네, 내 자네를 기억함세."

"감사합니다. 부원군!"

충목왕이 등극한 이후에 모친인 덕녕공주가 섭정을 하고 있었지만 덕녕공주 뒤에서 기철이 배후조정을 하고 있다는 것을 모르는 조정 대소신료들은 없을 정도로 당시 기철의 권세는 대단하였고 어떻게 해서라도 부원군 기철에게 줄을 대고자 하는 사람들로 문전성시를 이루고 있었다.

"네 놈이 태흥상단의 행수인 지가(池家)라는 놈이냐?"

"그렇소이다."

"이놈아! 이 분이 누구이신지 아느냐, 부원군이시다. 죽고 싶지 않으면 물으시는 말씀에 잘 대답하거라."

"이보게! 지 행수라는 사람하고 둘이 이야기를 나누고자 하니 자리 좀 비켜 주게."

"네, 부원군!"

다음 날 기철은 조회에 들기 전에 아침 일찍 감찰사 옥으로 향하여 온몸이 피투성이가 된 채 초주검이 된 태흥상단 행수를 만난다.

"어찌해서 찬성사 대감 부인을 납치하려고 했는지 말해 줄 수 있나?"

"지금 와서 무엇을 숨기겠습니까. 다 말씀드리겠습니다. 부원군께서도 잘 아시겠지만 그동안 벽란도는 저희 상단하고 이노재 상단, 이인길 상단이 상권을 나누어 몇 십 년 동안을 원나라와 무역업을 잘 해 오고 있었습니다만 요 몇 년 전부터 찬성사 권 대감의 뒷배를 믿고 현구라는 놈이 치고 들어와 상단 질서를 문란하게 하였습니다."

"그래서?"

"하여 이대로 놔두면 안 되겠다 싶어 소인이 뒷배를 봐주고 있는 권 대감에게 상단의 실정을 알리고자 그리하였습니다. 절대로 해치고자 한 것은 아닙니다. 믿어 주시옵소서."

"그런가?"

"정말이옵니다. 소인이 어찌 감히 지체 높으신 대감 부인을 납치하여 욕을 보이려고 하였겠습니까?"

막무가내로 몽둥이 찜질부터 먼저 하는 감찰사 관원과는 달리 나는 새도 떨어뜨린다는 권문세가인 기철이 부드러운 말투로 물어보자 태흥상단 행수는 지푸라기라도 잡는 심정으로 이실직고하면 살길이 있을지도 모른다는 생각이 드는지 지금까지 있었던 일들을 술술 이야기한다.

"이보게! 내가 듣기로는 자네가 칠순이 다 되어가는 노모도 모시고 있고 다 큰 자식들도 여럿 있다고 들었네."

"흑~흑!"

"전하의 신하인 대신들을 해치고자 하면 죽음을 면치 못할 중죄인 것을 자네도 잘 알고 있으리라 생각되네만 자네가 죽기라도 하면 집안 식구들은 누가 돌보겠는가?"

"살려만 주시면 이 은혜 죽을 때 까지 잊지 않겠습니다."

기철이 노모와 식구들을 거론하자 태흥상단 행수는 더욱더 살고자 하는 마음이 간절한 듯이 기철에게 흐느끼면서 죽기 살기로 매달린다.

"옛말에 가라앉는 배는 올라타지 않는다고 하였네."

"……."

"자네가 이 말만 해 주면 자네를 방면도 해 주고 계속하여 상단 일을 맡길 수도 있을 텐데, 그리해 주겠나?"

"말씀만 해 주십시오. 시키는 일이라면 뭐라도 하겠습니다."

"좋네! 자네가 찬성사 대감 부인을 납치하고자 한 것은 조정에 역심을 품은 손 대감의 사주에 의하여 행한 것으로 증언만 해 주면 되네."

"……."

"하기 싫으면 안 해도 되네."

"아닙니다. 그리하겠습니다."

태흥상단 행수는 기철이 이번 일을 기화로 삼아 손기가 상단 주로 있는 태흥상단을 손아귀에 넣겠다는 야심을 간파하고 잠시 머뭇거렸으나 이내 기철의 협박성 제안을 하는 수 없이 수락한다.

"감찰대부! 태흥상단 행수라는 자가 이번 납치 사건은 손 대감이 조정에 역심을 품고 사주하여 저지른 일이라고 자백했으니 손기 대감을 역모죄로 잡아 옥에 가두시게."

"그리고 저 행수라는 자와 졸개 놈들도 당분간 옥에 가두어 놓고 ……."

"알겠사옵니다. 그리하겠습니다."

기철은 문초실 밖에 나가 있었던 감찰대부를 불러 태흥상단 행수가 납치 사건을 사주한 주범이 역심을 품은 전(前) 첨의평리 손기였다는 것을 자백하였다고 하면서 손기를 역모죄로 몰아 태흥상단을 본격적으로 뺏을 궁리를 한다.

"대비마마! 부원군 기철이옵니다."

"부원군께서 이런 궂은 날씨에 웬일로……."

"대비마마께 아뢰올 것이 있어서 미리 연통도 못 드리고 이렇게 불쑥 찾아 왔습니다."

"부원군께서 언제라도 찾아 주시면 고마울 따름이지요. 그래 무슨 일인가요?"

"대비마마! 며칠 전에 전 첨의평리 손 대감이 자기가 운영하는 상단의 세(勢)가 점차 약해지자 모든 것이 전하와 조정 대신들 때문이라는 불순한 마음을 가지고 찬성사 권 대감 부인을 납치하려다가 미수에 그친 참담한 일이 있었사옵니다."

"아니 손 대감께서 그런 짓거리를 했단 말이요?"

"그러 하옵니다. 태흥상단의 행수라는 자가 그리 자백했습니다."

"손 대감께서는 지금 어디 계시오?"

"손 대감의 하수인들은 지금 감찰사 옥에 갇혀 있고 손 대감은 대비마마께서 명을 내려 주시면 바로 체포하여 역모죄의 진위를 문초하려고 합니다."

"부원군의 뜻이 정 그렇다면 내 그리 하리다."

"감사하옵니다. 대비마마!"

덕녕공주는 아들인 왕흔을 왕으로 올리는 조건으로 바친 이노재 상단도 모자라 벽란도에 있는 상단 전체를 장악하려는 기철의 의도를 눈치채고 있었으나 실질적으로 원나라를 등에 업고 군권을 실질적으로 좌지우지하는 부원군 기철의 청을 거절하지 못한다.

"전 첨의평리 손기는 나와 오랏줄을 받으시오."

"……."

"대감! 빨리 나오시지 않고 무엇하시오?"

"잠깐 기다리게. 곧 나감세."

잠자리에서 채 일어나기도 전인 이른 아침 묘(卯)시에 감찰사와 형부 관원 십여 명이 느닷없이 손기를 체포하기 위하여 집으로 들이닥친다.

"내가 무슨 죄를 졌다고 이러느냐?"

"전하와 조정을 능멸한 역모죄요."

"역모죄라니? 내가 역심이라도 품고 무슨 반란이라도 도모하였단 말이냐?"

"우린 명을 받고 대감을 데리러 왔으니 역모죄를 저질렀는지 안 저질렀는지는 문초 받으면 밝혀질 것 아니요. 여봐라! 손기를 포박하라!"

이른 아침에 집으로 들이닥친 관원들이 역모죄라는 것을 운운하면서 포승줄로 온몸을 포박하자 손기는 어안이 벙벙한 채 말도 제대로 못하고 얼굴은 분노와 억울함이 교차되는 듯이 붉으락 푸르락 해진다.

"아니! 자네 지 행수 아닌가? 이게 어찌된 일인가?"

"대감마님! 죄송합니다, 대감께 죽을 죄를 졌습니다."

"어찌 된 일이라고 지금 물어 보고 있지 않은가?"

"대감마님! 그게……."

감찰사 문초실로 끌려 온 손기는 온 몸이 피투성이인 채 옥에 갇혀 힘없이 누워있는 지 행수를 발견하고 어떻게 된 일이냐고 물어 보자 감찰사 관원이 둘 간의 대화를 제지하려는 듯 지행수를 가로 막는다.

"죄인들하고 그만 이야기하고 이리 따라 오시오."

"여보게! 지 행수~ 지 행수~!"

"대감~ 대감~!"

"죄인들은 조용하지 못할까!"

손기가 문초를 담당하는 감찰사 관원들에게 끌려가는 모습을 보고 지 행수는 옥문을 붙잡고 하염없이 눈물을 흘린다.

"손 대감님! 오랜만입니다. 감찰대부 민사평(閔思平)입니다."

"민 대부 아닌가?"

"그렇습니다. 대감!"

"여기 오다 들으니 내가 역모를 꾸민 죄가 있다고 말하던 것 같은데…… 어찌 그런 말도 안 되는 죄를 나한테 뒤집혀 씌우려고 하는 것인가?"

"대감께서 부리는 태흥상단 행수가 대감께서 전하와 조정에 불만을 품고 조정 대신들과 그 식솔들을 납치하여 정변을 꾀하려고 했다고 자백했습니다."

"지 행수가 그렇게 말할 리가 없네."

"여기 지 행수의 자백서가 있으니 보십시오."

"아니 어떻게 이럴 수가……."

감찰대부가 태흥상단의 행수가 자필로 쓴 자백서를 손기에게 주자 자백서 내용을 읽은 손기는 그럴 리 없다는 듯 고개를 젓는다.

"대감! 역모죄라면 멸문지화(滅門之禍)를 당하는 대죄입니다."

"민 대부! 관직에서 물러나 은인자중하면서 사는 조용히 사는 나 같은 사람이 무슨 역모를 꾀한다는 말인가!"

"대감도 참 답답하십니다. 지금 조정에선 대감께서 상인신분으로 패악무도한 전 왕(충혜왕)의 신임을 얻어 관직에 등용된 것에 대하여 아직까지도 불만을 가진 대신들이 많은 마당에 이렇게 대감께서 역모죄를 꾀하였다는 자백서까지 있으니 이 자백서가 전하께 올라가 전하의 교지라도 떨어지는 날에는 대감은 물론 대감 식솔들도 참화를 피하기가 어렵습니다."

"어~허, 이를 어찌하면 좋을꼬?"

"이 자백서가 전하께 상주(上奏)되기 전에 대감께서도 서둘러 덕성 부원군에게 탄원하는 것이 어떠하오리까?"

"덕성 부원군에게……?"

"그러하오이다. 대감께서 탄원서를 써 주시면 제가 덕성 부원군을 만나 전달토록 하겠습니다."

"내가 탄원서를 써서 보낸다 하더라도 나하고 별로 인연이 없는 덕성 부원군이 도와줄지 모르겠네."

"대감께서 살아 계셔야 상단도 다시 꾸릴 수가 있으니 탄원서 내용에 태흥상단 관리를 부원군께서 맡아 달라고 해야 부원군께서 열심히 대감을 구원하려고 노력할 것 아니겠습니까? 대감께서 지금 목숨이 경각에 달려 있는데 이것저것 따질 겨를이 없는 것 같습니다만……."

출세에 눈이 먼 감찰대부는 미리 기철로부터 전달받은 은밀한 계획대로 손기를 구명하기 위하여 노력하는 척 하면서 태흥상단을 기철에게 넘기도록 유도한다.

"알겠네! 내 그리할 테니 자네가 수고 좀 해 주시게."

"최선을 다해 대감께서 참변을 당하지 않도록 부원군을 만나 설득하겠나이다."

"고맙네, 민 대부!"

집안 사정이 어려워 어렸을 적부터 거칠기로 소문난 시전(市廛)에서 장돌뱅이로 커 온 손기는 뚝심 하나로 벽란도에서 태흥상단을 일구고 관직에까지 오른 입지전적인 인물이었으나 권불십년 화무십일홍(權不十年 花無十日紅)이라는 말이 있듯이 권력의 무상함과 흐르는 세월의 허무함 속에서 신흥 권문세가인 기철에게 목숨을 구걸하는 대가로 상단을 빼앗긴다.

"여기 손 대감의 탄원서를 가지고 왔습니다."

"탄원서라니?"

"태흥상단을 부원군께 일임하니 전하께 선처를 부탁한다는 탄원서입니다."

"어디 한번 보세."

최근 들어 조정에 등청은 거의 하지 않고 권력 냄새를 맡으며 집에 찾아오는 측근 대소신료들과 뒷방 정치에 골몰하고 있는 기철은 하수인인 감찰대부가 가져온 손기의 탄원서를 읽으며 엷은 미소를 짓는다.

"앞으로 어떻게 하올는지?"

"손 대감이 이렇게 간절히 부탁하니 내 전하께 죽음만은 면하도록 해야 되지 않겠나. 허나 그 행수라는 놈하고 왈짜패라는 놈은 삼사사 대감 부인을 납치하려는 중죄를 저질렀으니 바로 참수하시게."

"그리하겠습니다."

충목왕 즉위 이후에 덕녕공주로부터 이노재 상단을 넘겨받은 기철은 이제 손기의 태흥상단까지 장악함으로써 고려 조정의 재정규모에 버금가는 막대한 부를 축적하기 시작한다. 이로써 기철은 권력과 재력을 양손에 쥐게 된다.

"대감마님! 이제 조금만 가면 동교(東郊)입니다."

"윤 집사! 동교(東郊) 인근에 도착하면 좀 쉬었다 가세."

"네, 대감마님!"

대도에서 있었던 청명절 행사가 끝나고 바로 고려로 출발했던 권겸은 근 한 달 동안을 오면서 심신이 피곤했는지 개경 인근인 동교에서 잠시 쉬어 가기로 한다.

"자네, 소식 들었는가?"

"무슨 소식 말인가?"

"덕성 부원군이 벽란도 상권이란 상권은 싹쓸이를 했다네."

"싹쓸이를 해?"

"소문을 들으니 역모죄로 걸어 손기 대감한테서 뺏었다고 하던데……."

"참 더러운 세상이네."

동교 인근 주점에서 때늦은 식사를 하고 있던 권겸과 그 일행들은 옆 평상에서 떠드는 봇짐 장사꾼들로 보이는 자들이 덕성 부원군을 들먹이며 떠드는 소리가 들리자 귀를 쫑긋 세운다.

"윤 집사! 저 장사치들이 떠드는 소리가 무슨 이야기인가?"

"덕성 부원군께서 상권을 어찌했다고 말을 하던 것 같습니다."

"가서 좀 알아보게."

권겸이 덕성 부원군과 관련된 일이라는 것을 알고 궁금했던지 윤 집사에게 옆 평상에서 술을 반주삼아 식사를 하고 있는 장사치들에게 가서 무슨 이야기인지 알아보라고 한다.

"이보게들, 뭐 하나 좀 물어보세. 조금 전에 벽란도 상권이 뭐 어떻다고 이야기하던데, 그게 무슨 말인가?"

"댁도 장사하는 사람이요?"

"그렇다네. 원국에 왔다 갔다 하면서 장사하는데 고려를 떠난 지가 오래 되었네, 아까 얼핏 들어 보니 덕성 부원군 이야기가 나오던데."

"말도 마슈! 아흔아홉 칸 가진 사람이 한 칸 채워 백 칸 채운다더니 완전히 그 꼴이요."

"대체 그게 무슨 말인가?"

"글쎄, 덕성 부원군께서 요번에 태흥상단도 가져가셨다고 합디다."

"태흥상단이면 손기 대감이 운영하고 있는 상단아니요?"

"역모죄로 몰려 패가망신(敗家亡身) 당하지 않으려고 할 수 없이 상단을 부원군에게 받치고 구명했다 하더이다."

"그런 일이 있었구먼."

윤 집사가 장사치들로부터 기철이 최근 손기 대감의 태흥상단을 수중에 넣었다는 이야기를 듣고 권겸이 앉아 있는 자리로 돌아간다.

"대감마님! 저희들이 상국에 간 사이에 부원군께서 태흥상단에 대하여 무슨 일을 하신 것 같습니다."

"그런가, 어차피 상국 가기 전에 부탁한 일도 있고 하니 개경에 가면 먼저 부원군을 만나 보아야겠네."

"그렇게 하시지요."

권겸도 그동안 원나라와 소규모로 무역을 하는 현구라는 상인의 뒷배를 봐 주고 있었기 때문에 기철이 태흥상단의 상단 주가 되었다는 데에 관심을 가질 수밖에 없었고 더구나 성절사로 원나라로 가기 전에 부인 납치 미수사건에 대하여 조사를 부탁한 터라 개경에 돌아가면 기철을 먼저 만나 볼 작정을 한다.

"형님! 잘 다녀오셨소. 황후마마께서도 잘 계시죠?"

"이르다 뿐인가, 황궁 살림은 물론 상국재정을 돌보시느라 정신없이 바쁘신 것 같네."

"그러실 것입니다."

"더군다나 이번에 가니까 황후마마께서 너무나 많은 선물을 주셔서 몸 둘 바를 모르겠네."

"그동안 형님한테 신세 진 것 조금이라도 갚는 것이라 생각하세요."

"내가 한 것이 뭐가 있다고. 자네도 그리 생각해 주니 고맙네."

"너무 어려워하지 마세요. 우린 형님을 남이라고 생각하지 않고 있습니다."

"그런데 부원군! 개경으로 돌아오다가 들으니 조정에 무슨 일이 있었는가? 장사꾼들 사이에서 벽란도 상단 이야기도 나오는 것 같던데……."

"그것 말이군요. 형님께서 상국가실 때 부탁하였던 부인납치 사건조사를 하는 과정에서 부인 납치사건의 범인 중의 한 명인 태흥상단 행수가 손 대감이 전하와 조정 대신들에게 불만이 있어 역모를 도모했다는 것을 자백한 적이 있었는데 제가 전하께 상주하여 손 대감을 구명해 주자 손 대감이 자기는 이제 늙었으니 저한테 태흥상단을 맡아 달라고 사정해서 마지못해 제가 수락했던 일들을 가지고 이놈 저놈들이 떠드는 것 같습니다."

"손기 대감이 그런 흉측한 짓거리를 했다니. 사람 속은 정말 알 수가 없는 모양이구먼. 그건 그렇고 기왕 이야기가 나왔으니까 부원군한테 부탁할 일이 있네."

"말씀하시지요."

"부원군도 알고 있으리라 생각되네만 내가 오래전부터 이런저런 심부름 시킬 일도 있고 해서 벽란도에서 상국과 조그마하게 무역을 하는 현구라는 장사꾼을 도와주고 있네. 그럴리는 없겠지만 혹여 대상단(大商團)과 상국에 보내는 물목(物目)을 가지고 마찰이라도 일어나지 않도록 부원군이 좀 가르마를 타 주면 고맙겠네."

"알겠습니다. 현구라는 자가 형님을 여러모로 도와주고 있다는데 그리해야지요. 너무 걱정 마십시오. 내 알아서 처리하겠습니다."

기실 기철은 권겸이 벽란도에서 소규모로 무역업을 하는 상인인 현구로부터 수년간 상납을 받아 온 사실을 이미 알고 있었지만 그 재물 중 일부가 지금까지 여동생인 기황후나 자기한테 들어오고 있던 것들이니 같은 한 주머니로 생각하고 권겸의 요청을 흔쾌히 수락한다.

"대비마마! 심왕 왕고 전하께서 어젯밤 오(午)시 경 자택에서 서거했다고 하옵니다."

"뭐라! 왕고가 죽었다고?"

"그러하옵니다."

"염 상궁! 왕고 장례절차를 논의할 테니 미(未)시까지 조정 대신들이 등청하도록 지금 가서 밀직사에 전하게."

"알겠사옵니다."

덕녕공주가 조반을 들고 있는 중에 대비전 소속 염 상궁이 급히 들어와 왕고가 서거했다는 사실을 알리자 급히 조정 대소신료들을 소집하라는 명을 내린다.

"대비마마! 아니 되옵니다. 심왕께서 그동안 선왕이나 전하께 끼친 해악이 역신(逆臣) 못지 않은데 왕의 신분으로 장례를 치르는 것은 불가하옵니다."

"신 도첨의정승(都僉議政丞) 권한공! 대비마마께 삼가 아뢰옵니다. 심왕 전하께서 비록 죄가 있다고는 하나 엄연히 상국으로부터 왕의 봉작을 받으신 분이옵니다. 왕의 신분으로 장례를 치러야 마땅하다고 사료됩니다. 굽어 살펴 주시옵소서."

"우대언(右代言) 전숙몽(田淑蒙)! 아뢰옵니다. 소신 생각으로는 이렇게 장례절차에 대하여 왈가왈부할 것이 아니라 심왕께서도 고려 왕족이니 왕가(王家)의 예대로 장례를 치르는 것이 타당하다고 사료되옵니다."

"여러 대소신료들은 어떻게 생각하시오?"

"우대언이 말씀한 대로 그리하는 것이 좋을 듯합니다."

"알겠소. 그러면 그리 합시다."

1345년 7월 심왕(瀋王) 왕고(王暠)가 그토록 원했던 고려왕이 되지 못한 채 한 많은 생을 마친다. 그가 왕위에 집착하는 데는 나름대로 이유가 있었다.

그의 아버지는 고려 25대 충렬왕의 맏아들인 강양공(江陽公) 왕자(王滋)였으며 그의 어머니인 정화 궁주 왕씨(貞和宮主 王氏)도 후궁이 아닌 정궁이었으니 충렬왕 서거 이후에 아버지가 왕위에 오르면 세자가 되고 다음 고려왕은 부모가 모두 고려인인 왕고가 되는 게 마땅하였으나, 훗날 원나라가 내정에 본격적으로 간섭하기 시작하자 충렬왕이 정치적인 안정을 위해 원나라 출신의 제국대장 공주와 혼인하면서 정화 궁주는 제2비의 위치로 밀려났고, 정화궁주의 아들인 강양공 역시 적장자의 자리를 제국대장 공주의 아들 충선왕에게 양보해야 했기 때문에 강양공 차남인 왕고도 세자에 오를 수가 없었던 것이다.

왕고는 살아 있는 동안 원나라와 고려 사이를 왔다 갔다 하면서 고려왕이 되고자 갖은 풍파를 겪었으나 세월의 무게를 이기지 못하고 아무도 지키지 않은 채 쓸쓸히 임종(臨終)을 맞는다.

이로써 고려 정국을 어지럽힐 수 있는 세력들은 자취를 감추고 덕녕공주가 대비로서 섭정을 하는 동안 원나라로부터 영안왕족으로 대우를 받고 있던 기철은 고려 조정을 좌지우지하는 등 왕도 부럽지 않는 권력과 재력을 움켜쥔 채 대 권문세가로의 영화를 누리게 된다.

이와 더불어 기철과 호형호제하는 권겸도 기황후의 두터운 신임과 본인의 정치적인 역량을 통하여 기철과 함께 고려에서 손꼽는 명문가로 등장한다.

무지개를 삼킨 푸른 늑대
만월대에 지다 _ 상권

1판 1쇄 발행 2016년 8월 19일

지은이 노승기

편집 김충수, 송은주
디자인 백이준
마케팅 천영문 이은영 김영진
제작 김홍기 정교영

펴낸곳 세창문화사
주소 경기도 수원시 장안구 천천로 233, 5층
전화번호 1544-1466 **팩스** 031-269-6366

ISBN 979-11-86904-13-8
ISBN 979-11-86904-12-1(세트)